Veränderungstraining im Alltag

Eine Anleitung zur In-vivo-Arbeit
in Therapie, Beratung und Selbsthilfe

Wolfgang Wendlandt

31 Arbeitsbögen
 9 Tabellen

Georg Thieme Verlag
Stuttgart · New York

Bibliografische Information Der Deutschen Bibliothek

Die Deutsche Bibliothek verzeichnet diese Publikation in der Deutschen Nationalbibliografie; detaillierte bibliografische Daten sind im Internet über http://dnb.ddb.de abrufbar.

Prof. Dr. Dipl.-Psych. Wolfgang Wendlandt
Alice-Salomon Fachhochschule
für Sozialarbeit und Sozialpädagogik
Alice-Salomon-Platz 5
D–12627 Berlin

Wichtiger Hinweis: Wie jede Wissenschaft ist die Medizin ständigen Entwicklungen unterworfen. Forschung und klinische Erfahrung erweitern unsere Erkenntnisse, insbesondere was Behandlung und medikamentöse Therapie anbelangt. Soweit in diesem Werk eine Dosierung oder eine Applikation erwähnt wird, darf der Leser zwar darauf vertrauen, dass Autoren, Herausgeber und Verlag große Sorgfalt darauf verwandt haben, dass diese Angabe **dem Wissensstand bei Fertigstellung des Werkes** entspricht.

Für Angaben über Dosierungsanweisungen und Applikationsformen kann vom Verlag jedoch keine Gewähr übernommen werden. **Jeder Benutzer ist angehalten**, durch sorgfältige Prüfung der Beipackzettel der verwendeten Präparate und gegebenenfalls nach Konsultation eines Spezialisten festzustellen, ob die dort gegebene Empfehlung für Dosierungen oder die Beachtung von Kontraindikationen gegenüber der Angabe in diesem Buch abweicht. Eine solche Prüfung ist besonders wichtig bei selten verwendeten Präparaten oder solchen, die neu auf den Markt gebracht worden sind. **Jede Dosierung oder Applikation erfolgt auf eigene Gefahr des Benutzers.** Autoren und Verlag appellieren an jeden Benutzer, ihm etwa auffallende Ungenauigkeiten dem Verlag mitzuteilen.

© 2003 Georg Thieme Verlag
Rüdigerstraße 14
D-70469 Stuttgart
Telefon: +49/0711/8931–0
Unsere Homepage: http://www.thieme.de

Printed in Germany

Umschlaggestaltung: Thieme Verlagsgruppe
Umschlaggrafik: Martina Berge, Erbach
Satz: Hilger VerlagsService, Heidelberg
Druck: Westermann Druck, Zwickau

ISBN 3-13-136751-2   1 2 3 4 5 6

Geschützte Warennamen (Warenzeichen) werden **nicht** besonders kenntlich gemacht. Aus dem Fehlen eines solchen Hinweises kann also nicht geschlossen werden, dass es sich um einen freien Warennamen handele.

Das Werk, einschließlich aller seiner Teile, ist urheberrechtlich geschützt. Jede Verwertung außerhalb der engen Grenzen des Urheberrechtsgesetzes ist ohne Zustimmung des Verlages unzulässig und strafbar. Das gilt insbesondere für Vervielfältigungen, Übersetzungen, Mikroverfilmungen und die Einspeicherung und Verarbeitung in elektronischen Systemen.

Den Schülerinnen und Schülern
meiner Schule

Inhaltsverzeichnis

Einleitung: Von Ausflügen in Welten-Räume 1

Teil I
Theoretische Grundlagen 5

1 In-vivo-Arbeit: Erste Bestandsaufnahme 7
1.1 Kurzbeschreibung der Methode 7
1.2 Konzeptionelle Überlegungen zur Arbeit außerhalb des Beratungsraumes 7
1.3 Aufgabenschwerpunkte der In-vivo-Arbeit 9
1.4 Gründe für den Einsatz der In-vivo-Methode im Rahmen von Beratung, Therapie und psychosozialer Beratung . 12
1.5 Positive Effekte aufgrund der „bewegungsorientierten" Stundengestaltung 17
1.6 Indikation 18

2 Bisherige Anwendungsgebiete der In-vivo-Arbeit 23
2.1 Verhaltenstherapie: Ursprünge und heutiger Einsatz 23
2.2 Logopädie und Sprachheilpädagogik ... 25
2.3 Sozialarbeit und Sozialpädagogik 27

3 In-vivo-Arbeit als therapeutische Hausaufgaben 29
3.1 Grundsätzliches zum Thema „therapeutische Hausaufgaben" 29
3.2 Regeln für das In-vivo-Selbsttraining .. 30

4 In-vivo-Arbeit als Gruppenmaßnahme 36
4.1 Allgemeine Erkenntnisse zur Gruppenarbeit 36
4.2 In-vivo-Gruppe: Ein bevorzugter Ort für den Abbau von Ängsten und den Aufbau sozialer Kompetenz ... 37
4.3 Durchführungshinweise für die In-vivo-Gruppenarbeit 38

Teil II
Von der Lebendigkeit der In-vivo-Praxis 41

5 Fähigkeiten des In-vivo-Trainers 43
5.1 Annehmende Haltung, einfühlsames Verstehen, ermutigendes Gesamtverhalten 43
5.2 Gefühle ernst nehmen und verbalisieren 44
5.3 Orientierung geben, Transparenz und Übersicht schaffen 45
5.4 Verständlich sprechen, klar anweisen .. 46
5.5 Unterstützung garantieren, Verlässlichkeit zeigen, Kontinuität gewähren 46
5.6 Eingreifen und steuern 48
5.7 Modell sein 48
5.8 Rückmeldung geben 51
5.9 Ermutigen – Loben – Verstärken 52
5.10 Selbstsicher in der Öffentlichkeit auftreten 55
5.11 Verantwortung übertragen und Selbststeuerung fördern 56
5.12 Sich selbst betrachten: Selbstreflektion und persönliche Weiterentwicklung ... 59
5.13 Professionelle Kompetenzen 61

6 Eine neue Dimension: Die Kunst der Improvisation 63
6.1 Alles läuft anders als du denkst: Ein Beispiel zum Anfang 63
6.2 In-vivo-Arbeit verlangt Improvisation .. 64
6.3 In-vivo-Übungen als Improvisationsarbeit 64
6.4 Improvisation: Sprechen zieht Gedanken in den Fluss 67
6.5 Improvisation als Element des Theaters und der Musik 69
6.6 Improvisation als Mittel der Veränderung 71
6.7 Spielaufträge für In-vivo-Improvisationen 72
6.8 Es ist in Ordnung mit den Füßen aufzustampfen und Mist zu bauen 74

7 Beispiele von In-vivo-Sitzungen (mit Aufgabenstellungen) 76
7.1 Erste In-vivo-Sitzung mit sieben Therapeuten: berufsbezogene Selbsterfahrung 77
7.2 Erste In-vivo-Sitzung mit drei Betroffenen: Körperwahrnehmung und Spannungsreduktion 80
7.3 Ein Detektivspiel im Stadtzentrum: In-vivo-Stunde mit Kindern – Beobachtungen zur Selbstsicherheit ... 83
7.4 In-vivo-Einzelsitzung in der U-Bahn: Abbau von Scham- und Minderwertigkeitsgefühlen 86

8 Beispiele von In-vivo-Trainingsplänen (mit Aufgabenstellungen) 88
8.1 Telefonangst bei einem Jugendlichen: Trainingsablauf für 5 Sitzungen 89
8.2 „Fremde Menschen ansprechen": Trainingskonzept für den Aufbau kommunikativer Fähigkeiten bei einer jungen Frau 92
8.3 Reden vor Publikum, Sprechen in Gruppen: Zehn Trainingssitzungen zur Bearbeitung von Sprechangst 96
8.4 Entspannung im Alltag: Ein 10-Wochen-Generalisierungsprogramm für die Progressive Muskelentspannung nach Jacobson 100

Teil III
In-vivo-Praxis: Materialien für Helfer und Arbeitsbögen für Betroffene 105

9 Arbeitsschritte und Prinzipien des Vorgehens 107
9.1 Vorbereitung der In-vivo-Arbeit 109
9.2 Entscheidung über den momentanen Aufgabenschwerpunkt treffen 111
9.3 Spontanes Erproben 113
9.4 Handlungsziele und Trainingssituationen konkretisieren 115
9.5 Den Schwierigkeitsgrad bestimmen ... 118
9.6 Handlungsbeginn vorverlegen – „Warmlaufen" 121
9.7 Systematisch üben 124
9.8 Wiederholen 128
9.9 Herausforderungen riskieren 130
9.10 Geplant ungeplant: Improvisieren 132
9.11 Begleiter sind Mit-Arbeiter 135
9.12 Der persönliche Maßstab gilt 137
9.13 Mit einem Erfolg abschließen 139
9.14 Auswerten 141
9.15 Zeitdauer, Abfolge und Häufigkeit der Sitzungen 144
9.16 Ein In-vivo-Journal führen 147
9.17 Bilanz ziehen 150
9.18 Analyse auftauchender Probleme 152

Teil IV
Ausklang 155

10 Zum Umgang mit Schwierigkeiten und Problemen bei der In-vivo-Arbeit 157
10.1 Alternative Sichtweisen 158
10.2 Analyse kritischer Punkte 158
10.3 „Kunstfehler" – Was Helfer wissen sollten 161

11 Zu guter Letzt 163

Teil V
Anhang 167

Literatur 169

Sachverzeichnis 173

Einleitung: Von Ausflügen in Welten-Räume

Tür zu, Fenster geschlossen, ein Arbeitstisch, ein Regal, eine Spielecke, ein niedriger Tisch mit zwei Sesseln für die Beratung, ein Teppich pflegeleicht und weich, Bilder an den Wänden, etwa 20 bis 25 Quadratmeter, Pflanzen, Bücher, vielleicht Kuscheltiere. Jahrein und jahraus. Jahrelang. Der Klient[*] kommt, sitzt, ruht, spielt, erzählt, wird beraten, wäscht sich die Hände, Partner tauchen auf, Eltern, mal Erzieher. Der Raum ist groß genug für die Gruppenarbeit. Leise Stimmen, laute Stimmen. Die Tür schließt sich wieder. Der Beratungsraum, das Therapiezimmer, wird dicht gemacht. Ein Fenster wird geöffnet. Laub weht hoch, ein Baum ist zu sehen.

Draußen tobt das Leben. Draußen liegen die Tränen, die Hürden, die Misserfolge, versagt die Kommunikation, die Stimme, die Beziehungsaufnahme, der Kontakt. Draußen scheinen Wege unpassierbar, Klüfte tun sich auf. Gefahren lauern. Draußen hagelt es Vorwürfe, warten die Ängste und Selbstvorwürfe. „Draußen" – das sind jene Räume, in denen Menschen zu Betroffenen geworden sind, Räume, in denen sie ihr individuelles Leben gestalten, es manchmal nur recht und schlecht erleiden können, Kommunikation betreiben und Lösungen suchen. Draußen sind die Räume, in denen die Anlässe und Beweggründe anzutreffen sind, die diese Menschen dazu gebracht haben, um Hilfe nachzusuchen, bei einer Selbsthilfegruppe beispielsweise, bei einem Berater oder Therapeuten, einem Sozialpädagogen, einer Logopädin oder einem anderen psychosozialen Helfer. Für Veränderungen dort draußen nehmen diese Menschen psychosoziale Hilfe in Anspruch. Draußen tobt das Leben.

Helfer arbeiten in geschlossenen Räumen. Die Tür ist zu. Keiner soll zuhören. Es ist diskret. Klienten kennen das. Lange war ihre eigene Tür geschlossen, bis sie dann endlich, meist nach langem Zögern, den Weg zu den Helfern fanden. Hier machen sie es sich bequem, gewöhnen sich an die vier Wände (ein ganz normales Behandlungszimmer), an die Gardinen, die geschlossenen Fenster – draußen ist es zu laut oder zu kalt („Zieh Dich warm an!"). Wenn die Betroffenen dann gehen, die Tür zum letzen Mal hinter sich schließen, gibt es eine neue kleine Figur auf dem Regal (ein Geschenk) oder auch ein Bild an der Pinnwand (ein Produkt aus einer Sitzung), das an sie erinnert.

Wo sie wohl hingegangen sind? Wie sie wohl aussehen, wenn sie andere Räume aufsuchen? Den Supermarkt betreten, beim Bäcker um die Ecke vorbeischauen, den Konzertsaal oder die Diskothek genießen. (Halten sie sich aufrecht, den Blick vorwärts gerichtet?) Wie wirkt Frau K. in der Boutique, wie tritt sie dort auf? Wir kennen sie nur am Tisch, mit Bleistift und Papier und ihrem zusammengepressten Mund. Und Herr D., im Kreis seiner Kollegen, ist er dort auch der Alleskönner? (Was trägt er wohl für Kleidung?) Oder die kleine Petra, ist sie wirklich so zahm und gebremst auf der Kletterburg im Park, wenn sie mit ihren Freundinnen spielt?

Mir wird manchmal eng. Eng ist es im Behandlungsraum. In seinem Lebensumfeld sieht mein Klient ständig Dinge, die ich nicht sehe. Dabei hat er mir oft zu verstehen gegeben: Ich sehe was, was du nicht siehst. Aber ich bin sitzen geblieben, in meinem Behandlungsraum. Verweile dort, gehe nicht mit zu den Orten, die ihn in Schrecken versetzen, nehme nicht teil an seinen Sichten, an seinen Welt-Sichten, verweile und hoffe, dass ich – trotzdem – den Durchblick habe.

Therapie ist Bewegung. In Bewegung bringen. Stillstand auflösen, anschubsen, einen Schritt vor den anderen setzen, neue Räume betreten. Üblicherweise geschieht das, indem der Betroffene sich innere Räume erschließt. Er durchstreift – dabei fest auf seinem Behandlungsstuhl sitzend – innere Bewusstseinsräume und leuchtet sie aus (wie mit

---

[*] Wenn ich von „Klient" und „Helfer" spreche, meine ich immer auch die weibliche Form. Das gilt ebenso für „Therapeut", „Lehrer", „Betroffener" usw.

einer Taschenlampe). Der Helfer unterstützt ihn dabei, öffnet Türen, vorsichtig erst (Achtung! Es könnten Ungeheuer auftauchen) und schafft sicheren Halt. Türen führen in Räume, die ins Nichts zu gehen scheinen, hinter denen Gefühle wild miteinander kämpfen, die den Blick auf alte Erinnerungen frei geben oder auf Zukunftsmusik, die angestimmt werden will. Veränderung klopft an viele Türen, bringt Licht in viele innere Räume. Sie bedarf der Behutsamkeit und des Schutzes, den der Behandlungsraum bietet. Psychosoziale Helfer, Berater, Therapeuten und andere professionelle Fachleute müssen dazu ihren Geist und ihre Phantasie laufen lassen. Real können sie jedoch sitzen bleiben, auf ihrem Stuhl, im Sessel, zurückgelehnt, ohne ihr Behandlungszimmer zu verlassen, ohne aus dem Haus zu gehen. So war es immer schon und so ist es traditionellerweise üblich.

Veränderung setzt aber nicht nur innere Bewegung voraus. Veränderung verlangt auch äußere Bewegung: Neue Räume betreten, reale Alltagsräume in Augenschein nehmen, raumgreifend sein, sich Platz schaffen, Besuche auf fremdem Terrain abstatten und Spaziergänge wagen, die hinter den Horizont führen. Vielleicht auch einmal Klettertouren in Regionen unternehmen, wo die Luft etwas dünner wird. Oder eigene Duftmarken deutlich verteilen, nicht nur an lauschigen Plätzen, sondern im Stressgetümmel. Wenn sich Helfer bewegen, die Türen öffnen, ihren Arbeitsraum verlassen, die Grenze des vertrauten Grundstücks überschreiten, sich den vermiedenen Herausforderungen der Betroffenen leibhaftig stellen oder schwierige Belastungssituationen mit ihnen aufsuchen, dann kommt auch das Gegenüber in seinem Lebensalltag in Bewegung. Wenn Helfer und Betroffene das stille Kämmerlein verlassen, wird der Mut zu Neuem direkt in Situationen geweckt, in denen der Mut fehlt, und die Neugier auf fremde Räume wird genau da entflammt, wo die Sorge sich eingenistet hat. Es gibt nicht nur den einen Raum, in dem „verändert" wird und der „Behandlungsraum" heißt oder „Therapiezimmer". Vielmehr geht es darum, gerade diesen sicheren Ort immer wieder zu verlassen, um wichtige Räume in den Alltagswelten der Betroffenen zu sicheren Orten werden zu lassen. Dies können Betroffene und Helfer leisten, denn vor ihnen liegt die unendliche Weite der Welten-Räume und lädt zu Entdeckungsfahrten ein. Wir verändern nichts, wenn wir immer nur das tun, was wir immer schon getan haben.

Worum es im Buch geht

Das vorliegende Buch zeigt auf, wie Bewegung und Veränderung außerhalb des Behandlungszimmers angestoßen werden können. Dazu wird die „In-vivo-Arbeit" vorgestellt, eine Methode, die gezielt und systematisch im Lebensumfeld des Betroffenen zum Einsatz kommt. Dabei werden Veränderungsmaßnahmen vorgestellt, die direkt dort eingeleitet werden, wo verstärkt Probleme oder Symptome auftreten – „in vivo", im wirklichen Leben. Anschaulich wird aufgezeigt, wie Betroffene in ihrem Lebensalltag ihre Ängste und Unsicherheiten bearbeiten, zu mehr Selbstsicherheit sowie Selbstvertrauen gelangen, körperliche Erregungszustände und Nervosität abbauen und zufriedener ihre sozialen Beziehungen gestalten. In-vivo-Arbeit fördert die Eigeninitiative des Betroffenen, sie leitet ihn an, sein eigener Therapeut und Berater zu werden. Und sie ermöglicht eine gute Rückmeldung: Schnell wird ersichtlich, ob die Veränderungsschritte wirklich „fruchten", ob der Betroffene die Dinge, die ihn ängstigen oder die er bisher vermieden hat, tatsächlich „vor Ort" ausführen kann oder ob er noch etwas dazulernen muss, um sicherer mit den Herausforderungen seines Alltags umgehen zu können. In-vivo-Arbeit setzt darüber hinaus Flexibilität und Improvisationsfreude frei und bringt den Betroffenen dazu, sich unbeschwerter und spielerischer mit unvorhergesehenen Anforderungen auseinanderzusetzen. In diesem Sinne geht es auch darum, persönliche Ressourcen zu aktivieren, Fähigkeiten zu stärken sowie Rückfälle zu minimieren.

Bei den Helfern erfordert die In-vivo-Arbeit ein Umdenken – sie erfahren, dass sich Hilfsangebote auf eine neue Weise in die Lebenswelt der Betroffenen tragen lassen. Helfern wird deutlich, dass ihnen ein viel breiteres Spektrum an Unterstützungsmöglichkeiten zur Verfügung steht, als sie gewöhnlich nutzen.

Für wen das Buch geschrieben wurde und was es in besonderer Weise abhandelt

Das Buch richtet sich vor allem an vier Zielgruppen:
▶ Fachleute unterschiedlicher Disziplinen, die neben der vertrauten Arbeit im Behandlungszimmer eine professionelle wissenschaftlich

fundierte Veränderungsarbeit in den vielfältigen Lebensräumen des Betroffenen leisten möchten.
- Klienten, die sich in Beratung, Therapie oder in einer psychosozialen Betreuung befinden und begleitend dazu Anregungen und Unterstützungen für ihre eigene Veränderungsarbeit im Alltag suchen.
- Betroffene, die alleine oder in Selbsthilfegruppen nach Anleitungen suchen, um ihr Selbsttraining erfolgreich durchzuführen und die Bewältigung ihrer Probleme und Symptome zuversichtlich und effektiv voranzubringen.
- Studierende helfender Berufe und interessierte Laien, die eine systematische Einführung in die In-vivo-Methode suchen und lernen möchten, wie sich Veränderungen im Lebensalltag von Menschen systematisch planen, durchführen und auswerten lassen.

Im Buch werden Zielsetzungen, Aufgabenschwerpunkte und methodische Ansätze beschrieben, Fragen der Indikation untersucht und die Besonderheiten der In-vivo-Gruppenarbeit erläutert. Es werden spezifischen Kompetenzen unterbreitet, die Helfer benötigen, um „in vivo" arbeiten zu können, und es werden gleichzeitig Hilfestellungen für den Umgang mit eventuellen Problemen und Schwierigkeiten der behandlungsraumexternen Arbeit vorgestellt. Die Ausführungen zeigen, wie die anstehenden Veränderungsschritte in vivo einzuleiten, zu vertiefen und systematisch auszubauen sind, wobei sich eine Vielzahl von Beispielen, Sitzungsprotokollen und Trainingsabläufen durch den Text zieht und ergänzt wird von Erfahrungsberichten und Zitaten von Betroffenen. Darüber hinaus sind über das gesamte Buch umfassende Arbeitsmaterialien für Betroffene und Helfer verteilt (31 Arbeitsbögen), die sicherstellen, dass die Umsetzbarkeit der In-vivo-Interventionen gelingen kann. In diesem Sinne ist das Buch nicht nur eine Arbeitshilfe für Fortgeschrittene (Helfer und Betroffene), sondern auch eine Ausbildungsanleitung für Anfänger und Studierende. Insgesamt will das Buch deutlich machen: Es handelt sich bei der In-vivo-Arbeit nicht um eine Methode, die einer bestimmten „Schule" zuzuordnen ist, sondern vielmehr um eine schulenübergreifende Arbeitsform, die für unterschiedliche Aufgabenstellungen und von verschiedenen Berufs- und Betroffenengruppen mit Nutzen anzuwenden ist.

Was noch vorausgeschickt werden kann

Seit 1970 führe ich In-vivo-Sitzungen mit Klienten durch. Ich arbeitete damals mit erwachsenen Stotternden in einer Poliklinik für Stimm- und Sprachkranke. „Stotterer" galten noch vor 30 Jahren in Deutschland als „therapieresistent" und durch eine besonders hohe Rückfallquote gekennzeichnet. („Schlimmer als Alkoholiker", sagte die Lehrlogopädin, die mich anleitete). Ich wollte Erfolg haben, ich war damals jung und ehrgeizig, noch auf der Suche nach meiner eigenen therapeutischen Identität. Ich traute den alten Hasen nicht so recht über den Weg (zum Glück!) und wollte die Therapiefortschritte sichern, die sich im Behandlungsraum erzielen ließen. In der angloamerikanischen Fachliteratur, die von der deutschen Logopädie damals noch nicht berücksichtigt wurde, stieß ich auf Veröffentlichungen zur In-vivo-Arbeit und begann mit dieser Methode zu experimentieren. Was für mich in der Therapie von Kommunikationsstörungen sehr schnell selbstverständlich wurde, nämlich mit den Klienten außerhalb des Behandlungsraumes gezielt und wiederholt zu arbeiten, entwickelte sich zu einem allgemeinen Behandlungsbaustein, den ich in all meinen Beratungen und Psychotherapien, aber auch in meinen Seminarveranstaltungen einsetzte: So ergänzte ich meine Gesprächspsychotherapien um *In-vivo-Anwendungssitzungen*, führte regelmäßig *In-vivo-Trainingsmaßnahmen* in den Verhaltenstherapien durch, nutzte in der Elternarbeit Mutter-Kind-Spaziergänge für *In-vivo-Erprobungen* und führte im Rahmen von Aus- und Fortbildungsveranstaltungen *In-vivo-Selbsterfahrungsübungen* für Helfer durch, damit diese lernen, eigene Ängste und Unsicherheiten in verschiedenen Stresssituationen des Alltags zu bewältigen. Seit einigen Jahren halte ich Crashkurse zur *In-vivo-Selbstpräsentation*, zum Auftreten in der Öffentlichkeit sowie zum Abbau von Sprechangst und Lampenfieber ab. Als Lehrtherapeut und Supervisor versuche ich, das In-vivo-Thema in die Herzen der Helfer zu tragen. Heute kann ich mir gar nicht mehr vorstellen, Klientenarbeit erfolgreich leisten zu können, ohne Ausflüge in deren Alltagswelten zu unternehmen. Sie unterstützen meine Einzel- und Gruppenarbeit, meine Therapien mit Kindern, Jugendlichen und Erwachsenen. Ich habe dabei die Erfahrung gemacht, dass sich In-vivo-Maßnahmen als ergänzende und bereichernde Maßnahmen für eine große Anzahl sehr unterschiedlicher pädagogischer Lernkonzepte und therapeutischer Behandlungsansätze anbieten. Ich danke all den Menschen, die diese kreative Form der gemeinsamen Veränderungsarbeit mitgegangen sind und mir viele fruchtbare Anregungen gegeben haben. Und Sie, die Leserin, der Leser, dürfen mich getrost ansprechen, wenn Sie mich das nächste Mal bei meiner In-vivo-Arbeit auf der Straße überraschen.

Teil I Theoretische Grundlagen

1   In-vivo-Arbeit: Erste Bestandsaufnahme

2   Bisherige Anwendungsgebiete der In-vivo-Arbeit

3   In-vivo-Arbeit als therapeutische Hausaufgaben

4   In-vivo-Arbeit als Gruppenmaßnahme

Stadtspaziergang – Vogelperspektive

„Heute wollen wir einen Spaziergang durch die Stadt machen. Dabei geht es darum, sich eine Straße oder einen Straßenabschnitt auszusuchen und alle wichtigen Merkmale dieser Straße aufzumalen (Häuser, Geschäfte, Kinos, Haltestellen, Kioske, Brunnen usw.). Du erhältst ein Klemmbrett, auf dem die Zeichnung eines Jugendlichen als Beispiel abgebildet ist."

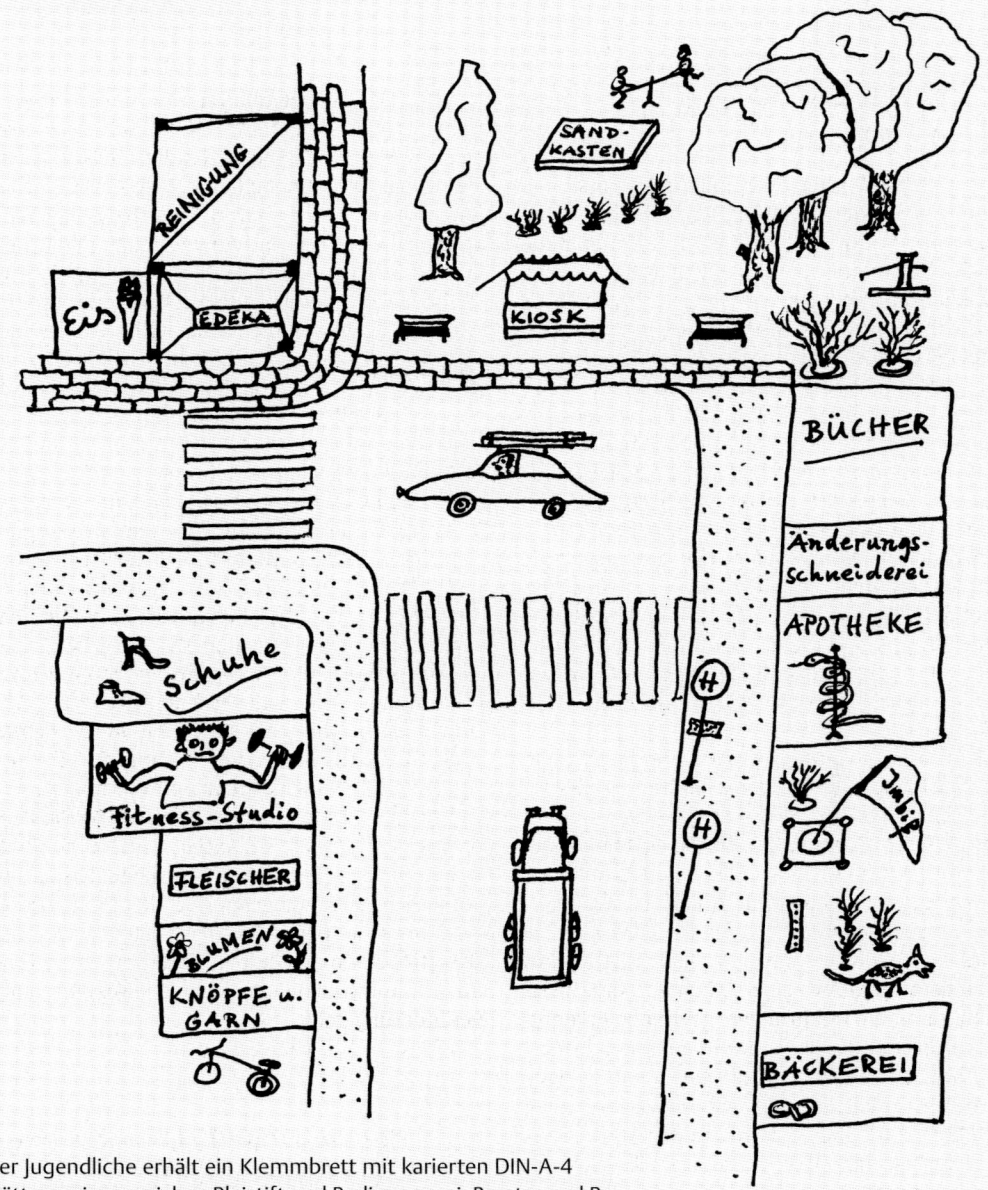

Der Jugendliche erhält ein Klemmbrett mit karierten DIN-A-4 Blättern, einen weichen Bleistift und Radiergummi. Berater und Betroffener gehen in eine Straße, die für eine spätere In-vivo-Arbeit geeignet ist. Der Jugendliche skizziert das „Straßenbild", der Berater notiert Ideen für mögliche Erprobungen. Mit farbigen Stiften kann der Jugendliche später die Orte ankreuzen, an denen die aktuelle In-vivo-Arbeit stattfinden soll.

1 In-vivo-Arbeit: Erste Bestandsaufnahme

1.1 Kurzbeschreibung der Methode

„In-vivo-Arbeit" bezeichnet eine professionell angeleitete Veränderungsarbeit außerhalb des Behandlungsraumes. Der psychosoziale Helfer, Berater oder Therapeut arbeitet mit dem Betroffenen bzw. Klienten „im wirklichen Leben" (in vivo), sie suchen reale Alltagssituationen auf, in denen sich die jeweils aktuellen Veränderungsziele erreichen lassen. Das übliche Beratungs-Setting wird also verlassen, um Lernerfahrungen in verschiedenen Lebensbereichen wahrzunehmen. Dabei können Alltagssituationen unterschiedlicher Art aufgesucht werden, in denen sich die Klienten vertraut fühlen und in denen sie neues Verhalten erproben möchten. Es kann sich dabei aber auch um belastende Alltagssituationen handeln, die z.B. mit Unsicherheiten und Ängsten verknüpft sind, mit Flucht- und Vermeidungsverhalten, mit dem Auftreten schwer steuerbarer körperlicher Reaktionen und mit immer wiederkehrenden Problemen bzw. Symptomen.

Statt auf dem Beratungsstuhl finden die beraterischen/therapeutischen Aktivitäten bei der In-vivo-Arbeit zum Beispiel auf der Parkbank vor der Beratungseinrichtung statt, beim Gang über die belebte Nachbarstraße, in der Schlange beim Bäcker, am Käsetresen im Supermarkt, in der Fußgängerzone, in Straßenbahnen und Bussen oder auch auf öffentlichen Vortragsveranstaltungen. Überall dort spricht der Berater mit seinem Klienten, beide beobachten, sammeln Erfahrungen, gewinnen Erkenntnisse, erproben miteinander die im Behandlungsraum bereits eingeübten Fertigkeiten und wagen Handlungen, die für den Betroffenen bisher nicht vorstellbar erschienen. Anfangs ist der Berater bzw. Helfer noch anwesend, hört zu, verstärkt, gibt Hinweise, ist Modell für das Zielverhalten, regt an oder vertieft. Später dann betritt der Betroffene alleine diese Lebens- bzw. Kommunikationsräume und versucht sie mit einem veränderten Auftreten, mit einer neuen Art der Zuwendung, mit spezifischen Bewältigungstechniken zu meistern.

Um die angezielten Veränderungen zu erreichen, bedarf es bei der In-vivo-Arbeit einer spezifischen Methodik. Die Aktivitäten außerhalb des Beratungszimmers stellen also keinen unterhaltsamen Spaziergang dar, der auf beliebige Weise durchgeführt wird und Abwechslung in das Beratungseinerlei bringen soll. Die In-vivo-Arbeit ist viel mehr eine wissenschaftlich fundierte und empirisch erprobte Methode, die auf spezifischen Veränderungsinterventionen beruht und bestimmte Vorgehensweisen verlangt (s.u., „Kompetenzen des Helfers", S. 43ff).

Der Begriff „In-vivo-Arbeit" stammt aus dem Bereich der Psychotherapie und meint dort eine professionell eingesetzte Methode, die von einem Therapeuten ihm Rahmen seines Behandlungsplanes zum Einsatz kommt (s.u. „Bisheriger Einsatz", S. 23). Dieses Verständnis wird allerdings nicht der Tatsache gerecht, dass Betroffene auch ohne Therapeuten oder Helfer systematisch eigentherapeutische Aktivitäten in Alltagssituationen unternehmen können. Daher soll der Begriff „In-vivo-Arbeit" im nachfolgenden Text auch diejenigen Maßnahmen umfassen, die Betroffene ohne die Hilfe einer psychosozialen Fachkraft ausführen: Das kann der Fall sein, wenn therapeutische Hausaufgaben erledigt werden, die die Betroffenen im Rahmen ihrer Betreuung oder Behandlung erarbeitet haben, oder wenn sich Selbsthilfegruppen dieser Trainingsform bedienen. Dies trifft allerdings auch dann zu, wenn Betroffene alleine Übungen in Alltagssituationen durchführen, bei denen es um eine gezielte Selbstveränderung geht.

1.2 Konzeptionelle Überlegungen zur Arbeit außerhalb des Beratungsraumes

Interventionsmaßnahmen, die beraterische und therapeutische Schwerpunktsetzungen aufweisen, finden in der Regel im Behandlungszimmer statt.

In-vivo-Arbeit tut dies ausdrücklich nicht, denn sie findet in einem anderen Kontext statt. Ihre konzeptionellen Besonderheiten werden im Nachfolgenden noch einmal zusammenfassend herausgearbeitet.

Gleichberechtigter Einsatz

In-vivo-Arbeit ist eine Methode, die im Rahmen von Beratung, Therapie und psychosozialer Betreuung von Anfang an zum Einsatz kommen kann: Sie steht als therapeutische „Out-door-Aktivität" gleichberechtigt neben den therapeutischen „Indoor-Aktivitäten". In-vivo-Arbeit stellt Orte, Menschen sowie kommunikative Herausforderungen bereit, die nicht am Beratungsort „Behandlungszimmer" zur Verfügung stehen. Die Beratungs- und Veränderungsangebote finden also unter anderen Rahmenbedingungen statt, d.h. das Setting ist ein anderes. In allen Phasen des Beratungsprozesses können die Berater immer auch außerhalb des Behandlungsraumes arbeiten. So ergeben sich beispielsweise im Laufe der ersten Beratungsstunden durch In-vivo-Aktivitäten wichtige diagnostische Erkenntnisse, die in einem realen Kontext (zum Beispiel an einem Zeitungskiosk) gewonnen werden und aussagekräftiger sind als Daten aus einer Rollenspielsequenz. Wenn In-vivo-Arbeit von Anfang an praktiziert wird, haftet ihr nicht der Hauch des Besonderen an und es bauen sich keine unnötigen Ängste vor dieser Arbeitsform auf (s.unten „Zum Umgang mit Problemen bei der In-vivo-Arbeit"; S. 157ff).

Kontextwechsel und soziale Einbindung

Während der In-vivo-Stunden kann ein Großteil der Arbeitsschritte durchgeführt werden, die sonst im Behandlungsraum stattfinden. Statt am Beratungstisch werden die Themen und Übungen an anderen Orten bearbeitet: gesprochen, trainiert, entspannt und gemalt werden kann auch auf der Parkbank oder in überdachten Passagen der Fußgängerzone. Kommunikationspartner kann vorrangig der Berater bleiben. Aber der Kontext wechselt ständig. Und damit wird die Übertragbarkeit des Gelernten um ein Vielfaches leichter, die *Generalisierung* vollzieht sich ein gutes Stück wie von selbst. In diesen behandlungsraumexternen Sitzungen lernen unsere Klienten, zunehmend unbefangener mit der Tatsache umzugehen, dass fremde Menschen ringsum anwesend sind, zuhören und zusehen könnten, dass ihre Auffälligkeiten oder Einschränkungen sowie ihre sozialen Probleme oder Symptome auf offene Ohren und freundliche (oder neugierige) Blicke treffen könnten – Auftreten und Sprechen in der Öffentlichkeit wird allmählich selbstverständlich. Und es ergeben sich – oft ganz unvorhergesehen – Gespräche mit Fremden, die zwanglos verlaufen und keiner Vorbereitung bedürfen. In diesem Sinne findet eine Gewöhnung an soziale und kommunikative Anforderungen statt, was einer Desensibilisierung, d.h. einem Angstabbau gleich kommt.

> **Definition**
>
> Im Allgemeinen versteht man unter *Generalisierung* den Vorgang, dass erworbene Verhaltensweisen bzw. komplexere Fähigkeiten auf andere Situationsmerkmale oder Situationen übertragen werden: Das ursprünglich in Situation A gelernte Verhalten kann nun auch in Situation B und C gezeigt werden. Dehnt sich dieser Generalisierungsprozess aus, wird das gelernte Verhalten nun auch in Situationen abrufbar, die der ursprünglichen Lernsituation immer unähnlicher sind.

Keine Festlegung als Transfermethode

In-vivo-Arbeit ist eine Interventionsform, bei der es nicht sofort um die Anwendung des Zielverhaltens geht: Nicht die Ausführung des im Beratungszimmer gelernten Verhaltens steht im Mittelpunkt, sondern der Erwerb des zu lernenden Zielverhaltens unter dem Einfluss verschiedenartiger Umgebungsbedingungen. Es geht also in erster Linie um den Lernprozess selbst mit all seinen Umwegen und Stagnationen, Sprüngen und Rückschritten (so wie es im Beratungsraum auch eine Reihe an Übungen braucht, bis die Lernziele korrekt ausgeführt werden können.) Eine so verstandene In-vivo-Arbeit festigt die Abrufbarkeit des gewünschten Verhaltens unter verschiedenartigen Alltagszusammenhängen; die Flexibilität für den Einsatz des Gelernten wird „für den Ernstfall" trainiert. Dabei lernen die Klienten gleichzeitig, Entscheidungen zu treffen, ob sie ihre Fähigkeiten ausschöpfen und Bewegungsspielräume in sozialen Situationen und Alltagsabläufen nutzen möchten.

Erweiterung von Handlungsspielräumen

Zusätzlich vermag die In-vivo-Arbeit gezielt solche alltäglichen Belastungssituationen bereit zu stellen, die Klienten vermeiden oder nur widerwillig aufsuchen. Hier führt In-vivo-Arbeit zu neuen Lernerfahrungen, arrangiert systematisch kommunikative Anforderungen und versucht so, deren Handlungsspielräume zu erweitern. In solchen sozialen bzw. kommunikativen Belastungssituationen kommt es bei den Betroffenen sehr häufig zu eindrücklichen Wahrnehmungen, Beobachtungen werden mitgeteilt, neue Gedanken stellen sich ein, heftige Gefühle treten ins Bewusstsein – vieles wird hier erfahrbar und kann besprochen werden, was sich der therapeutischen Bearbeitung im Behandlungsraum verschließen würde. Handlungswünsche entstehen und Entscheidungen für Kommunikationsexperimente werden getroffen – Veränderungsbereitschaft stellt sich ein. In der Folge kann dann auch ein Bewältigungstraining für Stresssituationen beginnen, in denen Probleme oder Symptome besonders ausgeprägt auftreten. Zum Beispiel wird eine schwierige (weil ängstigende) Wegstrecke erlaufen oder es werden Zuwendung und Blickkontakt zu fremden Menschen ausgetestet. Selbstsicheres Auftreten, eine bestimmte feinmotorische Geschicklichkeit, eine artikulatorisch schwierige Lautkombination, ein bestimmtes Maß an Sprachkompetenz, Sprechflüssigkeit oder stimmliche Präsenz, Formulierungsfreude und Improvisationsvermögen können ebenfalls geübt und angewendet werden.

Routine und achtsame Beziehungsgestaltung

In-vivo-Arbeit ist eine therapeutische Arbeitsform, die genauso angenehm oder verspielt, ruhig oder aufregend, entlastend oder langweilig sein kann wie die anderen Arbeitsformen, die im Behandlungsraum stattfinden. Auch außerhalb des Therapiezimmers bzw. der Beratungseinrichtung spielen sich allmählich die notwendigen Arbeitsschritte und hilfreichen Übungsverläufe ein, d.h. es kann sich eine unaufgeregte Routine einstellen. Dabei verlangt ein In-vivo-Training vom Berater, dass in allen Alltagsräumen eine positive Arbeitsbeziehung aufgebaut wird, so wie dies im Beratungszimmer ebenfalls zu geschehen hat. Ein achtsamer Umgang mit den Interessen und Bedürfnissen der Klienten ist unerlässlich, um zu einer tragfähigen Mitarbeitsbereitschaft außerhalb des Beratungsraumes zu kommen. Wertschätzung und Akzeptanz schließen auch Widerstände und Vermeidungshaltungen ein, die bei den Betroffenen auftreten können.

1.3 Aufgabenschwerpunkte der In-vivo-Arbeit

In-vivo-Arbeit kann sehr unterschiedlichen Zielsetzungen dienen. Die Veränderungsprozesse, die mit dieser Methode zu erreichen sind, betreffen die breite Palette menschlichen Erlebens und Verhaltens, also Gefühle und Einstellungen, körperliche Befindlichkeiten und Handlungsweisen von Personen. In-vivo-Arbeit nimmt in diesem Sinne Einfluss auf das gegenwärtige, auf das vorhandene Erleben und Verhalten einer Person und dient dabei gleichzeitig auch – beispielsweise durch den Abbau von Flucht- und Vermeidungsreaktionen – der Erweiterung der individuellen Handlungsmöglichkeiten.

Veränderungsbereiche

Gefühle und Empfindungen:
Hiermit sind z.B. Unsicherheiten und Ängste gemeint, Scham- und Minderwertigkeitsempfindungen, Selbstzweifel, Gefühle von Bedrohung und Feindseligkeit, schnelles Gekränktsein oder Verletzlichkeit.

Einstellungen und Überzeugungen, Werte und Normen:
Eigene Einstellungen, Überzeugungen und Wertmaßstäbe bestimmen in beträchtlichem Ausmaß die Handlungsweisen einer Person: Hier geht es z.B. um Überzeugungen, anderen nicht gerecht werden zu können, versagen zu müssen oder nicht in der Lage zu sein, die Chancen im Leben zu nutzen. Oder es geht um negative Haltungen zur eigenen Person und zu anderen Menschen, die Tendenz, sich abzuwerten, mit sich zu hadern bzw. die eigenen Fähigkeiten nicht wertzuschätzen. (Negative kognitive Bewertungsprozesse stellen nicht selten eine zentrale Gesundheitsgefährdung dar.)

Unkontrollierbare Körperreaktionen:
Hierunter fallen alle Formen der körperlichen Unruhe und Erregtheit, was Betroffene oft mit „Nervosität" bezeichnen, z.B. Schwitzen und Herzjagen, muskuläre Verspannungen bzw. Verkrampfungen, Magenschmerzen, Zittern und Wegbleiben der Stimme.

Verhaltensweisen und Fähigkeiten:
Hiermit sind die sichtbaren Handlungen gemeint, die Menschen ausführen, z.B. was sie tun, wie sie sich zu anderen Menschen in Beziehung setzen oder wie sie mit Anforderungen konkret umgehen. Aufgrund des sichtbaren Verhaltens können wir Rückschlüsse auf ihre Fähigkeiten ziehen, z.B. auf ihre Ausdauer, Belastbarkeit, Fähigkeit, sich flexibel auf Neues einstellen zu können, und ihre Konzentrationsbereitschaft.

Flucht- und Vermeidungsverhalten:
Eine besondere Form von „Verhalten" sind Flucht- und Vermeidungsverhaltensweisen. Die Person verlässt (Flucht) eine als schwierig erlebte Situation oder setzt sich gar nicht mehr mit ihr auseinander, sucht sie nicht mehr auf (Vermeidung). Bei psychischen Problemen und länger währender Symptomatik kommt es häufig zu Flucht- und Vermeidungsverhalten, das den Handlungsspielraum einer Person beträchtlich eingrenzen und bis zum sozialen Rückzug führen kann.

Nachdem geklärt wurde, worauf sich die Veränderungsbemühungen bei der In-vivo-Arbeit beziehen, sollen nun die Aufgabenschwerpunkte genauer betrachtet werden: Wozu lässt sich In-vivo-Arbeit nutzen? Es lassen sich vor allem vier unterschiedliche Aufgabenschwerpunkte voneinander abgrenzen.

Ermittlung des Ist-Standes: Diagnostische Funktion der In-vivo-Arbeit

Gezielte Erkundigungen in Alltagssituationen werden durchgeführt, um ein zuverlässiges Bild über die gegenwärtigen Handlungsmöglichkeiten und Probleme einer Person zu erhalten. „Besuche" in unterschiedlichen privaten (Familie) und öffentlichen Alltagsräumen (Schule, Arbeit, Straße, Geschäfte) sowie gezielte Aufgabenstellungen bzw. Aktionen in öffentlichen sozialen Kontexten verdeutlichen, welche Gefühle und Einstellungen bei dem Klienten vorherrschen, wie er mit Belastungssituationen umzugehen vermag und über welche Bewältigungsstrategien er verfügt. Neben Selbstaussagen des Betroffenen, die durch Gespräche, Fragebögen oder andere Untersuchungsverfahren gewonnen wurden (und die in der Regel alle in der Beratungseinrichtung erhoben wurden), stehen nun zusätzliche Informationen zur Verfügung. Bei ihnen handelt es sich vielfach um vertiefende, oft auch um bisher unbekannte, z.T. auch konträre Erkenntnisse zur Person des Betroffenen. Durch die In-vivo-Besuche ergibt sich damit eine umfassendere Sicht von der Person des Klienten: Die Möglichkeit, zu einer ganzheitlichen Sichtweise über die Person zu kommen, wird begünstigt, und die Planung und Durchführung der Veränderungsmaßnahmen kann von einem breiteren Informationsfundament aus geschehen. Diese zwei Sachverhalte begründen den Einsatz der In-vivo-Methode (siehe Kap. 1.4, S. 15).

Bei derartigen In-vivo-Besuchen kommt es, neben der diagnostischen Ausbeute, nicht selten auch zu einem therapeutischen Ergebnis: Auch für den Klienten ergeben sich neue Wahrnehmungen und Erkenntnisse, er wird sich seiner bereits vorhandenen Fähigkeiten deutlicher bewusst, und vermag in der Folge mit dem Repertoire des eigenen Bewältigungsverhaltens sicherer umzugehen. Auch kann die Bereitschaft geweckt werden, sich gezielter mit bisher vermiedenen Alltagssituationen auseinanderzusetzen: Angesichts der differenzierteren Selbstwahrnehmung, wächst die Motivation, sich auf schwierigere Selbstveränderungsprozesse einzulassen.

Realitätsprüfung: Klärung von Wahrnehmungen, Einstellungen und Motivationslagen

Wir Menschen sind oft felsenfest davon überzeugt, dass in einer bestimmten Situation alles schief laufen wird: Wir befürchten beispielsweise, es könnten Menschen zugegen sein, die uns übel wollen, es würden Anforderungen gestellt, die wir nicht bewältigen können, der Zugriff auf eigene Fähigkeiten wäre blockiert, wir würden ein lächerliches Bild abgeben – insgesamt könnte bei alledem nur eine riesige Blamage heraus kommen. Wie sieht es dann im Nachhinein aus, was hat tatsächlich in der Situation stattgefunden? Oft waren die ängstigenden Personen gar nicht anwesend oder ihre Böswilligkeiten blieben aus. Und die befürchteten Anforderungen erwiesen sich als durchaus bewältigbar. Selbst die eigenen Aufgeregtheiten hielten sich in Grenzen, die Gefühle und Körperreaktionen spielten gar nicht so verrückt, wie wir erwartet hatten. Kurzum: die Katastrophe blieb aus. „Es ist anders als man denkt!" Realität und Erwartung sind oft ganz verschiedene Schuhe. Wir sind in bestimmter

Weise auf bevorstehende Ereignisse *eingestellt*, sind *voreingestellt*, haben bestimmte *Vor-Annahmen*, die sich häufig als Vorurteile erweisen, als feste Überzeugungen, die erst ins Wanken kommen, wenn die tatsächlichen Sachverhalte klipp und klar vor uns liegen, wenn die gegenteiligen Erfahrungen gemacht sind. Und die sind nur gemacht, wenn wir diese Situationen auch tatsächlich aufsuchen, wenn wir uns mit der Realität konfrontieren.

Einstellungen und Überzeugungen können also nur dann realitätsangemessen sein, wenn sie auf der Grundlage immer wieder neuer Erfahrungen basieren. In vielen Situationen hindern uns Unsicherheiten und Ängste daran, die Realität unverzerrt wahrzunehmen und dabei zu registrieren, dass unsere Vorannahmen nicht stimmen. Zudem verhindert unser Flucht- und Vermeidungsverhalten, dass wir uns überhaupt mit den realen Gegebenheiten kritisch auseinandersetzen – kein Wunder, wenn alte (destruktive) Denkmuster und Überzeugungen bestehen bleiben.

Beispiel

Ist das Lächeln dieser Person dort wirklich ein abwertendes Lächeln, oder bin ich es, der es als „hämisch" empfindet – z.B. weil ich mich unsicher und unterlegen fühle? Wie ist das überhaupt: „Sehe" ich die Realität, wie sie ist? Oder verändert sie sich jeweils automatisch durch meine eigenen Gefühle und Einstellungen? Wenn das so wäre – könnte ich das Lächeln dieser Person auch auf eine andere Weise betrachten? Ist es vielleicht ein „verunsichertes" Lächeln, weil die Person nicht so recht weiß, wie sie reagieren soll? Ist ihr mein Blickkontakt peinlich?

Ein Aufgabenschwerpunkt der In-vivo-Arbeit besteht darin, den Betroffenen an die realen Sachverhalte heranzuführen und die Vorsicht und Distanz, die möglicherweise vorherrschten, aufzulösen. Es gilt, durch die Bereitstellung neuer Erfahrungen (s.u. „Verhaltensexperimente"), den Betroffenen zu differenzierteren Wahrnehmungen anzuregen, alternative Erklärungsmodelle für das eigene Verhalten und das anderer Menschen zu erarbeiten. Somit kann es gelingen, das Gefesseltsein in Ängsten oder unumstößlichen Gewissheiten aufzulösen. Neu zu prüfen, neu zu bestimmen was Realität ist – darum geht es! In der Folge kommt es zur Formulierung von Veränderungswünschen. Konkrete Lernziele werden für den Betroffenen erkennbar und seine Motivation für den Veränderungsprozess nimmt oft deutlich zu.

Definition

In der Verhaltenstherapie dienen *Verhaltensexperimente* im realen Lebensalltag immer wieder dazu, bei Klienten die Angemessenheit ihrer festen Überzeugungen zu überprüfen und ggf. Einstellungsänderungen bei ihnen einzuleiten. Tuschen u. Fiegenbaum (2000, S. 505) beschreiben das wie folgt: „Um sicher zu gehen, dass die subjektive Sicht des Patienten die Wirklichkeit angemessen widerspiegelt, kann es z.B. darum gehen, die Wahrnehmungen, Bewertungen, Schlussfolgerungen etc. des Patienten in konkreten Situationen zu erfassen und Methoden einzusetzen, anhand derer sich zum Beispiel herausfinden lässt, wie bedrohlich, feindselig, kränkend etc. andere Menschen tatsächlich sind, wie unbeeinflussbar bestimmte Situationen sind oder wie schwach und hilflos der Patient tatsächlich ist. Wenn Patienten im Rahmen der Verhaltensexperimente wiederholt die Erfahrung machen, dass bestimmte Befürchtungen, negative Erwartungen, Bewertungen etc. ... nicht eintreten oder die befürchteten negativen Ereignisse besser bewältigbar sind als erwartet, ... entwickeln sie allmählich neue kognitiv-affektive Konzepte über die zuvor schwierigen Situationen und über die eigenen Handlungskompetenzen." Auch Schneider u. Margraf (1994, S. 86) betonen die Wichtigkeit von Verhaltensexperimenten: „Sie dienen dazu, die Fehlinterpretationen des Patienten und die in der Therapie erarbeiteten Erklärungsalternativen im Hinblick auf ihren Wahrheitsgehalt hin zu überprüfen." Und sie „erleichtern oft die Korrektur der Fehlinterpretationen, da die Patienten ... durch gezieltes Handeln erleben, dass ihre Befürchtungen unangemessen sind."

In-vivo-Arbeit als Situationstraining

Ein anderer wichtiger Aufgabenbereich, für den In-vivo-Arbeit eingesetzt wird, ist der Abbau von Unsicherheiten und Ängsten bei Betroffenen. Es erfolgt eine systematisch geplante und gezielt durchgeführte Konfrontation mit schwierigen Alltagssituationen bzw. mit angstauslösenden Gegebenheiten, die mit diesen Situationen verknüpft sind. Das heißt, es findet ein wiederholtes Training in belastenden Situationen, an ängstigenden Orten oder von stressigen Interaktionshandlungen statt. Die In-vivo-Arbeit baut aufeinander auf und findet nicht einmalig, sporadisch statt, sondern kontinuierlich mit unterschiedlichen Lernzielen und Anforderungen. Die Betroffenen lernen so, ihre heftigen Gefühle und Symptome „auszuhalten", ohne in Flucht- und Vermeidungsreaktionen auszuweichen. Sie werden unterstützt, die Alltagssituationen immer wieder erneut zu durchlaufen und erfahren auf diese Weise, dass die befürchteten Katastrophen nicht eintreten. Und es findet, aufgrund der Wiederholungen, eine Desensibilisierung der Ängste und Unsicherheiten statt: Die bisherige „Übersensibilität" kann sich verlieren, die Wirkung der Angstreize lässt nach, das Erregungsniveau sinkt und die Betroffenen „stumpfen" allmählich ab, die Angstreize verlieren also ihre Wirkung. In der Folge kommt es bei den Betroffenen zu einer Aktivierung der Selbststeuerungsfähigkeiten, sie starten neue Bewältigungsversuche, experimentieren mit unterschiedlichen Handlungsweisen, die es ihnen erlauben, mit den Situationen besser umgehen zu können und zu einer besseren Affektkontrolle zu kommen. Der Abbau von Unsicherheiten und irrationalen Ängsten wird durch den Einsatz therapeutischer Verfahren unterstützt (s.u. „professionelle Kompetenzen, S. 61f) bzw. durch andere gezielte Unterstützungsmaßnahmen des Helfers (s.u. „Fähigkeiten des In-vivo-Trainers", S. 43ff.) vorangebracht.

Ein Situationstraining kann durchaus auch bei solchen Menschen sinnvoll sein, die bereits über ein reichhaltiges Spektrum an Verhaltensweisen verfügen, selbstsicher wirken und umsichtig handeln. Obwohl sie im Allgemeinen gut klar kommen, kann es bei ihnen einige Situationen geben, in denen sie „nicht mehr sie selbst sind", „kleine Aussetzer" haben, „wie weggetreten" erscheinen. Oder sie verlassen solche Situationen bzw. sie weigern sich, an den Geschehnissen teilzunehmen. Wenn diese „Ausnahmezustände" angstbedingt sind und heftige gefühlsmäßige und körperliche Reaktionen auslösen, ist eine In-vivo-Arbeit bei diesen Menschen im Sinne eines Situationstrainings ebenfalls sinnvoll.

In-vivo-Arbeit als Verhaltenstraining

Der vierte Aufgabenschwerpunkt für eine In-vivo-Arbeit betrifft das systematische Trainieren von Verhaltensweisen, über die Betroffene entweder noch nicht sicher verfügen können oder die noch nicht zu ihrem Verhaltensrepertoire gehören.

Verhalten, das noch nicht ausreichend stabil ist, wird anfänglich in „leichten" Situationen gefestigt, durch systematische Variation der situativen Bedingungen überlernt und in zunehmend schwierigeren Situationszusammenhängen angewandt. Neues Verhalten, das bisher noch nicht im Verhaltensrepertoire des Betroffenen existierte, wird schrittweise aufgebaut, bis es auch in immer komplexeren Alltagssituationen gezielt und regelmäßig eingesetzt werden kann. Das zu lernende Verhalten orientiert sich dabei an den Veränderungszielen der Betroffenen und umfasst nicht nur motorische Fertigkeiten, sondern z.B. auch körperbezogene Reaktionsmöglichkeiten wie das Entspannen oder kognitive Techniken der Selbststeuerung. Immer geht es darum, alternative Bewältigungsmöglichkeiten herauszubilden, sodass die auftretenden Probleme bzw. Symptome auf eine neue Weise bewältigt werden können. Dies findet in unterschiedlichen Kontexten statt, an sehr verschiedenen Orten und im Rahmen unterschiedlicher Alltagshandlungen. Die „Bewältigungsarbeit" beschränkt sich nicht auf Bewältigungsversuche in der Vorstellung, sondern die Bewältigungsaktivitäten erfolgen immer wieder „live".

In-vivo-Arbeit, bei der es um ein Verhaltenstraining geht, sichert die Übertragbarkeit der erworbenen Fähigkeiten auf sehr verschiedenartige Situationszusammenhänge: Die neu entworfenen, schrittweise gelernten und systematisch trainierten Verhaltensweisen, Handlungsmuster und Strategien werden damit nicht nur im ursprünglichen Lernkontext verfügbar, sondern insgesamt in der Alltagswelt des Klienten.

1.4 Gründe für den Einsatz der In-vivo-Methode im Rahmen von Beratung, Therapie und psychosozialer Beratung

Es gibt eine ganze Reihe von Gründen, die dafür sprechen, die Veränderungsarbeit außerhalb des Behandlungsraumes zu einer unverzichtbaren Maßnahme von Beratung, Therapie und psychosozialer Betreuung werden zu lassen. Die wichtigsten dieser Gründe werden im Folgenden aufgezeigt, wobei Überlegungen aus vorausgegangenen Abschnitten aufgegriffen werden.

Kontextabhängigkeit des Lernens

Wenn wir unbefangen mit Freundinnen quasseln können, heißt das noch lange nicht, dass wir in der Lage sind, vor versammelter Mannschaft flüssig zu reden, z.B. einen Vortrag zu halten. Unsere Fähigkeit, etwas vorzutragen, ist von äußeren, situativen Bedingungen und inneren, emotional-kognitiven Bedingungen sowie den eigenen körperlich-organismischen Zuständen abhängig. Von Betroffenen erwarten Berater allerdings viel zu oft, dass sie ein Zielverhalten, das im Kontext „Behandlungsraum" gezeigt werden konnte, nun auch in einer völlig anderen Umgebung abrufen können. Hier liegt eine Fehlerwartung vor, die mit den Erkenntnissen der Lern- und Verhaltensforschung kollidiert: Lernen findet kontextabhängig statt. Ein neues Verhalten, das erworben wurde, steht dem Individuum in der Regel erst einmal nur unter den Bedingungen der jeweiligen Lernsituation zur Verfügung. Die Übertragung einer Fähigkeit auf neue Situationszusammenhänge ist ein langwieriger Prozess, der in der fachwissenschaftlichen Diskussion als „Generalisierung" bekannt ist. So wie man ein Verhalten im Behandlungsraum durch gezielte therapeutische Impulse systematisch trainieren und verfestigen kann, so muss auch die Übertragung dieses Verhaltens in den Lebensalltag des Betroffenen durch schrittweise Gewöhnung an immer komplexere situative Bedingungen systematisch ermöglicht werden. Dies ist, so betonen Davison u. Neale in ihrem berühmten Lehrbuch (1996, S. 674) „.... ein Problem, dem sich unterschiedslos alle Therapien gegenübersehen."

> **Wichtig**
>
> Heutezutage wird sich keiner mehr den mahnenden Hinweisen von Pfingsten (2000, S. 478) verschließen können, der aus den eindeutigen empirischen Befunden – die beispielsweise zum Training sozialer Kompetenzen vorliegen – die Schlussfolgerung zieht: „Therapeuten können nicht davon ausgehen, dass ein „gutes" Training bei Patienten automatisch zu Transfereffekten führt (sog. „Train-and-hope-Einstellung"). Vielmehr sind gezielte Anstrengungen notwendig, um Patienten zur Übertragung des Gelernten auf ihren Alltag anzuleiten." Und als gezielte Anstrengungen nennt er ausdrücklich die In-vivo-Arbeit.

Das Problem der Generalisierung lässt sich mit Hilfe der In-vivo-Arbeit lösen: Betroffene verlassen das Beratungszimmer, halten ihre Vorträge nicht mehr vor dem freundlichen Helfer als exklusivem Zuhörer. Vielmehr kann zur Bewältigung des kommunikativen Problems „vor versammelter Mannschaft reden" eine Behandlungssequenz durchgeführt werden, in der das Reden in der Öffentlichkeit unter den individuell zunehmend belastenden Bedingungen erprobt und systematisch variiert wird (vgl. Kap. 8.3: „Reden vor Publikum, Sprechen in Gruppen", S. 96ff).

Komplexität und Realitätsnähe

Als Arbeitssituationen für eine In-vivo-Arbeit können prinzipiell alle verfügbaren Situationen des Lebensalltags genutzt werden. Damit steht eine riesige Fülle situativer Rahmenbedingungen und Kommunikationspartner mit einem breiten Spektrum an Handlungsabläufen und kommunikativen Anforderungen zur Verfügung. Im Gegensatz dazu wirkt der Behandlungsraum oft wie ein Schonraum; hier spüren die Beteiligten das „Als-ob" ihres Tuns, erleben den Probecharakter ihrer Übungen, die den Ernstfall nur unvollkommen abbilden. Und wir Therapeuten werden nicht selten als immer freundliche Ja-Sager und Alles-Versteher erlebt – eben mit der für unsere Berufsgruppe typischen „professionellen Deformation". Hingegen nehmen die Personen außerhalb des Behandlungsraumes den Betroffenen nicht als Klienten wahr, wissen nichts von seinen Problemen und reagieren dementsprechend unvoreingenommen. Es gibt keine irgendwie geartete Rücksichtnahme, d.h. die Lernbedingungen sind realistisch. Im Rahmen einer Beratung oder Therapie bedeutet dies, dass In-vivo-Arbeit in diesem Sinne erlaubt, zu jeder Zeit komplexe Erfahrungs- und Übungssituationen auszuwählen, bei denen die Betroffenen realitätsgerechte Strategien für ihre alltägliche Lebensbewältigung erwerben können.

▷ Gerald Sch., Single, 61 Jahre alt, ist es schwer gefallen, die gewünschten Veränderungen in seinem Alltag umzusetzen.

> In vorausgegangenen Therapien hat er viele gute Erkenntnisse gewonnen, aber sie blieben „Vorhaben", wurden nicht „Realität". Und das, obwohl er zuhause sehr eifrig immer wieder Übungen durchführte. Nun, nach einigen In-vivo-Sitzungen, wird ihm klar: „Für mich ist In-vivo-Arbeit der Zwischenschritt aus dem geschützten Raum der Therapie und dem Üben zu Hause in den privaten und beruflichen Alltag." Und er betont: „In-vivo-Arbeit muss ernsthaft sein, es muss richtig gearbeitet werden, damit ich meine Angst vor dem Sprechen in der Öffentlichkeit, vor Passanten und vor der Gruppe auch wirklich spüre." Und nach vier Monaten schreibt er in einem Brief: „Heute empfinde ich meinen Alltag immer öfter und bewusster als In-vivo-Arbeit."

Motivationshilfe

Wenn die Veränderungsarbeit auch außerhalb des Behandlungsraumes stattfindet, kann ein Großteil der belastenden Lebenssituationen, deretwegen Betroffene um Behandlung nachfragen, unmittelbar aufgesucht und therapeutisch bearbeitet werden. Die Klienten erleben die für die In-vivo-Arbeit festgelegten Zielsetzungen und Aufgabenstellungen als bedeutsam, wodurch dem Veränderungsgeschehen eine besondere Wichtigkeit beigemessen werden kann. Für die Klienten wird der Nutzen der eigenen Anstrengungen unmittelbar erfahrbar und der Stellenwert des eigenen Experimentierens mit neuen Handlungsmöglichkeiten kann immer wieder erkannt werden. Während der vielen Alltagserprobungen erleben die Klienten ganz konkret die Anlässe und Herausforderungen, für die sich der (zeitliche, emotionale und ggf. finanzielle) Aufwand von Beratung und Therapie lohnt: Hierdurch werden die Motivation und die Mitarbeitsbereitschaft gestärkt, um Übungen durchzuführen, sich den eigenen Vermeidungshaltungen zu stellen und Ängste zu riskieren, die mit der Konfrontation bisheriger Misserfolgssituationen auftreten. Die Veränderbarkeit der äußeren Situationsabläufe und die Möglichkeiten der Einflussnahme auf das Verhalten der Mitmenschen kann unmittelbar erlebt werden. Jedoch auch die Veränderbarkeit innerpsychischer Prozesse wird erfahrbar – was Klienten u.U. kaum mehr erhofft haben. Dies bezieht sich auch auf das Erleben so genannter Misserfolge: Bisher als quälend und peinlich erlebt, wandeln sie sich durch die In-vivo-Arbeit zu *nicht gelungenen Übungsversuchen*, die zur Wiederholung auffordern (s. das folgende Zitat).

▷ René M. zieht aus der In-vivo-Arbeit für sich einen ermutigenden Schluss:

> „Das Wichtigste ist, nicht aufzuhören, immer weiter zu üben, jede schwierige Situation im Alltag als Übung zu sehen, was Druck nimmt. Eine Übung kann auch ‚in die Hose gehen', dann mach ich's halt noch mal. Nächstes Mal wird's vielleicht besser. Von einer gescheiterten Übung stirbt man nicht."

Anleitung zur Eigenarbeit

Ohne eigenaktive Veränderungsarbeit können bei dem Betroffenen keine überdauernden Veränderungen stattfinden. Obwohl diese Binsenweisheit mehr oder weniger bewusst von Therapeut und Klient geteilt wird, bedürfen einzelne Klienten doch immer wieder konkreter Anleitungen, um die Eigenarbeit tatsächlich zu beginnen und die notwendigen Übungen und Trainingsmaßnahmen selbständig durchzuführen. Selbst wenn sie sich motiviert fühlen mitzuarbeiten, fehlen ihnen manchmal wichtige Voraussetzungen für eine erfolgreiche Selbststeuerung. Zum Beispiel gelingt es nicht, abstrakte Vorhaben (z.B. „Ich will selbstsicher auftreten") in konkrete Arbeitsziele umzuwandeln (z.B. „Stimme laut, Blickkontakt halten"). Oder Beobachtungen und Interpretationen werden nicht von einander getrennt. Bei unerwarteten Schwierigkeiten, kann (neben der vorher festgelegten Vorgehensweise) keine alternative Handlungsstrategie aktiviert werden – außer dem altgewohnten Abbrechen und Vermeiden. Oft ist auch die Fähigkeit, sich selbst angemessen positiv zu verstärken, ausgesprochen gering ausgebildet. Hier stellt die In-vivo-Arbeit nun ein vorzügliches Instrument dar, all diese Selbststeuerungsfähigkeiten, die Grundlage für eine funktionierende Eigenarbeit sind, auszubilden: So kann der Gang durch Straßen und Geschäfte zu einem „Lern-Parcours" für Arbeitsstrategien werden. Der Berater bzw. Therapeut vermag durch die Art, wie er sich selbst mehr oder weniger stark einbringt, bei dem Betroffenen Einfluss zu nehmen auf die Notwendigkeit zur Eigensteuerung: Der Helfer verändert systematisch den Grad seiner Mitbeteiligung und Unterstützung, so dass die Klienten die Situationsgestaltung zunehmend selbst leisten müssen und dabei sicherer werden, differenzierte Beobachtungen selbst anzustellen, Planungen daraus abzuleiten, Ziele zu formulieren, den Beginn von Trainingsschritten selbst festzulegen sowie mit auftretenden Schwierigkeiten flexibel umzugehen und die durchgeführte Eigenarbeit anschließend auch angemessen zu bewerten. (An anderer Stelle habe ich diese Kompetenzen als *Selbststeuerungskompetenzen* ausführlich beschrieben; Wendlandt, 2002 c, S. 108 f).

Wichtig

Davison u. Neal (1996, S. 679) betonen, dass Therapeuten „... gut daran tun, ihren Patienten zu einem Gefühl größerer Selbstverantwortung zu verhelfen. Wenn sie die Patienten etwa anregen, neue Fertigkeiten selbständig zu erproben und sich selbst herausfordernden Situationen zu stellen, wird sich bei diesen verstärkt der Eindruck einstellen, es selbst geschafft zu haben, sie werden unabhängiger von Therapie und Therapeuten, und die Behandlungsergebnisse bleiben stabiler."

Verzahnung von Diagnostik und Veränderungsplanung

In-vivo-Arbeit erlaubt diagnostische Erkundungen in Alltagssituationen: Indem wir unsere Klienten in verschiedenartigen Situationen des Alltags handeln lassen, werden wir mit dem aktuellen Stand ihrer Fähigkeiten und Einstellungen vertraut, können gezielt nach ihren Stärken und Handlungsspielräumen, jedoch auch nach ihren störungsspezifischen Einschränkungen Ausschau halten. Unsere systematische Beobachtung ergibt ein ergänzendes, oft umfassenderes und individuelles Bild vom Klienten als eine an den Behandlungsraum gebundene Diagnostik. Unsere Planungen zum Beratungs- und Therapieablauf können demnach von einer breiteren und realistischeren Basis aus vorgenommen werden und sind weniger gefährdet durch ungeprüfte Annahmen und Vermutungen. Auf diese Weise sind wir bei der Festsetzung unserer Veränderungsziele und bei der Auswahl der Veränderungsmethoden weniger anfällig für eine störungsspezifische Einengung unserer Sichtweisen.

Beispiel

Ein wichtige Erkenntnis, die ich immer wieder bei der In-vivo-Arbeit bestätigt sehe, lautet: Klienten reagieren ganz anders als erwartet. So traten z.B. bei einem Angestellten in einer Einkaufsituation mit Publikum Symptome deutlich seltener auf als im Behandlungsraum – und das, obwohl er selbst immer wieder betont hatte, wie viel stärker seine Symptomatik durch die Anwesenheit anderer Personen werden würde. Oder ein Mädchen zeigte bei einer kleinen Nachfrage am Kiosk heftige körperliche Erregungszustände, die im Therapieraum bislang nie Thema wurden. Oder jugendliche Klienten, die im Therapiezimmer ihre Unsicherheiten kaum beschreiben können, sprechen während der In-vivo-Arbeit differenziert und sehr ausführlich über ihre Empfindungen und Ängste.

Ganzheitlicher Behandlungszugang

Wie aus dem vorigen Abschnitt bereits ersichtlich wurde, ermöglicht die In-vivo-Arbeit eine ganzheitlichere Orientierung von Beratung, Therapie und psychosozialer Betreuung: Die In-vivo-Methode lässt bei den Betroffenen sowohl ein breiteres Handlungsspektrum (*Handlungsaktivierung*) als auch eine größere Vielfalt im Erleben (*Erlebnisaktivierung*) sichtbar werden. Die Person des Klienten tritt mit all ihren Vielfältigkeiten deutlicher auf die Bühne der Veränderung. Der Helfer kommt in die Lage, die Individualität des Einzelnen – und nicht nur seine Symptomatik – umfassender wahrzunehmen. Damit erhöht sich die Chance, Beratung und Therapie aus einer ganzheitlichen Sichtweise zu gestalten. Die Kommunikation zwischen Helfer und Betroffenem kann somit lebendiger werden – auf jeden Fall wird sie differenzierter.

Definition

Die In-vivo-Arbeit ist eine *handlungsaktivierende Methode*. Mit ihren vielen konkreten Handlungsimpulsen führt sie zu einer Verstärkung der Handlungsbereitschaft beim Klienten und in der Folge zu einer Zunahme seiner Handlungsaktivitäten. Betroffene müssen immer wieder – und immer wieder neue – Situationen aufsuchen, zwischenmenschliche Kontakte herstellen, sich auch auf für sie unangenehme Kommunikationssituationen einlassen und sich unter jeweils neuen situativen Bedingungen behaupten. Sie beginnen ihre Verhaltensspielräume auszuschöpfen, aktivieren Fähigkeiten und Kräfte, die bisher nicht erkennbar (und auch nicht notwendig) waren, und finden deutlicheren Zugang zu ihren Stärken.

Die In-vivo-Arbeit ist aber gleichzeitig auch eine *erlebnisaktivierende Methode*: Die Konfrontation mit kommunikativen Belastungssituationen löst vielfältige Emotionen aus, die spontan mitgeteilt werden und die – indem man sich „Luft macht" – klarer erfasst und differenzierter ausgedrückt werden können. Die Lebendigkeit des inneren Erlebens wird für den Betroffenen spürbar. So kommen zum Ende einer In-vivo-Stunde vielfach Wünsche und Sehnsüchte zur Sprache, konkrete Bedürfnisse werden formuliert, die bisher zurückgestellt wurden, und es tauchen Phantasien über eine veränderte Gestaltung der eigenen Zukunft auf.

Veränderungskontrolle

Für Beratungs- und Therapieabläufe, jedoch auch für die Selbsthilfearbeit ist es wichtig, sich von Zeit zu Zeit zu vergewissern, welche Veränderungen bereits eingetreten sind und wie sicher die neuen Fähigkeiten zur Verfügung stehen. Wer im Behandlungsraum arbeitet, überprüft dies durch den gezielten Einsatz von Rollenspielen oder durch die Einbeziehung fremder Kommunikationspartner (wobei jeweils schwierige Alltagssituationen simuliert werden). Klienten können ebenfalls angeleitet werden, anhand vorgegebener Fragen ihre aktuellen Ängste oder andere Symptome in unterschiedlichen Alltagssituationen einzuschätzen.

Statt im Behandlungsraum das Ausmaß und die Art der in der Beratung bzw. Therapie bereits erzielten Veränderungen zu testen, erscheint es günstiger, die Veränderungskontrolle in vivo stattfinden zu lassen: Es werden „Testsituationen" festgelegt, die bestimmte Anforderungen an den Klienten stellen. Direkt „vor Ort" kann festgestellt werden, ob jene Zielverhaltensweisen, die der Klient beispielsweise im Therapieraum bereits stabil produzieren kann (oder von denen er erzählt, er könne sie zu Hause produzieren), nun auch unter Alltagsbedingungen zur Verfügung stehen. Da diese Überprüfungen wiederholt und in verschiedenen Variationen stattfinden, ergeben sich relativ eindeutige Rückmeldungen bezüglich des aktuellen Standes der Bewältigungsfähigkeiten. Solche Kontrollsitzungen liefern darüber hinaus aufschlussreiche Hinweise, weshalb in bestimmten Belastungssituationen spezielle Handlungsweisen noch nicht gezielt abrufbar sind und regen damit zur erneuten Therapieplanung an. Mit der Wiederholung von In-vivo-Kontrollsitzungen wird eine kritische Haltung in Bezug auf die Güte und Effektivität der – sowohl vom Berater bzw. Therapeuten als auch vom Betroffenen – bisher eingebrachten Veränderungsbemühungen begünstigt. (Veränderungskontrollen sollten im Übrigen Bestandteil einer jeden Beratung und Therapie sein. Sie erlauben, Bilanz zu ziehen und geben hilfreiche Impulse für den weiteren Behandlungsverlauf.)

Rückfallprophylaxe

Mit Rückfällen muss immer gerechnet werden; bei einer Reihe von Störungsbildern werden Rückfälle von vornehrein sogar „erwartet" (z.B. Alkoholismus, Stottern im Erwachsenenalter, psychogene Stimmstörungen). Sie können im Laufe der Behandlung oder nach ihrem Abschluss auftreten. Für die Betroffenen, Angehörigen, Berater und Therapeuten stellt es „eine Überforderung dar, wenn der therapeutische Umgang mit dem Rückfall erst im Moment der Krise entwickelt werden muss" (Lindenmeyer 2000, S. 581). Vielmehr ist es vernünftig, in vielen Fällen die Maßnahmen zur Rückfallprävention zum zentralen Bestandteil der therapeutischen Bemühungen werden zu lassen und sie eben nicht, wie das oft üblich ist, als Anhängsel einer Behandlung durchzuführen. In-vivo-Arbeit kommt diesem Anspruch entgegen: Im Gegensatz zu den Sitzungen im Behandlungsraum bieten In-vivo-Sitzungen den Vorteil, immer wieder in das konkrete Bewältigungsverhalten, das dem Betroffenen zur Verfügung steht, Einblick nehmen zu können, um mit unvorhergesehenen Problemen und Stresssituationen fertig zu werden. Somit schärft die In-vivo-Arbeit den Blick für individuelle Selbststeuerungsfähigkeiten, die dem Betroffenen entweder noch fehlen oder die er bereits zu mobilisieren vermag, um mit situativen oder kommunikativen Belastungen, mit Angst und Ärger sowie mit Gefühlen von Gekränktheit und Ohnmacht angemessen umzugehen. „Dieser Gesichtspunkt ist insbesondere deswegen bedeutsam, da Klienten spätestens nach Abschluss der Behandlung zweierlei leisten müssten: Sie sollten zum einen in der Lage sein, sich mit denjenigen Problemen selbständig und erfolgreich auseinander zu setzen, deretwegen sie in die Behandlung gekommen sind ... . Zum anderen sollten sie flexibel mit neuen schwierigen Lebensumständen und ggf. auftauchenden neuen Problemen umgehen können" (Wendlandt 2002 c, S. 109). So können mithilfe der In-vivo-Methode diejenigen Kompetenzen gezielt gestärkt werden, die einer Rückfallgefährdung entgegenwirken.

1.5 Positive Effekte aufgrund der „bewegungsorientierten" Stundengestaltung

In den letzten zwei Jahrzehnten, in denen ich mit meinen Klienten zunehmend häufiger außerhalb des Behandlungsraumes gearbeitet habe, gab es immer wieder unerwartet positive Effekte, die unmittelbar mit den In-vivo-Maßnahmen zusammenhingen: Die Eigenarbeit der Klienten wurde intensiver und ihre Beschäftigung mit therapeutischen Hausaufgaben nahm deutlich zu. Die Mitarbeitsbereitschaft in der Behandlung konnte insgesamt gefestigt, das Beziehungsverhältnis vertrauensvoller gestaltet werden. Themen kamen zur Sprache, die bisher nie anklangen, und der emotionale Ausdruck zeigte sich unmittelbarer und oft unverfälschter. Diese positiven Auswirkungen waren unübersehbar und überraschten mich dennoch. Worauf beruhten die erzielten Effekte im Einzelnen?

Aus der Sportpsychologie und der sporttherapeutischen Psychotherapie ist bekannt, dass sich Klienten, die mit ihren Therapeuten außerhalb des Behandlungsraumes „Spaziergänge unternehmen" bzw. sich sportlich betätigen, in eine positive Richtung verändern. „Sie werden weniger gehemmt und zusammengenommen und kommen stärker mit ihren unmittelbaren Gefühlen und Erfahrungen in Kontakt" (Johnsgard 1989, S. 169; Übers. d. Verfass.). Hays (1999) zeigt auf, dass es nicht nur möglich ist, sich körperlich zu bewegen (z.B. zu joggen oder zu rennen) und gleichzeitig miteinander therapeutisch sinnvolle Gespräche zu führen, sondern dass es die körperlichen Aktivitäten selbst sind, die einen der zentralen Wirkungsfaktoren innerhalb des therapeutischen Konzeptes darstellen: „Die Patienten fühlten sich kraftvoller, waren sich ihres Ärgers und ihrer Bedürfnisse, sich durchsetzen zu wollen, bewusster, sprachen über das, was sie wirklich fühlten (im Gegensatz zu den Vermutungen, was sie fühlen sollten) und konnten ihrer inneren Befindlichkeiten besser gewahr werden, ohne dabei gehemmt und befangen zu sein" (a.a.O., S. 60; Übers. d. Verfass.).

Viele von uns kennen die positiven Effekte aus eigener Erfahrung, die während oder kurz nach körperlichen Aktivitäten, z.B. dem Joggen, auftreten: Uns fallen, wie von selbst, die besten Lösungsideen für anstehende Aufgaben ein, und wir erkennen Zusammenhänge, die uns vorher verborgen geblieben sind. Ein Umschalten im Denken („shift in thinking", Sachs 1984 a) findet statt, das in Zusammenhang mit der stärkeren Aktivierung der rechten Hirnhälfte gebracht wird, die für unser ganzheitliches, intuitives und integratives Denken zuständig ist (vgl. Hays 1999). Murphy (1996) hat exemplarisch Wege aufgezeigt, wie diese gesteigerte kognitive Produktivität und Kreativität nutzbringend für therapeutische Prozesse eingesetzt werden kann; systematische Forschungen dazu fehlen jedoch noch.

Ein wichtiges Element der In-vivo-Arbeit deckt sich mit dem bewegungsorientierten Vorgehen des sporttherapeutischen Ansatz: Es ist die durchgehende körperbezogene Aktivität des Herumlaufens, die in einer Behandlungsstunde stattfindet. Bei der In-vivo-Arbeit bleiben Therapeut und Klient in der Regel nicht auf einer bestimmten Parkbank sitzen, sondern sie sitzen auch auf Kaffeehausstühlen und Treppenstufen, Pflanzenkübeln, Rasenflächen usw. Sie verharren nicht nur vor einem Schaufenster, sondern spazieren durch Parks und Fußgängerzonen, überqueren Kreuzungen und Plätze, fahren mit den Verkehrsmitteln, steigen auf Aussichtsplattformen, schieben sich durch Menschentrauben auf Wochenmärkten, besuchen unterschiedliche Stockwerke eines Kaufhauses oder nutzen Rolltreppen und Fahrstühle. Sie sind in Bewegung, um an geeigneten Orten Erfahrungen zu sammeln und zu üben oder auch ggf. mit verschiedenen Menschen sprachlich in Kontakt zu treten.

> **Wichtig**
>
> In dem wissenschaftlich renommierten Buch von Kate F. Hays (1999) wird ein breiter Überblick mit vielen Anwendungsbeispielen und Forschungsergebnissen aus dem Bereich der sporttherapeutischen Psychotherapie gegeben. Dabei werden nicht nur das Joggen, das Rennen, gymnastische Übungen oder andere körper-

bezogene Trainingsmaßnahmen betrachtet, sondern auch das gemeinsame „Gehen" von Therapeut und Klient in den Therapiestunden. Die positiven psychotherapeutischen Wirkungen durch aktives körperbezogenes Tun werden beschrieben und wissenschaftliche Untersuchungen dazu referiert.

1.6 Indikation

Wann ist In-vivo-Arbeit angezeigt? Wann sollte sie besser nicht eingesetzt werden? Eignet sich die Methode für bestimmte Problemlagen mehr als für andere? Welche Menschen sprechen besser auf sie an? Gibt es im Rahmen einer Behandlung/Therapie oder eines Selbstveränderungsprozesses Ereignisse, die den Einsatz von In-vivo-Arbeit erforderlich machen? Alle diese Fragen können, obwohl sie von großer Bedeutung für die Praxis sind, heutzutage noch nicht zufriedenstellend beantwortet werden. Da eine wissenschaftliche Auseinandersetzung mit der In-vivo-Arbeit in der Fachliteratur bisher fehlt und noch keine empirischen Untersuchungen vorliegen, können wir auf keine verlässlichen Indikationskriterien zurückgreifen.

Aus meinen persönlichen Erfahrungen bei der In-vivo-Arbeit haben sich einige Hinweise zur Indikation ergeben, die ich in diesem Kapitel als vorläufige Orientierungspunkte vorstellen möchte. Zuvor soll aber noch einmal an etwas Grundsätzliches erinnert werden: Da die In-vivo-Arbeit, wie sie in den Abschnitten 1.1 bis 1.3 beschrieben wurde, eine Arbeitsform darstellt, die gleichberechtigt neben der Arbeit im Behandlungsraum steht, ist sie erst einmal grundsätzlich genauso indiziert für alle Betroffenen mit all ihren unterschiedlichen Problemlagen, wie auch die Arbeit im Behandlungsraum. „Begehungen", „Spaziergänge" und „Erprobungen" kann man im Prinzip mit jedem Klienten machen, der in seinem Alltag noch herumläuft, von sich aus Spaziergänge in seine Nachbarschaft unternimmt. Wenn das „Miteinander-Herumlaufen" nicht gleich „Training", „Übung" oder „Transferleistung" sein soll, ist die In-vivo-Arbeit genauso geeignet oder ungeeignet wie das Sitzen in einem (Behandlungs-)Raum mit geschlossenen Fenstern und Türen.

Neben diesen grundsätzlichen Überlegungen gibt es natürlich einige spezifische Bedingungen, die für den Einsatz der In-vivo-Methode sprechen und einige, die dagegen sprechen. Diese Bedingungen orientieren sich ganz an der Person des Betroffenen und seinen aktuellen Handlungsmöglichkeiten und nicht an spezifischen Störungsbildern oder Problemlagen (s. Grawe 1982, S. 171–178).

> **Wichtig**
>
> Grawe hat schon 1982 davor gewarnt, Indikationsaussagen im Sinne einer festen Zuordnung bestimmter Störungsbilder zu bestimmten Behandlungsmethoden vorzunehmen. Dies sei der Sache nach unangemessen. Die Entscheidung für bestimmte Methoden könne immer nur, wie er betont, in Bezug auf die von einer Störung betroffene *Person* in ihrer konkreten Lebenssituation getroffen werden. Nicht die „Störung", nicht das Krankheitsbild, nicht die Problemlage selbst, sondern die Person mit ihren aktuellen Lebensbezügen und ihrer individuellen Umgehensweise mit der „Störung" und ihren Folgen, gibt Hinweise darauf, ob eine Methode eingesetzt werden kann oder nicht. Auf unsere Fragestellung bezogen würde das bedeuten, dass die Eignung der In-vivo-Methode in Abhängigkeit von den konkreten Bedürfnissen, dem aktuellen Fähigkeitsstand und den Entwicklungspotenzialen des Betroffenen betrachtet werden muss.

Bedingungen, die für die Anwendung der In-vivo-Methode sprechen

Im Laufe meiner psychotherapeutischen Behandlungspraxis konnte ich immer wieder feststellen, dass unter bestimmten Umständen die Veränderungsarbeit im Behandlungsraum erst Fortschritte machte, wenn mit dem Einsatz von In-vivo-Maßnahmen begonnen wurde. Die In-vivo-Arbeit erwies sich als ein zusätzlicher Behandlungsbaustein der Wahl.

Zögerliche Anwendung neuer Verhaltensweisen

Häufig verfügen Klienten im Behandlungsraum bereits über das Zielverhalten, wenden es aber nicht in ihrem Lebensalltag an. Sie befürchten, die neu erworbene Verhaltensweise (z.B. eine bestimmte Art und Weise des Sprechens) sei „auffällig", Gesprächspartner könnten abwertend reagieren. Statt die neue Erfahrung zu wagen, schieben sie die Aufgabenstellung unnötig lange vor sich her und ihr altes Vermeidungsverhalten wird wieder stärker. Eine In-vivo-Sitzung wirkt hier Wunder, um die ins Stocken geratene eigentherapeutische Arbeit anzukurbeln.

Fremdheit der Anwendungssituation

Es ist nicht immer die Angst vor negativen Bewertungen der Mitmenschen, die die Eigenarbeit der Betroffenen bremst, sondern oft ist es die Fremdheit der Situation und das Fehlen angemessener Handlungsmuster für diese Situation. Ein Großteil der Veränderungswünsche bei Betroffenen bezieht sich nämlich auf die Bewältigung solcher Alltagssituationen, in die sie sich in ihrem Leben bisher kaum begeben haben (beispielsweise ein Referat halten, jemanden auf der Straße ansprechen, eine telefonische Warenbestellung im Versandhaus aufgeben, eine Bluse in einer Boutique umtauschen). Kein Wunder, dass angemessene Erfahrungen und erprobte Bewältigungskonzepte für derartige Situationen fehlen. Statt zu erwarten, dass die Betroffenen nun alleine in genau diesen Situationen aktiv werden – was einer „Premiere" gleich käme – bieten sich In-vivo-Sitzungen zum Erfahrungensammeln und zum Vertrautwerden mit den Problemsituationen an. In-vivo-Sitzungen lassen sich durch noch so kunstfertige Gespräche und Rollenspiele nicht ersetzen.

Geringe Fehlertoleranz, erhöhte Misserfolgserwartung, irrationale Überzeugungen

Manche Klienten reagieren allgemein sehr empfindlich, wenn ihnen etwas nicht gelingt, sie bewerten sich – im Vergleich zu anderen – negativer und sind mit dem Ergebnis ihrer eigenen Leistungen unzufrieden. Ereignisse, die vor ihnen liegen, bringen sie häufig mit Fehlschlägen, mit Misserfolgen in Verbindung. Hier ist eine Einflussnahme auf die Tendenz zur negativen Selbstbewertung notwendig (vgl. Wendlandt 2002 a, S. 21 f.). Verfahren aus der kognitiven Verhaltenstherapie, die sich durch wissenschaftliche Untersuchungen als effektiv erwiesen haben, sind hier indiziert: Sie beschäftigen sich mit der „erhöhten Selbstaufmerksamkeit" von Betroffenen (vgl. Buss 1980), mit ihrer Tendenz, die eigenen „wahrnehmenden, kognitiven, physiologischen und motorischen Prozesse zu überwachen" (Heimberg et al. 1987), sie identifizieren „automatische Gedanken" (Juster et al. 2000), modifizieren das „kognitive Schema", das die Informationsverarbeitung der Person und ihre Anpassung an Situationen bestimmt (Beck u. Emery 1985), oder sie machen die „mangelnde Selbstwirksamkeitserwartung" zum Therapiegegenstand (vgl. Bandura 1986, 1994). All diese Verfahren wollen eine kognitive Umstrukturierung bewirken – und sie alle tun dies durch Vorgehensweisen im Behandlungsraum. Die symptomauslösenden, kognitiven Inhalte (also die Selbstabwertungen, Fehldeutungen, irrationalen Sätze usw.) die in der Regel mit dem Alltagsgeschehen verknüpft sind, werden also nicht dort, nicht angesichts ihres unmittelbaren Auftretens bearbeitet, sondern später, in ihren „erinnerten" und bereits „subjektiv verarbeiteten" Varianten, die im Behandlungsraum noch zugänglich sind. Aufgrund meiner Erfahrungen bin ich zu der Überzeugung gelangt, dass sich eine kognitive Umstrukturierung schneller und wirkungsvoller erreichen lässt, wenn die Helfer ihre Verfahren zur kognitiven Umstrukturierung in vivo durchführen, dazu unterschiedliche Alltagsräume und soziale Anforderungssituationen nutzen und ihre Interventionen nicht begrenzen, indem sie sich „freiwillig" auf den einen Raum, das Behandlungszimmer, einschränken.

Es ist erstaunlich, wie feste Überzeugungen, die sich in wiederholten „Disputationen" (Ellis 1973; Juster et al. 2000) oft nur langsam verändern, angesichts von In-vivo-Konfrontationen sich plötzlich auflösen und durch konkrete Beobachtungen, neue Erfahrungen und systematische Rückmeldungen „in sich zusammen fallen". Immer wieder notieren Betroffene in ihren In-vivo-Protokollen, wie erstaunt sie seien, dass eine beängstigende Situation ganz anderes ausgegangen sei, als sie es erwartet hätten, und eigene irrationale Vor-Einstellungen rücken schlagartig ins Bewusstsein. Betroffene spüren dann deutlich, dass das persönliche Handeln in belastenden Alltagssituationen zum Großteil durch die eigenen kognitiven Haltungen mitbestimmt wird. Und die Erkenntnis wächst, dass sich die vielen negativen Gedanken als destruktive Tendenzen erweisen, die die eigenen Handlungsspielräume eingrenzen.

Beispiel

Lisa, 23 Jahre, Studentin der Sozialpädagogik, notiert über ihr erstes In-vivo-Referat in einer fremden Gruppe: „Ich war fest überzeugt, das kann nur schief gehen. Ganz fest! Die Nacht vorher eine einzige Qual! Und als ich mich dann vor die Gruppe stellen musste, habe ich wie wahnsinnig geschwitzt, richtig getropft hat es, mein Herz schlug wie verrückt, gleichzeitig eiskalt meine Hände. Mir wurde wieder ganz schwindelig. Alle haben mich erwartungsvoll angeschaut. Gleich falle ich um. Dann habe ich das Thema vorgelesen und die Gliederung angeschrieben. Die Stimme war brüchig. Aber dann auch wieder nicht. Alle haben zugehört, müssen mich also verstanden haben. Es ging voran. Verrückt! Sogar Fragen konnte ich beantworten. Es ist gut ausgegangen. Keiner hat mein Zittern bemerkt. Klar soll der Vortrag gewesen sein. Warum mache ich mich selbst nur vorher so fertig? Wer zwingt mich zu all diesen Horrorvorstellungen? Wer hält mich vom Leben fern?" (s. hierzu auch die vielen anderen Selbstaussagen von Betroffenen im Praxisteil des Buches).

Mangel an Veränderungsmotivation und Mitarbeitsbereitschaft

Nicht immer liegt eine ausreichende Veränderungsmotivation und Mitarbeitsbereitschaft bei den Betroffenen vor. In solch einem Fall habe ich es immer als günstig erlebt, wenn die Arbeit vom Behandlungsraum auf die In-vivo-Arbeit umgestellt wurde. Diese kann häufig viel unmittelbarer die Bedeutsamkeit von Veränderungsmaßnahmen aufzeigen – der Betroffene erlebt hautnah, was er tatsächlich kann und was ihm fehlt. In-vivo-Impulse ermöglichen spannende Erfahrungen mit großer emotionaler Beteiligung und provozieren immer wieder die Eigenaktivität des Betroffenen, die vom Helfer sofort verstärkt werden kann, sobald diese sichtbar wird.

In gleicher Weise verhält es sich mit Problemen, die bei der Ausführung therapeutischer Hausaufgaben auftauchen können: Wenn Klienten zum Beispiel wenig Bereitschaft zeigen, Übungen im Alltag durchzuführen, wenn sie dazu neigen, nur im stillen Kämmerlein, nicht in belastenden Alltagssituationen Aufgabenstellungen zu absolvieren, dann ist es oft höchste Zeit, mit In-vivo-Sitzungen zu beginnen. Hier, genau an den Orten des befürchteten Versagens, geht es nun darum, bei den Betroffenen das Zutrauen in ihre eigenen Fähigkeiten zu stabilisieren, ihnen zu vermitteln, dass es bereits ein Spektrum an Fähigkeiten gibt, über das sie verfügen. Es gilt, den Blick auf die vorhandenen Bewältigungsmuster zu lenken und dadurch neues Zutrauen in die eigenen Veränderungskräfte zu wecken. Eine In-vivo-Arbeit, die diesen Gesichtspunkt akzentuiert, vermag die Mitarbeitsbereitschaft des Betroffenen zu stärken.

Körperbehinderung, geistige Behinderung

Bei der Arbeit mit körperlich und geistig behinderten Menschen wäre es unrealistisch zu erwarten, dass die Klienten, angesichts der behinderungsspezifischen Beeinträchtigungen oder deren Folgeerscheinungen, Verhaltensexperimente in ihrem Lebensalltag vornehmen und Aufgabenstellungen systematisch und selbständig erproben. Demgegenüber erscheint eine anleitende In-vivo-Arbeit, die immer wieder zu unmittelbaren Handlungserprobungen ermuntert, erfolgsversprechender. Ein richtiges Verhältnis von behandlungsrauminternen, gesprächsorientierten und behandlungsraumexternen In-vivo-Sitzungen ist hier zu finden. Die In-vivo-Arbeit ermöglicht es, Vorbehalte und Barrieren, die sich in den Begegnungen mit Nichtbehinderten auftun, unmittelbarer und direkter zu thematisieren – eben dann, wenn sie spürbar bzw. sichtbar werden. Auf diese Weise lässt sich ein Teil der Barrieren leichter überwinden und realistische Zielsetzungen für therapeutische Aufgabenstellungen können entwickelt werden.

(Ein Teil der hier aufgeführten Überlegungen sind bereits im Kap. 1.4, „Gründe für die Anwendung der In-vivo-Methode", angeklungen. Die Ausführungen dort stützen noch einmal die Breite der Indikation, wie sie hier vorgestellt wurde.)

Bedingungen, die gegen die Anwendung der In-vivo-Methode sprechen

Auf In-vivo-Aktivitäten sollte verzichtet werden, wenn
▶ die Maßnahmen nicht in eine therapeutische Gesamtstrategie eingebettet sind und sich aus diagnostischer Sicht keine Notwendigkeit für ihre Durchführung ergibt;
▶ Personen aufgrund aktueller Befindlichkeiten nicht in der Lage oder momentan nicht bereit sind, sich mit Alltagssituationen zu konfrontieren (beispielsweise bei ungenügendem Vertrauensverhältnis zu Behandlungsbeginn oder bei mangelnder Motivation während einer Behandlung);

- Personen unter Störungen oder Problemen leiden, die „Spaziergänge durch die Stadtlandschaft" unmöglich machen (zu Behandlungsbeginn bei z.B. einer Agoraphobie, einer schweren Angststörung; spätere In-vivo-Sitzungen sind allerdings gerade hier unverzichtbar!);
- der Helfer nicht in der Lage ist, Betroffene auf eine empathische und annehmende Weise zur In-vivo-Arbeit zu bewegen, ohne Druck zu machen bzw. die eigene Machtposition auszunutzen.

Die Empfehlung, in den vier angegebenen Fällen auf die In-vivo-Arbeit zu verzichten, beinhaltet nicht, dass eine Kontraindikation für diese Methode vorliegt, sondern besagt lediglich, dass der richtige Zeitpunkt für In-vivo-Interventionen gegenwärtig nicht gegeben ist.

Wichtig

Hier taucht eine höchst interessante Frage auf: Sind In-vivo-Interventionen nicht auch dann (oder gerade dann) sinnvoll, wenn Betroffene sich weigern, außerhalb des Behandlungsraumes mit ihrem Berater oder Therapeuten zu arbeiten? Würde man nicht Vermeidungshaltungen und langjährige Rückzugstendenzen unterstützen, wenn man verzichtet, Betroffene ans „kalte Wasser" heranzuführen? Man muss sie ja nicht gleich ins kalte Wasser werfen. Reinecker (1999, S. 176) formuliert hier: „Besonders bedeutsam ist in diesem Zusammenhang der Umstand, dass sich der Patient auf die emotionale Bedeutung seiner Angst einlässt". Er macht deutlich, dass gerade „die emotionale Auseinandersetzung eine entscheidende Variable für die Bewältigung darstellt (‚no pain, no gain')." Ohne Leid kein Gewinn. Erst mit dem Durchstehen der Ängste, dem Aushalten der Symptome, der Konfrontation mit dem bisher Vermiedenen, kann es zu Befreiung von der Angstproblematik kommen. Hier klingt der mittlerweile zum Motto gewordene Spruch aus der Selbsthilfebewegung an: Wo die Angst ist, da geht es lang!

Ein anderer Gesichtspunkt, der gegen den Einsatz der In-vivo-Arbeit vorgebracht werden kann, ist die mangelnde Berechenbarkeit der situativen Abläufe: Der Helfer besitzt keine genaue Kontrolle über das, was in den behandlungsraumexternen Situationen passiert, er kann z.B. das Verhalten der Passanten, die angesprochen werden, nicht steuern, hat keinen Einfluss auf die Anzahl der Zuhörer, die in einen Fahrstuhl treten und dem Gespräch lauschen. Die Reaktionen der Mitmenschen lassen sich nur schwer beeinflussen, sie können Missachtung gegenüber dem Betroffenen ausdrücken und seine Experimentierfreude mindern. Auch ist es schwierig, die Länge einer Interaktion mit anderen Menschen zu bestimmen – manchmal kann es für den Trainingserfolg wichtig sein, die Situation auszudehnen, sodass noch mehr Sicherheit im Umgang mit der gewählten Bewältigungsstrategie gewonnen werden kann. Manchmal wäre es jedoch besser, die Situation zu verkürzen und sie da zu beenden, wo das Zielverhalten gezeigt werden konnte.

Diese grundsätzlichen Einwände, die aus einer streng verhaltenstherapeutischen Orientierung abgeleitet werden könnten, basieren auf einem sehr „technischen" Verständnis von methodischer Arbeit. Veränderungsarbeit, Beratung und Therapie stellen spezifische Formen der Lebenserfahrung dar – und es ist gut, wenn dabei gerade auch die unberechenbaren Aspekte des Lebens Platz haben. Leben lässt sich nicht „kontrollieren", es ist vielfältig, macht Sprünge, Unvorhergesehenes taucht auf. Das ist eine Grundprämisse, die jeder Therapeut kennt, die aber manchmal schwer zu akzeptieren ist. In diesem Sinne ist eine Missachtung, die ein Betroffener während einer In-vivo-Übung durch einen Passanten erfährt, realistischer Ausdruck einer lebendigen, wenn auch schmerzhaften Begegnungsform. Die Verarbeitung gerade dieser Erfahrung dürfte in der Regel ein höheres Gewicht haben, als die geradlinige Fortsetzung eines kontrollierten Übungsablaufes („Störungen haben Vorrang!"; vgl. Cohn 1990).

Beispiel

Ich erinnere mich an eine S-Bahnfahrt mit einem 45-jährigen Agoraphobiker, der seit Jahren keine öffentlichen Verkehrsmittel mehr benutzt hatte. Damals stand noch die Mauer in Berlin. Seine allerschlimmsten Befürchtungen bezogen sich darauf, dass die S-Bahn, auf ihrer unterirdischen Strecke durch den Ostteil der Stadt, stecken bleiben könnte (was damals tatsächlich öfter wegen Stromausfalls vorkam). Nach einigen vorbereitenden In-vivo-Stunden wählten wir genau diese „Horrorstrecke". Und prompt blieb die S-Bahn zwischen den Bahnhöfen Yorckstraße und Friedrichstraße stehen – im Dunkeln, voll besetzt mit vielen Menschen. Eng und unruhig war es, und die 10 Minuten schienen eine Ewigkeit. (Warum musste das ausgerechnet heute passieren?) Der Klient ist lebendig aus der Situation heraus gekommen – ohne die befürchteten Herzattacken, ein bisschen mitgenommen, aber auch ein klein wenig stolz: Er fing an, seine hartnäckige Skepsis zu begraben, die er bezüglich seiner Fortschritte im Therapieprozess hatte. Unter der Erdoberfläche hatte er den Einfluss gespürt, den er bereits auf seine starke körperliche Symptomatik nehmen konnte (z.B. mit Entspannungsübungen und ermutigenden Selbstverbalisierungen).

Und trotzdem: Die Einwände zeigen noch einmal auf, wie wichtig es für den Helfer sein kann, seine In-vivo-Arbeit behutsam zu gestalten und die Betroffenen mit der Unvorhersehbarkeit situativer Abläufe vertraut zu machen. Das fängt schon damit an, dass bei Rollenspielen, die der In-vivo-Arbeit vorausgehen und die im Behandlungsraum stattfinden, zunehmend häufiger unvorhergesehene und belastende Anforderungen eingebaut werden sollten. Und dass bei der In-vivo-Arbeit von vornherein immer wieder unterschiedliche Handlungsausgänge vorgedacht werden: „Es kommt ganz anders als du denkst! Und was tust du dann?" In-vivo-Arbeit könnte man in diesem Sinne auch als ein „Flexibilitätstraining" verstehen: Betroffene lernen, den überraschenden Ereignissen gelassen entgegen zu sehen. Von dieser Haltung profitieren auch wir Helfer.

Wenn keine schwere Angststörung mit Panikattacken vorliegt, ist es in der Regel gar nicht so schwer, eine ausreichende Motivation für die In-vivo-Arbeit auch bei solchen Klienten zu wecken, die sich noch ein wenig zögerlich verhalten oder auch deutlich Vorbehalte formulieren. Freude am Experimentieren kann geweckt, Lust am Improvisieren vermittelt werden (siehe dazu das Kap. "Improvisation", S. 63ff.). Die Art der Beziehungsgestaltung, die Art, wie sich der Helfer vertrauensvoll und unterstützend auf den Klienten einzulassen weiß, ist ebenso von zentraler Bedeutung für die Mitarbeitsbereitschaft des Betroffenen. Hierzu vermittelt der Praxisteil des Buches vielfältige Anregungen (s. die 18 Arbeitsschritte im Kap. 9): Das methodische Vorgehen bei der Planung, Durchführung und Auswertung der In-vivo-Arbeit lässt sich immer wieder auf die persönlichen Besonderheiten jedes Betroffenen ausrichten. Und die Sitzungsgestaltung kann auch abwechslungsreich, ohne Überforderung und Druck gestaltet werden (Kap. 7 und 8).

Zusammenfassend kann noch einmal betont werden: Die Frage, ob In-vivo-Arbeit eingesetzt werden sollte oder nicht, lässt sich immer nur anhand des konkreten Einzelfalls klären. Und: Die Indikationsfrage ist nicht nur einmal, d.h. nicht nur zu Beginn einer Behandlung bzw. einer Veränderungsmaßnahme zu stellen, sondern diese Frage sollte im Laufe eines Veränderungsprozesses wiederholt gestellt werden.

> **Wichtig**
>
> Grawe (1982, S. 175) schreibt, bezogen auf die psychotherapeutische Arbeit: „Die Indikationsstellung soll danach nicht nur einmal vor Beginn der Therapie im Sinne einer Zuweisung des Patienten zu einer bestimmten Therapieform vorgenommen werden, sondern Indikationsentscheidungen sollten fortlaufend im Therapieprozess erfolgen im Sinne von Entscheidungen darüber, wie von einem gegebenen Punkt aus weiter vorgegangen werden sollte. Diese Konzeption des Indikationsproblems wird auch als *adaptive Indikation* bezeichnet."

2 Bisherige Anwendungsgebiete der In-vivo-Arbeit

Im deutschen Sprachraum wurde die In-vivo-Methode bisher vor allem in der Verhaltenstherapie sowie in der Logopädie und Sprachheilpädagogik eingesetzt. Hierüber wird im Folgenden informiert sowie anschließend der Bezug zur „aufsuchenden" Sozialarbeit/Sozialpädagogik geknüpft: Hier kann eine Vielzahl an Unterstützungsmaßnahmen gefunden werden, die in der Lebenswelt der Betroffenen durchgeführt werden.

2.1 Verhaltenstherapie: Ursprünge und heutiger Einsatz

Die Methode der In-vivo-Arbeit stammt ursprünglich aus der verhaltenstherapeutischen Behandlung von Phobien und sozialen Ängsten. Richtungsweisende Veröffentlichungen im angloamerikanischen Sprachraum stammen aus den 60er-Jahren des vorigen Jahrhunderts (vgl. z.B. Bandura et al. 1969; Ritter 1969; Tharp u. Wetzel 1969). Damals konnte festgestellt werden, dass sich die Effektivität von Behandlungsprogrammen deutlich verbessern ließ, wenn der Angstabbau nicht nur in der Vorstellung (in sensu), sondern in vivo stattfand und dabei auch Verhaltensübungen, angeregt durch die Modellvorgaben des Therapeuten, stattfanden.

Inzwischen gehört die Methode der In-vivo-Arbeit bereits seit Jahren zum festen Bestandteil der Verhaltenstherapie, wo sie als anerkannter Behandlungsbaustein im Rahmen eines Gesamtbehandlungskonzeptes gilt und bei Klienten mit den unterschiedlichsten Problemlagen und Störungsbildern eingesetzt wird. In den einschlägigen Lehrbüchern und Standardwerken wird die Arbeit außerhalb des Behandlungsraumes bei einer ganzen Anzahl unterschiedlicher Therapiekonzepte vorgestellt: Man findet sie v.a. unter den Begriffen „Kontaktdesensibilisierung", „Desensibilisierung in vivo", „Angstbewältigungstraining", „Praxisübung", „Anwendungstraining", „Stressimpfung", „In-vivo-Konfrontation" bzw. „Expositionsbehandlung". In-vivo-Arbeit wird durchgehend als effektives Veränderungsinstrument gewürdigt (vgl. Linden u. Hautzinger 1996; Reinicker 1999; Margraf 2000). Eine besondere Form des In-vivo-Verfahrens, die auch außerhalb der Fachöffentlichkeit Beachtung erfahren hat, ist die Methode der Reizüberflutung, auch „Flooding" genannt (vgl. Levis u. Hare 1977; Bartling et al. 1980), bei der eine vergleichsweise lange Konfrontation des Klienten mit den angstauslösenden Reizen erfolgt und seine Vermeidungsreaktionen mehr oder weniger strikt verhindert werden.

■ Beispiel

Eine unverantwortliche Verirrung privater Fernsehsender offenbart sich in Publikums-Shows, in denen das verhaltenstherapeutische Flooding-Verfahren kommerziell pervertiert wird: Menschen mit phobischen Ängsten und Panikattacken werden überredet, Millionäre werden zu können, wenn sie vor laufenden Kameras genau das tun, was ihnen im Alltag unüberwindbare Qualen bereitet: z.B. auf Türme zu steigen, sich in die Nähe von Schlangen zu begeben oder in Kontakt zu Spinnen zu kommen. Millionen Zuschauer laben sich am Entsetzen, wenn der Betroffene nun aus schwindelnder Höhe abgeseilt wird, wenn sich Schlangen über Arme und Beine winden, während der Betroffene in einer engen Grube liegt, oder wenn riesige Spinnen mit behaarten Körpern über sein Gesicht laufen. Keiner weiß, was passiert, wenn der Betroffene die Bühne der Öffentlichkeit (mit oder ohne Geld) verlassen hat.

Die In-vivo-Arbeit kann zu den in der Klinischen Psychologie und Psychotherapie verbreiteten „Konfrontationsverfahren" gezählt werden: Therapeuten unterschiedlicher Schulen bieten ihren Klienten – auf jeweils unterschiedliche Weise – solche Inhalte zur Bearbeitung an, die der Klient auf Grund seiner spezifischen Problematik nicht wahrnehmen kann bzw. will oder die er bewusst versucht zu vermeiden (vgl. Bastine u. Kommer 1978). Konfrontation umfasst in diesem Sinne alle therapeutischen Interventionen, in denen der Therapeut „… gewohnte Muster des Klienten im Verhalten, Denken und Erleben bewusst infrage stellt" (Fiegenbaum 1982, S. 222). Bei der verhaltenstherapeutischen In-vivo-Arbeit findet die Konfrontation nicht vorrangig durch verbale Gesprächsimpulse statt, sondern durch die Bereitstellung neuer konkreter Erfahrungen: Der Klient wird zu neuen Handlungsweisen motiviert bzw. direkt in neue, zum Beispiel angstauslösende Umgebungen geführt, die er aufgrund seines bisherigen Vermeidungsverhalten (mehr oder weniger systematisch) ausgespart hatte. Das „Konfrontieren" erfordert ein aktives Handeln des Therapeuten, beispielsweise durch gezielte Instruktionen, Ermutigungen oder Verhaltensvorgaben (der Therapeut ist dann Modell). „Konfrontation" bedeutet dabei durchaus nicht, dass die Hinlenkung eines Klienten auf bisher nicht wahrgenommene Inhalte oder die Impulse zur Modifikation seines Verhaltens jäh oder unvermittelt erfolgen, sondern sagt lediglich etwas über die klare Gerichtetheit der Impulse aus – unter Berücksichtigung eines empathischen Verständnisses für den Klienten.

In der verhaltenstherapeutischen Anwendung zeigen sich beim In-vivo-Vorgehen Unterschiede hinsichtlich der Dosierung der Konfrontation mit problematischen, angstauslösenden Reizen bzw. Situationen: Gestufte, in kleinen Schritten portionierte Vorgehensweisen stehen Verfahren gegenüber, bei denen eine maximale Angstprovokation (ggf. bis hin zur Auslösung von Panikattacken) vorgenommen wird. Auch das Ausmaß des unterstützenden Verhaltens des Therapeuten (zum Beispiel hinsichtlich Ermutigung und Lob, Vorgabe von Verhaltensmodellen und kognitiven Bewältigungsstrategien) variiert beträchtlich, ebenso differieren die theoretischen Modelle, auf denen das unterschiedliche therapeutische Vorgehen gründet.

Und doch: Bei allen Unterschieden, die sich im Einzelnen finden lassen, gibt es in den verschiedenen Programmen, in denen therapeutische Interventionen in vivo stattfinden, auch übergreifende Zielsetzungen: Immer geht es um die Aufhebung des Vermeidungsverhaltens und den Abbau der negativen kognitiv-emotionalen Reaktionen auf bestimmte Situationen, Objekte, Personen oder auf innere Zustände. Zur Unterstützung werden Materialien für die Eigenarbeit der Klienten eingesetzt (s. das Selbsthilfemanual bei Mathews et al. 1994). Außerdem sind Selbsttrainingsbücher entwickelt worden, die auf verhaltenstherapeutischer Grundlage basieren und der In-vivo-Arbeit einen wichtigen Stellenwert geben (Hambly 2000; Bassett 2000; Becker u. Margraf 2002; Markway u. Markway 2003).

Ronen (2000) zeigt, wie sich bereits bei fünf- bis sechsjährigen Kindern mithilfe der kognitiven Verhaltenstherapie überdauernde Veränderungen erzielen lassen. Von besonderer Wichtigkeit sei dabei der Einsatz von Hausaufgaben, insbesondere von Übungen zur In-vivo-Exposition: Die Kinder werden angeleitet, sich ängstigenden Situationen (an die das Symptomverhalten geknüpft ist) auszusetzen, dabei den Grad und die Dauer dieser Exposition selbst zu bestimmen und mit dem Angsterleben in diesen Situationen auf eine produktive, angstmindernde Weise umzugehen. „Die erforderlichen Interventionstechniken der Selbstkontrolle (z.B. Selbstinstruktion, Imagination, etc.) sind für die Kinder leicht erlernbar, da sie schon in einem früheren Alter auf natürliche Weise Bewältigungsstrategien wie Selbstgespräche und imaginatives Spiel erwerben sowie spontan Möglichkeiten der Entspannung finden." (a.a.O., S. 147).

Den Kindern wird anschaulich vermittelt, wie wichtig es für sie ist, tägliche Expositionsaufgaben zur Überwindung ihrer Ängste zu erledigen: „Da passiert etwas, das wie ein Kampf ist, ein Kampf zwischen dir und den Dingen, vor denen du Angst hast. Solange du vor deinen Ängsten wegrennst, werden sie dich verfolgen und versuchen, dich zu erwischen. Und während du versuchst, von deinen Ängsten weit entfernt zu bleiben, werden die Ängste immer größer und größer. Wenn du diesen Ängsten aber zeigst, dass du keine Angst hast, indem du ruhig bleibst und ihnen ins Gesicht schaust, werden die Ängste selbst ängstlich und wollen jetzt vor dir davonlaufen! Und auf diese Weise kannst du erreichen, dass deine Ängste kleiner werden" (Ronen 2000, S. 170).

Zusammenfassend lässt sich feststellen: In-vivo-Maßnahmen werden in der Verhaltenstherapie als effektive Behandlungstechnik verstanden,
▶ wenn sie integrierter Bestandteil eines Gesamtbehandlungsplanes (vgl. Hand 1996) sind,
▶ wenn die Auseinandersetzung mit den symptomauslösenden Reizen bzw. Umweltereignissen systematisch und kontrolliert erfolgt (Planung, Auswertung) und auf einer breiten Vertrauensbasis zwischen Betroffenem und Therapeuten beruht (vgl. Reinecker 1999),

▶ wenn sichergestellt wird, dass es weitestgehend zu einer Reaktionsverhinderung kommt, der Therapeut also das Vermeidungsverhalten – auch das kognitive Vermeiden – während der Konfrontation verhindert (vgl. Fiegenbaum u. Tuschen 2000).

2.2 Logopädie und Sprachheilpädagogik

Über die besondere Bedeutung der In-vivo-Arbeit für das logopädische Arbeitsfeld ist vor fast zwei Jahrzehnten erstmals ausführlich in der deutschsprachigen logopädischen Fachliteratur berichtet worden (vgl. Wendlandt 1984, 1984 a). Die besonderen Vorteile dieser Methode für die Behandlung erwachsener Stotternder wurden dabei herausgearbeitet. Walton u. Black und Walton u. Mather hatten bereits 1958 bzw. 1963 die Wichtigkeit der In-vivo-Arbeit für die Kommunikationsstörung Stottern beschrieben.

Walten u. Black (1958) heben die Bedeutung der „In-vivo-Desensibilisierung" als Generalisierungstechnik hervor und beschreiben das therapeutische Verfahren, bei dem sich der Klient gemeinsam mit dem Therapeuten in die ängstigenden Alltagssituationen (nach Schwierigkeitsgrad abgestuft) begibt. Die Bewältigung der Situationen wird dem Klienten ermöglicht „durch die angstreduzierende Gegenwart des Therapeuten, durch den Einsatz von angstantagonistischen Entspannungsreaktionen oder stotterantagonistischen Sprechtechniken, durch Instruktionen, Verstärkungen und Ermutigungen des Therapeuten, durch Gespräche über die aktuellen Gefühle des Klienten und gegebenenfalls auch durch das modellhafte Agieren des Therapeuten in den jeweiligen Realsituationen." (Wendlandt 1980, S. 56) Das folgende Beispiel illustriert die Prinzipien einer solchen Arbeit.

Beispiel

Verhaltenstherapeutisch orientierte In-vivo-Sitzung mit einem 29-jährigen, schwer stotternden Bauingenieur
(nach Wendlandt 1984 b, S. 46 f)

Erste In-vivo-Sitzung mit Erwin, 70 Minuten. Vorausgegangen waren 12 Sitzungen im Behandlungsraum: Die Progressive Muskelentspannung nach Jacobson konnte erlernt, die eigene Stottersymptomatik identifiziert und willentlich produziert werden; der Klient war in der Lage, körperliche Spannungszustände schnell zu lokalisieren und beim Stotterablauf auftretende Spannungen zu verändern, vor allem den Druck beim Pressen (tonisches Symptom) deutlich zu reduzieren.

Sitzungsbeginn und Vorbereitung
Therapeut (Th.) und Klient (Kl.) treffen sich an einem belebten Verkehrsknotenpunkt; die Sitzungsplanung (Ziele, Vorgehen, zeitlicher Ablauf) wird auf der nahe gelegenen Bank eines Grünstreifens vorgenommen. Erwin hat Lampenfieber; Th. betont, dass heute nicht die vorausgeplanten schwierigen Situationen bearbeitet werden sollen, sondern nur das momentan Mögliche: „Was wäre das?" Erwin schlägt zwei bereits alleine erprobte Situationen vor (Zigarettenkauf am Kiosk und Kaffeetrinken bei Eduscho), Th. ergänzt um eine weitere Übungssituation (Kauf von Spielzeug bei Woolworth; Kl. hat zwei Kinder). Zentrales Lernziel für die gesamte Sitzung: Sprechen mit absichtsvollem Stottern, dabei lockeres Anbilden der Symptome (entspricht den Zielsetzungen des Non-avoidance-Ansatzes; vgl. Van Riper 1973, Wendlandt 1984 a, 1987).

Trainingssituation 1
Gedankliche Vorwegnahme: Th. leitet Erwin an, noch auf der Bank sitzend, sich die Annäherung an den Kiosk vorzustellen („Sie gehen auf den Kiosk zu. Dort steht eine ganze Reihe Leute. Sie sagen dann ...?). Kl. äußert laut, mit lockerem Wiederholungsstottern: „eine Le-Le-Le-Lord bitte!" Th.: „Wie?"; Kl.: „Eine Le-Le-Lord b-b-b-bitte!"; Th.: „Wie bitte?"; Kl.: „Eine Le-Le-Lord b-b-b-bitte!"
Reale Annäherung: Th. und Kl. nähern sich dem Kiosk; mit lockerem Stottern bittet Th. Erwin, den Kiosk und die Menschen drum herum locker stotternd zu beschreiben; trotz zunehmender Aufregung gelingt es dem Kl., weiter zu sprechen (keine Blockaden) und den eigenen Vermeidungswünschen zu widerstehen.
Handlungsanweisung des Th. mit Modellvorgabe: „Sie ge-ge-gehen ruhig uuund ge-ge-gemächlich auf den Ve-vvverkäufer zu und verlangen ei-ei-eine Llllllord." Th. gibt Zielverhalten (flüssiges Stottern) vor. Zeitungskauf wird weggelassen, um Anforderungen zu reduzieren.
Handlungsausführung durch Erwin: Kl. fordert im Kreis anderer Kunden laut und deutlich seine Packung Zigaretten, blockiert kurz beim ersten Wort („Eine"), kann dann die Spannung lösen und stottert leicht und willentlich „Le-Le-Le-Le-Le-Lord!"

Auswertung: Beim Wegschlendern besprechen beide die gerade bewältigte Situation. Erwin ist zufrieden, kann aber nichts über seinen Blickkontakt zum Verkäufer aussagen. Th: „Überprüfen Sie bei der nächsten Übung, ob Sie Blickkontakt halten. Versuchen Sie mit Blickkontakt la-la-la-leicht zu sto-t-t-t-t-ern."

Trainingssituation 2
Handlungsplanung: Stehend im Menschengewimmel vor dem Eingang von Woolworth werden zwei Arbeitsschritte locker stotternd festgelegt: 1. Erkundigung bei Verkäuferinnen anderer Abteilungen einholen („Wwwwo gibt es Sp-Sp-Sp-Spielzeug?"); 2. In der Spielzeugabteilung nach Spielzeug für Einjährige fragen. Th. erinnert an zusätzliches Lernziel „Blickkontakt".
Handlungsausführung: Erwin erkundigt sich an zwei unterschiedlichen Verkaufsständen.
Auswertung: Th. arbeitet das aktive Darauf-zu-Gehen von Erwin als besonders positiv heraus, lobt dessen wiederholte Aufnahme des Blickkontakts. Kl.: „Wichtig ist nur, dass man solche Situationen bis zu Ende führt, nicht bei dem Sp-p-p-p- (Spielzeug) abbricht und weitergeht."
Modellvorgabe mit stellvertretender Handlungsbewältigung: Th. demonstriert ausgiebig flüssiges Stottern bei einer Erkundigung in der Fernsehabteilung, Erwin ist schweigender Beobachter.
Auswertung beim Gang durchs Kaufhaus: Th.: „Wie hat das auf Sie gewirkt?" Kl.: „Hörte sich gut an. Es ging irgendwie flüssig drüber. Man merkte zwar, dass gewisse Holperer drin sind, dass Sie nicht ganz auf ebener Fahrbahn laufen. Aber es war nicht so, dass man Anstoß daran nimmt."
Handlungsausführung: Erwin erkundigt sich in der Spielzeugabteilung mit lockerem Stottern und Blickkontakt nach Holzautos. Verkäuferin: „Wir haben nur Plastik."
Auswertung: Erwin ist mit sich zufrieden, hat Lust abschließend noch eine weitere Sprechsituation im Kaufhaus zu erproben. Er benötigt einen Reisewecker, will sich nach einem bestimmten Modell erkundigen.

Trainingssituation 3:
Handlungsplanung stehend vor einer Auslage in der Uhrenabteilung: Th. und Kl. planen als Stotternde aufzutreten; Erwin möchte Verkäuferin laut herbei rufen.
Handlungsausführung: Erwin tritt sicher auf, stottert locker, stellt Fragen, bestimmt den Ablauf; Th. macht „gesprächsverlängernde" Einwürfe; die Verkäuferin bleibt zugewandt, auch angesichts der beidseitig deutlichen „Stotterattacken" und des abschließend nicht zu Stande kommenden Weckerkaufs.
Auswertung: Erwin („jetzt bin ich direkt in Schweiß gebadet") beschreibt das lange Wechselgespräch mit willentlichem Stottern als enorme Leistung, deren Bewältigung er sich bisher nicht zugetraut hätte. Th. gibt ausführliche Verhaltensrückmeldung.

Sitzungsabschluss
Der lang verdiente Kaffee wird bei Eduscho (ohne weitere Übungsaufgabe) am Stehtisch getrunken. Rückblick auf die gesamte Sitzung, auf Erfolge und positive Erfahrungen. Auf dem Rückweg: Klärung offener Fragen, Schlussfolgerungen für die Eigenarbeit des Kl.

Die Methode der In-vivo-Arbeit darf heute zum Methodenkanon logopädischer und sprachheilpädagogischer Therapien sowie der dazugehörenden, therapeutischen Eigenarbeit gerechnet werden. Sie wird vor allem bei stotternden Klienten eingesetzt, scheint aber auch in der Arbeit mit Stimmpatienten, Aphasikern und bei Kindern mit unterschiedlichen Sprachentwicklungsrückständen bzw. -störungen vereinzelt Anwendung zu finden. Schriftliche Berichte aus der Berufspraxis zur Anwendung dieser Methode fehlen allerdings noch immer. Vergeblich sucht man auch nach einer fachwissenschaftlichen Auseinandersetzung über die In-vivo-Arbeit.

Erstaunt hat mich, dass gerade im Rahmen der sonderpädagogischen Fachliteratur die Wichtigkeit eines klassenraumexternen Lernfeldes nicht gewürdigt wird. Dabei liegt doch der Bezug von In-vivo-Aktivitäten zur normalen kindlichen Lebensentwicklung auf der Hand: Wir alle sind als Säuglinge auf den Armen unserer Bezugspersonen in fremde Lebensumwelten getragen worden, geschmiegt an deren Körper, beruhigt durch die vertraute Stimme und das angenehme Streicheln. So haben wir neue ängstigende Räume erspürt, bisher nie gemachte Erlebnisse ausgehalten. Später sind wir dann selbst – noch an der Hand der vertrauten Person – ins Neuland gestolpert, begleitet durch Worte, ermutigt, unterstützt. Selten sind wir stehen geblieben, immer ging es vorwärts, immer auf das Unbekannte los. Auch nach Stürzen und aufgeschlagenen Knien. Die Welt da draußen war interessant, das Unbekannte lockte. Wir wollten mehr sehen, mehr hören, mehr spüren – und das nicht nur ab und zu, sondern ständig.

Jeder Mensch trägt als Schatz die Erfahrung mit sich, dass persönliche Weiterentwicklung nur durch Expansion möglich wird: Werde Grenzgänger – verlasse den dir bekannten Raum! Wir haben tausendfach erfahren: Lernen findet statt, indem wir leibhaftig auf Neues stoßen, es mit all unseren Sinnen wahr-nehmen, es als „wahr" aufnehmen. In diesem Sinne ist das Überschreiten bekannter Grenzen (wie z.B. das Gitterställchen des Säuglings) notwendige Voraussetzung, um Entwicklungsstillstände aufzulösen. Sorgen, Selbstzweifel und Ängste können zu „Gitterställchen" werden, zu Schutzwällen, die verlassen werden wollen. Therapie hilft, Entwicklungsverläufe, die stagnieren, wieder in Gang zu setzen, wieder in Bewegung zu kommen, wieder alles anfassen zu wollen, alles zu begrabschen und in den Mund zu stecken. Das Prinzip „In vivo" bedeutet dann, aus engen Räumen in weitere Gefilde aufzubrechen. Dabei gibt es nicht die Begriffe „Konfrontation" und „systematisch Üben". Es geht um Neugier, um ein freudiges Entdecken, Ausprobieren, was passiert. Die Lust am Unbekannten fliegt dich an, vielleicht auch der Reiz des Abenteuers, das Wagnis, sich auf ein unbekanntes Spiel einzulassen ...

2.3 Sozialarbeit und Sozialpädagogik

In der sozialpädagogischen Fachliteratur vermisst man bis heute Veröffentlichungen zum Thema In-vivo-Arbeit. Und auch in der Diskussion mit Praxisvertretern fehlt die Bezugnahme auf diese Methode noch völlig. Sozialarbeit und Sozialpädagogik scheinen den Blick zu den Nachbardisziplinen noch nicht vorgenommen und die In-vivo-Arbeit überhaupt noch nicht für sich entdeckt zu haben. Dabei ist dieser Interventionsansatz geradezu prädestiniert, den Alltagsbezug und die Lebensweltorientierung herzustellen, eine Forderung, die in der Sozialarbeit und Sozialpädagogik insbesondere durch Thiersch (1986) erhoben wurde und mittlerweile für den Einsatz von Interventionsmethoden weitestgehend Berücksichtigung gefunden hat (vgl. Grunwald u. Thiersch 2001).

Neben der üblichen Beratungstätigkeit, die in der Sozialarbeit und Sozialpädagogik immer noch vorrangig im „Beratungsraum" stattfindet, gibt es bereits eine große Anzahl an Kolleginnen und Kollegen, sie sich häufig in unterschiedlichen Alltagsräumen ihrer Klienten aufhalten: Sie sind mit bestimmten Aufgabenbereichen betraut, in denen es zum Beispiel um „Hausbesuche" geht, um „Betreuung" und „Begleitung", Amtsgänge werden gemeinsam unternommen, psychisch Kranke im Rahmen ihrer Familien aufgesucht. Im Rahmen „ambulanter Erziehungshilfen" werden Kinder zur Schule gebracht, wird den Eltern bei der Erziehung ihrer Kinder beigestanden („Erziehungsbeistandschaft"), Jugendliche aus dem „Betreuten Wohnen" werden bei der Berufsfindung unterstützt und für Vorstellungsgespräche trainiert, Einzelfallhelfer fördern die Kontaktaufnahme zu Gleichaltrigen, „soziale Gruppenarbeit" wird angeboten. Und auch in der „Familienhilfe" und der „Behindertenhilfe" geht es in der Regel darum, die Beziehungen der Betroffenen untereinander und zu ihrem sozialen Umfeld positiv mitzugestalten. Es gibt also bereits das Arbeiten „in vivo", bei dem die Helfer die verschiedensten Alltagsräume mit ihren Klienten aufsuchen. Aber es muss bezweifelt werden, dass dabei nach einer wissenschaftlich fundierten Interventionsmethode gearbeitet wird, die vermag gezielt Handlungskompetenzen bei den Klienten zu erweitern. Viele der lebensweltorientierten Vorgehensweisen, die zum Teil mit beträchtlichem Aufwand beantragt, gewährt und finanziert werden, könnten in ihrer konkreten Umsetzung professioneller konzipiert und effektiver durchgeführt werden. Dies zeigt sich nicht nur im Bereich der „behandlungsraumexternen" sozialen Arbeit. Die mangelnde methodische Fundierung sozialarbeiterischen Handelns wird in vielen Arbeitsfeldern der Sozialarbeit bzw. Sozialpädagogik angemahnt. Der Anspruch, zu einer Verbesserung der beruflichen Kompetenzen von Sozialarbeitern und Sozialpädagogen zu kommen, zeigt sich an der gegenwärtigen „Professionalisierungsdebatte" dieser Fachdisziplin. Er äußert sich darin, dass zurzeit beträchtliche Anstrengungen unternommen werden, methodische Ansätze aus verschiedenen Bereichen der Psychotherapie für die präventiven, beraterischen, therapeutischen und rehabilitativen Aufgaben in der Sozialarbeit/Sozialpädagogik nutzbar zu machen.

Wichtig

Im Zusammenhang mit den Professionalisierungsbestrebungen entstehen im deutschen Sprachraum zurzeit neue Ausbildungsgänge in „Klinischer Sozialarbeit", die die Ergebnisse einer über 30-jährigen „Clinical Social Work" in den USA aufgreifen (vgl.

Pauls 2001; Geißler-Piltz 2002). „Klinisch" meint dabei den direkten Bezug zur Behandlung von Personen: Nicht das „Kranke" (im Sinne von „bettlägerig in einer Klinik") steht dabei im Vordergrund, sondern die „klinische Methode", das Veränderungsinventarium, das nötig ist, um Menschen mit Symptomen und krisenhaften Lebenslagen effektiv unterstützen zu können. Es geht also um eine wissenschaftlich fundierte Methodik des Vorgehens, die für die unterschiedlichen Veränderungsaufgaben im Rahmen der Sozialarbeit und Sozialpädagogik dienen kann.

Der In-vivo-Methode, wie sie im vorliegenden Buch vorgestellt wird, kommt besondere Bedeutung für solche Tätigkeitsfelder zu, bei denen die Sozialarbeiter ihre Einrichtungen verlassen und eine „aufsuchende" und „begleitende" Arbeit durchführen. Darüber hinaus bietet sich die In-vivo-Methode als Ergänzung zur alltäglichen sozialpädagogischen Beratungsarbeit an, wird doch deren Effektivität letztendlich immer daran gemessen, ob sie tatsächlich Einfluss auf die individuellen Lebensbezüge der Klienten zu nehmen vermag. Diese zentrale Frage gilt nicht nur für die Berufsgruppe der Sozialarbeiter bzw. Sozialpädagogen! Immer geht es darum, dass die Fachleute die ihnen anvertrauten Betroffenen befähigen, sich unbefangener in ihre Lebensumwelt einzumischen und zu einer befriedigenden Beteiligung am gesellschaftlichen Leben zu kommen. Die In-vivo-Methode versucht, dies auf direktem Wege zu erreichen.

3 In-vivo-Arbeit als therapeutische Hausaufgaben

Betroffene und Helfer, die im Rahmen einer psychosozialen Betreuung, einer Beratung oder Therapie längerfristig zusammenarbeiten, nutzen in der Regel das Instrument der therapeutischen Hausaufgaben: Der Betroffene führt zwischen den Sitzungen alleine – nun ohne Unterstützung des Helfers – Aufgaben und Übungen durch, die seinen Veränderungsprozess weiterführen und stabilisieren sollen. Diese therapeutische Eigenarbeit findet natürlich nicht nur im Hause des Betroffenen statt – sie bezieht sich ebenfalls auf In-vivo-Aktivitäten. Welche Überlegungen sind hier zu berücksichtigen, wenn In-vivo-Arbeit als therapeutische Eigenarbeit stattfindet? Bevor diese Frage beantwortet werden kann, sollen zuerst einige grundsätzliche Überlegungen zum Thema „Hausaufgaben" angestellt werden.

3.1 Grundsätzliches zum Thema „therapeutische Hausaufgaben"

Therapeutische Hausaufgaben sind ein häufig eingesetztes Element vieler Therapien, wie die empirischen Untersuchungen von Bogart u. Kemmler (1989), Kemmler et al. (1992) und Fehm u. Fehm-Wolfsdorf (2001) eindrücklich belegen. Ohne Zweifel ist das Ausmaß der therapeutischen Eigenarbeit sowie des Selbsttrainings von zentraler Bedeutung für erfolgreich verlaufende Veränderungsprozesse in der Beratung und Therapie. Shelton u. Ackerman (1974, deutsch 1978) hoben bereits vor drei Jahrzehnten die Bedeutung der ökonomischen Effekte hervor, die sich durch die Eigenarbeit ergeben, und beziehen dies auf die Zeit und Kraft der Therapeuten und die finanziellen Mittel der Klienten, die sich einsparen ließen. Dryden u. Feltham (1994, S. 95) empfehlen den psychosozialen Helfern eindringlich, das Instrument der therapeutischen Hausaufgaben mutig einzusetzen: „Helfen Sie Ihren Klienten, sich als aktive Forscher zu betrachten, die ihre Kognitionen und Emotionen, ihr Verhalten und ihre intrapsychische Welt nicht nur im Beratungszimmer, sondern auch zu Hause und im Büro genauer unter die Lupe nehmen." Hausaufgaben lassen sich in diesem Sinne als Interventionen verstehen, die unmittelbar Einfluss nehmen auf den Lebensalltag von Betroffenen und deren Problemlösefähigkeiten für die verschiedensten Belastungssituationen zu verbessern trachten. Die Eigenarbeit der Klienten bezieht sich also zu einem Großteil auf so genannte „schwierige" Situationen, auf konfliktträchtige Interaktionen, ängstigende soziale Anforderungen oder verunsichernde Handlungsabläufe. Das, was bewältigt werden soll, befindet sich nicht nur in den eigenen vier Wänden der Betroffenen, spielt sich nicht nur bei ihnen zu Hause ab, sondern ist auch „außerhalb" anzutreffen, in den verschiedensten Alltagsräumen. Eigenarbeit ist in diesem Sinne oft gleichbedeutend mit In-vivo-Arbeit.

> **Beispiel**
> Wenn ein Kind mit einer Sprachentwicklungsstörung bei seiner Logopädin bestimmte Wörter mit Doppelkonsonanten richtig auszusprechen lernt und diese Lautkombinationen beim Benennen von Speisen während des Abendessens einsetzen soll, so ist dies eine In-vivo-Übung. Wenn ein Jugendlicher mit sozialen Ängsten, der immer wieder die Schule schwänzt, mit seinem Einzelfallhelfer vereinbart, am Nachmittag von zu Hause einen Klassenkameraden anzurufen, um sich nach den Schularbeiten zu erkundigen, dann ist diese Telefonübung eine In-vivo-Übung. Das „wirkliche Leben" findet eben auch beim Abendbrotessen und beim Telefonieren statt, auch wenn sich dies zu Hause abspielt.

„Therapeutische Hausaufgaben" bezeichnen also die von der psychosozialen Fachkraft angeleitete Eigenarbeit, die Betroffene im Rahmen von Beratung, Therapie und Betreuung leisten. Therapeutische Hausaufgaben beschränken sich dabei nicht auf ein „Nachdenken" oder „Reflektieren", sie verlangen darüber hinaus ein „Tun", ein „Ausprobieren", ein „Üben", häufig auch ein „systematisches Trainieren" – es geht also sowohl um das Aufsuchen all jener Alltagsräume, in denen sich die gewünschten Lernschritte vollziehen sollen, als auch um die In-vivo-Bearbeitung problematischen Erlebens und Verhaltens in den entsprechenden Lebenszusammenhängen.

Definition

Therapeutische Hausaufgaben – Eigenarbeit – Selbsttraining

Der Begriff „Therapeutische Hausaufgaben" kann unter zwei verschiedenen Aspekten betrachtet werden:
▶ Zum einen sind damit die *Anleitungen und Aufgabenstellungen* gemeint: Sie schreiben
   a) *konkrete Handlungsweisen* fest, die der Klient
   b) in *festgelegten Alltagssituationen* ausführen kann, und sie konkretisieren
   c) *Durchführungsbedingungen,* unter denen diese „Erprobungen" stattfinden sollten.
Die zu erprobenden/anzuwendenden Handlungsweisen sind an den aktuellen Veränderungszielen orientiert und sind dem Betroffenen in der Regel aus der Beratungs- bzw. Therapiearbeit des Behandlungsraumes bekannt.
▶ Zum anderen wird der Begriff „Therapeutische Hausaufgaben" verwendet, wenn es um die selbstständige Ausführung der Aufgabenstellung geht, ein Betroffener also *therapeutische Eigenarbeit* betreibt: Ohne dass der Helfer anwesend wäre, erprobt der Betroffene in unterschiedlichen behandlungsraumexternen Situationen diejenigen Handlungsweisen, die bisher nur im Behandlungsraum besprochen bzw. dort konkret erarbeitet wurden. Für „therapeutische Eigenarbeit" kann der Begriff „Selbsttraining" verwendet werden, wenn es um ein verstärktes Üben von in der Beratung, Therapie bzw. psychosozialen Betreuung erworbenen Fertigkeiten und Fähigkeiten geht, die sich erst durch ein systematisches und wiederholtes Anwenden festigen lassen.

Nach Wendlandt 2002 a, S. 10–12.

Obwohl therapeutische Hausaufgaben mittlerweile als bedeutsames Veränderungsinstrument gelten, besteht wenig publiziertes Wissen darüber, was man alles unter dem Begriff „Hausaufgaben" fassen kann und wie es gelingen kann, dass sie auch wirklich erledigt werden. Shelton u. Ackerman (1978) geben hierzu erste konkrete Hinweise. Anregungen finden sich auch bei Dryden und Feltham (1994). Erstmals ausführlicher, mit zahlreichen praxisbezogenen Hilfestellungen informiert im deutschen Sprachraum eine kürzlich erschienene Veröffentlichung (Wendlandt 2002 a) über diesen Themenbereich: Zielsetzungen therapeutischer Hausaufgaben und unterschiedliche Arten von Aufgabenstellungen werden systematisiert, methodisches Vorgehen für ihre Entwicklung, Durchführung und Auswertung beschrieben und vor allem handlungsleitende Arbeitsprinzipien anschaulich vermittelt, die durch zahlreiche Beispiele, Arbeitsbögen und Materialien für Berater, Betroffene, Eltern und Erzieher ergänzt sind. Hier findet der Leser wesentliche Grundlagen, die auch für die eigentherapeutische In-vivo-Arbeit nützlich sind.

3.2 Regeln für das In-vivo-Selbsttraining

Welche Gesichtspunkte sollten Helfer berücksichtigen, wenn sie Betroffene dazu anleiten, In-vivo-Aufgaben als Hausaufgaben durchzuführen?

Negative Vorerfahrungen mit Hausaufgaben klären

Eine zentrale Frage, um die es immer geht, wenn das Thema „Hausaufgaben" angesprochen wird, lautet: Wie kann es gelingen, dass die „Hausaufgaben", für die sich Betroffene entschieden haben, auch tatsächlich erledigt werden? Obwohl die Bereitschaft zwar meist verbal beteuert wird, finden die Übungen häufig dann doch nicht statt. Dies scheint unverständlich, muss jedoch gar nicht verwundern: Angesichts der negativen Vorerfahrungen, die viele Menschen (Betroffene und Therapeuten gleichermaßen) durch ihre schulische und berufliche Ausbildungszeit mit Hausaufgaben gemacht haben, werden im Laufe des Therapiegeschehens hinderliche Einstellungen und Haltungen aus dem schulischen Bereich aktiviert. Sie können (zumeist unbemerkt) im Gestalt von „Unlust", „Vergessen" bzw. anderen Formen von Widerstand auftauchen. Hier wäre es wichtig, diesen spezifischen Einfluss aus der individuellen Lerngeschichte der bewussten Auseinandersetzung zugänglich zu machen, das heißt Gespräche über belastende Ereignisse aus der Schulzeit bzw. der anschließenden Ausbildungs- bzw. Studienzeit führen, mögliche Abwehrhaltungen thematisieren und Missverständnisse, bezogen auf die aktuelle Hausaufgabensituation in der Beratung, Therapie bzw. Betreuung, klären.

Unterschiede zwischen schulischen und therapeutischen Hausaufgaben vergegenwärtigen

Es ist Aufgabe des Helfers, die Unterschiede zwischen Schule und Therapie/Beratung herauszuarbeiten: Sind die Lern- und Arbeitsweisen identisch? Ist die Rolle des Beraters bzw. des Therapeuten mit der eines Lehrers zu vergleichen? Unterscheidet sich die Schüler-Lehrer-Beziehung von der Betroffenen-Helfer-Beziehung? Wer ist für die Lernfortschritte verantwortlich? Wer bewertet wen? In gemeinsamen Gesprächen lassen sich diese Fragen klären. Als Hilfe kann die Gegenüberstellung auf dem Arbeitsbogen 2 dienen, in der einige Unterschiede zwischen schulischen und therapeutischen Hausaufgaben (HA) aufgeführt sind (s.u.).

Mit der In-vivo-Eigenarbeit erst beginnen, wenn erfolgreiche In-vivo-Stunden mit dem Helfer stattgefunden haben

Betroffene sollten bereits ausreichend positive Erfahrungen mittels der In-vivo-Methode im Rahmen gemeinsamer Treffen mit dem Helfer gesammelt haben, bevor sie alleine mit der Bewältigung einzelner Alltagssituationen beginnen. Die in der Therapie „aufgetragenen" oder die „selbst erarbeiteten" Aufgaben sollten allerdings etwas leichter zu bewältigen sein, als die entsprechenden Aufgaben in den gemeinsamen Trainingsstunden. Selbst wenn der Leistungsanspruch auf diese Weise gesenkt wird, darf es keinen verwundern, dass Betroffene diese leichtere Situation gegebenenfalls immer noch als zu schwierig erleben: Die Unterstützung des Helfers bzw. seine angstmindernde Gegenwart fehlt eben. Der Stoßseufzer des Helfers „Wir haben das doch schon 'zig mal bewältigt", wäre unberechtigt.

Jugert et al. (2001, S. 19) weisen indirekt auf diesen Aspekt hin, der bei der Erteilung von Verhaltensaufträgen, im Sinne von Hausaufgaben, berücksichtigt werden sollte. Bezogen auf soziale Kompetenzen meinen sie: „Zu Beginn von Verhaltenseinübungen im Alltag kann die Anwesenheit der TrainerIn oder die detaillierte Vorbereitung der Übungen durch die TrainerIn sinnvoll sein (…), um angemessenes Verhalten zu verstärken und Hilfestellungen bei Problemen geben zu können."

Eine positive Einstellung zur In-vivo-Eigenarbeit finden, bevor es losgeht

Ohne eine günstige Einstellung, die die Erledigung der In-vivo-Aufgabenstellungen unterstützt, lohnt sich kein Selbsttraining. Skepsis und Zögerlichkeit, Perfektionsanspruch sowie Misserfolgserwartungen beflügeln nicht die Eigenarbeit, sondern bremsen sie – sind wie Knüppel zwischen den Beinen. Positive innere Haltungen sind gefragt, innere Sätze, die motivieren und Kraft geben und die die Richtung des Handelns bestimmen: Beispiele solcher „Selbstverbalisierungen" – und wie sie einzusetzen sind – finden sich im Praxisteil des Buches (siehe Kap. 9, Arbeitsschritte 13 und 14), sind aber auch im Arbeitsbogen 3 nachzulesen (S. 34).

Eine Selbstverpflichtung für die In-vivo-Eigenarbeit aufbauen

Um die In-vivo-Eigenarbeit des Klienten zu erleichtern bietet es sich vielfach an, während der gemeinsamen Behandlungsstunde (egal, ob sie innerhalb oder außerhalb des Behandlungsraumes stattfindet) ganz konkrete Trainingssituationen für die wöchentliche In-vivo-Eigenarbeit festzulegen. Es sollten also nicht nur Vorschläge unterbreitet werden, sondern der Betroffene sollte – wie Pfingsten (1994, S. 132) betont – zu einer „Selbstverpflichtung" kommen. Der Betroffene wählt aus mehreren Aufgabenalternativen eine aus und entscheidet sich für ihre Durchführung. „Bei den starken Vermeidungstendenzen vieler Klienten hat es sich bewährt, schriftliche Arbeitspapiere zu verwenden, die am Schluss einer Therapiesitzung durchgesprochen werden, und mit denen der Patient eine Art Selbstverpflichtung eingeht". *Pfingsten* verdeutlicht diese Interventionshilfe mit einem Beispiel, das im Folgenden wiedergegeben ist.

Unterschiede zwischen schulischen und therapeutischen Hausaufgaben

Das kann doch nicht das Gleiche sein? Oder? Gehen Sie die Tabelle durch und überlegen Sie, ob es Unterschiede gibt zwischen den Hausaufgaben, die man in der Schule aufbekommt und Aufgaben, die für die Therapie gestellt werden.

Hausaufgaben in der Schule	Hausaufgaben in der Therapie
vom Lehrer vorgegeben	vom Helfer und vom Betroffenen gemeinsam erarbeitet
Pflichtaufgaben; müssen erledigt werden	Veränderungsangebote; Erledigung wird als erwünscht betrachtet
der Lehrer fühlt sich nicht verantwortlich für die erbrachte Leistung des Schülers	Helfer begreift sich als mitverantwortlich für das erbrachte Leistungsergebnis
ziehen Bewertungen, Zensuren, Bestrafungen nach sich	ziehen keine Bewertungen, Zensuren, Bestrafungen nach sich
dienen in der Regel der Festigung und Erweiterung von Wissensbeständen	dienen in der Regel dem persönlichen Wachstum, der Festigung und Erweiterung persönlicher Fähigkeiten
sind nicht an den individuellen Interessenlagen des Lernenden orientiert	richten sich nach den persönlichen Interessenlagen der Betroffenen
sind in der Regel „Stift-und-Papier-Aktivitäten", die schriftlich auszuführen sind (Schreibtisch-Aufgaben)	umfassen sehr verschiedenartige Aktivitäten an unterschiedlichen Orten und mit unterschiedlichen Menschen
sollen alleine erledigt werden	sollen zum einen alleine durchgeführt werden (Aufgaben zur Selbstwahrnehmung und -reflexion), zum andern im Kontakt zu anderen Personen und Situationen
bei der Erstellung von HA wird nicht Rücksicht genommen auf die Motivationslage und Mitarbeitsbereitschaft des Lernenden	bei der Festlegung der Aufgabenstellungen werden die Motivationslage und die Mitarbeitsbereitschaft des Betroffenen in zentraler Weise berücksichtigt
das Beziehungsverhältnis, das der Schüler zu seinem Lehrer hat, wird bei der Beurteilung, wie der Schüler mit den HA umgeht, ausgeblendet	die Art des Beziehungsverhältnisses zwischen Betroffenem und Helfer wird als wichtiger Faktor für den Umgang des Betroffenen mit seinen HA gesehen

(nach: Wendlandt 2002, S. 38)

Beispiel

Aufgabenalternativen und Selbstverpflichtung

	Schwierigkeiten

Situation Nr. 1: Sie gehen in einen Supermarkt und schauen sich die dort angebotenen Waren an. Sie kaufen nichts ein, sondern stellen den Wagen wieder ab und verlassen den Supermarkt. …%

Situation Nr. 2: Sie gehen in ein Geschäft und lassen sich zum Telefonieren Geld wechseln. Sie geben keine langen Erklärungen ab, sondern bringen kurz Ihr Anliegen vor. …%

Situation Nr. 3: Sie sprechen auf der Straße einen vorübergehenden Passanten an und lassen sich Geld zum Telefonieren wechseln. …%

Situation Nr. 4: Sie gehen in ein Café o.ä. und fragen, ob Sie dort telefonieren können. Sie verzehren nichts, sondern führen nur das Telefongespräch. …%

Ich werde in der kommenden Woche Situation Nr. … durchführen

Wenn Sie die Situation durchgeführt haben, beantworten Sie bitte folgende Fragen:

1. Wo und wann haben Sie die Situation durchgeführt? ....

2. Waren Sie mit Ihrem Verhalten zufrieden?
   ☐ sehr zufrieden ☐ weitgehend zufrieden ☐ eher zufrieden ☐ eher unzufrieden

3. Wie haben Sie sich vor der Situation gefühlt? ....

4. Wie haben Sie sich nach der Situation gefühlt? ....

5. Wie haben die anderen Personen reagiert? ....

(aus: Pfingsten 1994, S. 132)

Individuell bedeutsame Arbeitsprinzipien ermitteln

Bei der Durchführung des Selbsttrainings im Rahmen von In-vivo-Hausaufgaben können – abhängig von der jeweiligen Person – sehr unterschiedliche Punkte wichtig werden. Für den einen kann es von großer Wichtigkeit sein, sich immer wieder die eigene Tendenz zur Vermeidung zu vergegenwärtigen und ihr durch eine Selbstinstruktion entgegenzuwirken. Für den anderen kann es sich als hilfreich erwiesen haben, den Beginn seiner In-vivo-Übung eindeutiger zu gestalten. Jeder Betroffene kennt wichtige „Knackpunkte", die er bei seiner Eigenarbeit berücksichtigen möchte und die für ein erfolgreiches In-vivo-Vorgehen Bedeutung haben. Sie lassen sich als persönliche Mottos formulieren, als innere Leitsätze, als Arbeitsprinzipien, können als Merkzettel in Taschen gesteckt werden oder auf Tischen liegen, können in Plakatform an den Wänden hängen oder immer wieder als innere Selbstinstruktionen „gedacht" werden. Arbeitsbogen 3 gibt eine Liste solcher Mottos wieder.

Auftauchende Probleme ernst nehmen und analysieren

Wenn die Eigenarbeit nicht so richtig funktionieren will, ist eine gründliche Analyse der Hemmnisse erforderlich. Es ist wenig produktiv, sich zur Weiterarbeit zu zwingen – meistens führt dies zu einer Zuspitzung der Probleme. Die Gefahr, dass die Eigenarbeit ganz eingestellt wird, liegt nahe. In Kap. 10 werden die Möglichkeiten zur Problemklärung und zum Umgang mit auftauchenden Schwierigkeiten ausführlich besprochen.

Zum Umgang mit In-vivo-Hausaufgaben: Mottos

▶ *Ohne Anfang kein Erfolg!*
Ich verlasse meinen sicheren Bunker, auch wenn es stürmt und schneit. Ich gehe los, auch wenn ich nicht weiß, wo ich ankomme.

▶ *Ich brauche Misserfolge, um den richtigen Weg zu finden.*
Wenn ich etwas Neues lernen will, gehe ich davon aus, dass nicht gleich alles gelingen kann. Ich riskiere Misserfolge. Sie gehören zur Eigenveränderung dazu. Sie regen mich an, einen anderen Weg zu erproben.

▶ *Erst wenn Unruhe und Erregung abgeklungen sind, verlasse ich die Situation!*
Wenn ich etwas Neues ausprobiere, verweile ich in der Situation. Ich renne nicht gleich wieder davon. Ich bleibe und komme zur Ruhe. Ich bleibe und wiederhole das, was mir schwer fiel. Erst wenn Lampenfieber und körperliche Erregung vorbei sind, gehe ich von davon.

▶ *Ich entscheide mich eindeutig: klarer Anfang, klares Ende!*
Mein Selbsttraining beginnt zu einem innerlich festgelegten Zeitpunkt. Ich arbeite in der Situation bis zu einem bestimmten Punkt und schließe dann deutlich ab.

▶ *Statt „das war Zufall" sage ich künftig „das war Ich"! Ich bin es, die/der etwas bewirkt!*
Alles, was ich erreiche, darf ich meinen eigenen Fähigkeiten zuschreiben. Ich bin verantwortlich für die Ergebnisse meines Handelns.

▶ *Ich bekämpfe meine Angst Schritt für Schritt!*
Es gibt kleine Schritte. Angst und Unsicherheit können noch so groß sein, ich rücke ihnen langsam zu Leibe.

▶ *Ich halte stand!*
Vermeidung untergräbt die Selbstveränderung. Vermeidungen lasse ich nicht mehr zu.

▶ *Schief gegangen – na und! Auf ein Neues!*
Wenn einmal etwas schief läuft, verzeihe ich mir: Gut, es ist passiert, es gibt Gründe dafür, ich war unter Stress. Es gibt neue Gelegenheiten, die ich selbst herbeiführe. Beim nächsten Mal gibt es eine neue Chance!

▶ *Ich tue etwas für mich!*
Ängste und Unsicherheiten dürfen sein, selbst wenn sie in einer Situation schon einmal verschwunden waren. Sie machen mir immer wieder deutlich, dass es sich lohnt, an der Eigenveränderung zu arbeiten.

Vielleicht gibt es andere Leitsätze, die Sie für sich formulieren möchten? Ändern Sie, ergänzen Sie! Schreiben Sie Ihren eigenen Arbeitsbogen! Mottos – nur zu!

....
....
....
....
....

Wendlandt: Veränderungstraining im Alltag. Arbeitsbogen 3. Thieme 2003

In der Arbeit mit Kindern kann es sehr hilfreich sein, wenn die Hausaufgaben vorab im Rollenspiel durchgespielt werden. Ulrike Petermann (1983) führt in ihrem Trainingsprogramm für sozial unsichere Kinder eine ganze Reihe an Kommunikationssituationen auf, die sich an den persönlichen Alltagserfahrungen der Kinder orientieren (z.B. auf der Straße nach dem Weg fragen). Schwieriges wird im Rollenspiel handelnd erprobt und kann dann selbstständig von den Kindern in vivo realisiert werden. Dabei erhalten die Kinder neben der Vorgabe eines Modellverhaltens (sozial kompetente Umgehensweise mit der Situation) zur Abgrenzung auch ein Beispiel für sozial unsicheres Verhalten. Die Gegenüberstellung und Kontrastierung schärft den Blick für sozialkompetentes Verhalten (s. folgende Beispiele).

Beispiel

„Fragen auf der Straße:
Am Nachmittag fahre ich in die Stadt, um einen Klassenkameraden zu besuchen. Ich kenne die Anschrift genau; wo die Straße sich befindet, weiß ich jedoch nicht genau.

▶ Ich geniere mich sehr, eine fremde Person zu fragen, welchen Weg ich nehmen muss. Ich stottere dabei und spreche sehr leise. Am liebsten wäre ich wieder nach Hause gefahren.
▶ Es macht mir nichts aus, eine fremde Person, z.B. eine fremde Frau mit Kindern, anzusprechen und zu fragen, wie ich am besten zu der Straße komme" (a.a.O., S. 127).

„Fußballspiel:
Einige Klassenkameraden und ich treffen sich manchmal nachmittags zum Fußballspielen. Wir sind meistens so viele, dass wir zwei Mannschaften bilden können. Einmal hat ein Klassenkamerad in der letzten Minute durch einen entscheidenden Schuss unserer Mannschaft zum Sieg verholfen.

▶ Obwohl ich mich sehr über unseren Sieg und den Klassenkameraden, der den entscheidenden Schuss gemacht hat, freue, schaffe ich es nicht, zu ihm zu gehen und es ihm zu sagen.
▶ Ich gehe nach dem Spiel sofort auf ihn zu, um ihm zu sagen, dass ich seinen Schuss ganz toll fand" (a.a.O., S. 129).

4 In-vivo-Arbeit als Gruppenmaßnahme

Psychosoziale Helfer stellen mir immer wieder die Frage, ob die In-vivo-Arbeit auch in Gruppen durchgeführt werden könne. Hinter der Frage steht meist die Annahme, dass die Arbeit außerhalb des Behandlungsraumes alleine schon eine große Herausforderung darstelle – und dann auch noch mehrere Personen gleichzeitig „unter einen Hut" bekommen zu sollen, das erscheint vielen unvorstellbar. Wer allerdings selbst einmal in einer Gruppe In-vivo-Arbeit praktiziert hat, kommt schnell zu einer ganz anderen Haltung. Der Faktor „Gruppe" wird als äußerst hilfreich für die individuelle Zielerreichung erlebt: Der Einzelne profitiert von den vielfältigen Erfahrungen und Einstellungen der anderen. Gruppenmitglied zu sein bedeutet in diesem Sinne nicht „zu kurz zu kommen", sondern genau das Gegenteil: Man lernt immer auch dann, wenn man selbst gerade „nicht an der Reihe ist", man schaut sich etwas ab, wird mit neuen Einschätzungen konfrontiert und muss sich mit konträren Überlegungen auseinandersetzen. Wenn man selbst etwas ausprobiert, d.h. neue Schritte geht, kann man sicher sein, Gleichbetroffene an der Seite zu haben, die begleiten oder auch gezielt unterstützen, „Beistand" in der Angst leisten oder bei schwierigen Übungen sogar einspringen. Rückmeldungen von Betroffenen erscheinen glaubwürdiger und werden eher berücksichtigt als Rückmeldungen des Helfers, auch Vorschläge lassen sich leichter annehmen. Von den Gruppenmitgliedern geht eine motivierende Kraft aus, die sich auch auf die selbstständige Eigenarbeit der Einzelnen zwischen den Gruppensitzungen auswirkt. Gruppenverfahren sind also im Vergleich zu Einzelmaßnahmen beileibe nicht Verfahren zweiter Wahl, die nur wegen ihrer größeren Ökonomie – gewissermaßen als Notlösung – offeriert würden (vgl. Grawe u. Fiedler 1982). Die Gruppe gilt heute vielmehr als ein effizientes Veränderungsinstrument, das eine Reihe spezifischer Wirkfaktoren vereinigt (vgl. Yalom 1975; Fiedler 1996; Tschuschke 2001 a, Strauß 2001), die auch in der In-vivo-Gruppenarbeit zum Tragen kommen.

4.1 Allgemeine Erkenntnisse zur Gruppenarbeit

Forschungsergebnisse zur Gruppenarbeit haben viele Erkenntnisse zu Tage gefördert, die uns für die konkrete Arbeit mit und in Gruppen Orientierung geben.

Gruppe als Ort der Solidarität und Anteilnahme

In der Gruppe lernen die Betroffenen, dass sie mit ihren Problemen nicht alleine auf der Welt sind und dass andere Menschen ähnliche Erfahrungen und Lebensschicksale haben. Eine Teilhabe an den Empfindungen und Gedanken anderer führt zu „geteiltem Leid", durch das der Leidensdruck des Einzelnen abnimmt und sein Selbstbewusstsein gestärkt wird.

„Kohäsion" – das Wir-Gefühl in der Gruppe

Lernerfolge in der Gruppe treten verstärkt dann auf, wenn zwischen den Gruppenmitgliedern ein Zugehörigkeitsgefühl entsteht und sich ein Zusammenhalt untereinander entwickelt: Die Gruppe gewinnt für jedes einzelne Mitglied eine eigenständige Attraktivität, die sich in einem Wir-Gefühl äußert (Kohäsion = Zusammenhalt). Jeder kann sich angenommen und aufgehoben fühlen.

Eine „gute Gruppe" ermöglicht Offenheit, Vertrauen und eine positive Arbeitshaltung

Je mehr es den Teilnehmern gelingt, wichtige persönliche Themen in die Gruppe einzubringen, desto stärker entwickelt sich ein Vertrauen in das Unterstützungspotenzial der anderen. Mit zunehmender Offenheit entsteht die Bereitschaft, auch solche Themen einzubringen, die im Leben bisher nicht angesprochen werden konnten. Es entwickelt sich eine positive Arbeitshaltung, die sich darin zeigt, dass die Teilnehmer sich auf Neues einlassen, experimentierfreudig werden und auch dann mitarbeiten, wenn es im Sitzungsverlauf nicht um ihre eigenen Belange geht.

Gruppe als Raum für die Analyse und Veränderung zwischenmenschlicher Probleme

Wenn es um Probleme in zwischenmenschlichen Beziehungen geht, können Gruppenmaßnahmen als *die* Methode der Wahl betrachtet werden. Die sozialen Beziehungen in der Gruppe stellen ein Abbild der realen sozialen Begegnungen des Einzelnen in seinem Lebensumfeld und der dort auftauchenden Schwierigkeiten dar. Die individuellen Probleme jedes Einzelnen werden in der Gruppe deutlich und können hier einer genaueren Analyse und einer systematischen Veränderung zugeführt werden.

Existenzielle Einsichten durch Gruppenprozesse

In der Gruppe kann der Einzelne ganzheitlich erleben, wer er wirklich ist, welche Bedeutung er für andere besitzt und welchen Sinn er seiner eigenen Existenz gegenwärtig und in Zukunft geben kann. Indem er existenziell bedeutsame Erkenntnisse in der Gruppe gewinnt, kann dies für ihn zu einem der wichtigsten Wirkmomente der Gruppenarbeit werden (vgl. Fiedler 1996, S. 471). Hierin zeigt sich, dass der Mensch ein durch und durch soziales Wesen ist, das „... in seiner Persönlichkeit fundamental und – man möchte fast sagen – ausschließlich durch soziale Beziehungserfahrungen geformt" wird (Tschuschke 2001, S. IX).

Gruppensituation mindert Abhängigkeiten

Im Rahmen eines Gruppensettings fällt die Abhängigkeit des Betroffenen von seinem Therapeuten zumeist geringer aus als in einer Einzelbehandlung (Grawe u. Fiedler 1982, S. 152). Dies spricht dafür, Veränderungsmaßnahmen in der Gruppe und nicht in der Einzelsituation durchzuführen, da so sichergestellt werden kann, dass sich das Selbsthilfepotenzial von Klienten optimal nutzen und fördern lässt.

Weitere Wirkfaktoren der Gruppenarbeit

Wirksam in Hinblick auf eine positive Veränderung ihrer Mitglieder sind bei der Gruppenarbeit darüber hinaus beispielsweise die Elemente „*Rückmeldung empfangen und Rückmeldung geben*", das „*emotionale Anteilnehmen und Unterstützen*", das „*Verstärken*" sowie die vielfältigen Möglichkeiten der „*Modellvorgabe*". Hierzu finden sich vertiefende Ausführungen im nächsten Kapitel (Fähigkeiten des In-vivo-Trainers, S. 43ff.).

4.2 In-vivo-Gruppe: Ein bevorzugter Ort für den Abbau von Ängsten und den Aufbau sozialer Kompetenz

■ Beispiel

Claudia (Lehrerin, 35 Jahre) wird angewiesen, sich vor eine Litfasssäule zu stellen und – in der Rolle einer Expertin für Straßendesign – über Plakatgestaltung und Signalwirkung von Farben zu sprechen. Sie hat keine Zeit sich vorzubereiten, sie muss improvisieren. Die restliche Gruppe steht gegenüber, auf der anderen Straßenseite. Claudia hat oft das Gefühl, in Gruppen „keine Ahnung" zu haben und als Person auch nicht „witzeln oder Sprüche klopfen" zu können. Jetzt gelingt ihr ein sicherer Auftritt. Passanten bleiben stehen und glauben, eine wirkliche Expertin vor sich zu haben. Claudia führt das positive Ergebnis vor allem auf die Wirkung der Gruppe zurück: „Ich fühlte mich von der Gruppe angenommen, sodass ich neugierig war, wie ich die Gegenüberstellung Gruppe und Ich aushalte. Die Gruppe bot gleichzeitig Schutz vor der Außenwelt. Ich hatte nicht wie sonst physische Beschwerden wie Herzjagen und Atemdruck. Meine innere Bewertung war: Es war nicht besonders interessant und geistreich, was ich geboten habe, aber toll, dass ich es schon so relativ locker machen konnte und gemacht habe. Meine positive Einstellung zu den anderen und zu meiner Aufgabe hat mir geholfen, den Kontakt zur Gruppe zu halten, mich gut zu fühlen und deshalb mich auszuprobieren und darzustellen."

Für die Bearbeitung sozialer Ängste und Unsicherheiten bietet sich die Gruppe als bevorzugtes Veränderungsmedium an. Die Gruppe an sich stellt schon „eine *Konfrontationssituation* mit mehreren potenziell gefürchteten sozialen Ereignissen dar, wie z.B. Sprechen vor anderen, im Mittelpunkt stehen, sich fremden Personen vorstellen, mit relativ fremden Personen über persönliche Angelegenheiten sprechen. Gruppensitzungen bieten den perfekten Rahmen, um viele der fälschlichen *Annahmen* zu *überprüfen*, die dazu beitragen, soziale Ängste aufrechtzuerhalten" (Juster et al. 2000, S. 48). Da soziale Ängste vielfach mit einem Mangel an sozialen Kompetenzen verbunden sind, geht es beim Angstabbau meistens auch um ein systematisches Training sozialer Kompetenzen. Auch Kompetenztrainings gelten mittlerweile als typische Gruppenmaßnahmen. Sie werden weltweit eingesetzt „zur Verbesserung persönlicher Möglichkeiten ,von jedermann' im Umgang mit sozialer Angst und zwischenmenschlichen Konflikten, zur Verbesserung zwischenmenschlicher Beziehungsmuster und zur Stärkung von Selbstvertrauen" (Fiedler 1996, S. 123). In-vivo-Gruppenmaßnahmen stellen eine konsequente Weiterführung des sozialen Veränderungsraumes dar: Der relativ behütete soziale Lernraum „Gruppe" (im Behandlungsraum) ist der Ausgangspunkt, von dem aus Alltagsexperimente in die unterschiedlichen „sozialen Arenen des Lebens" gestartet werden können und zu dem die Betroffenen immer wieder zurückkehren, um ihre Erfahrungen auszuwerten und Rückmeldungen und Anregungen zu erhalten. In-vivo-Gruppenarbeit vermag in diesem Sinne auf zweifache Weise soziale Kompetenzen zu trainieren: durch die gruppeninternen Prozesse und durch die – von der Gruppe unterstützten – externen Erfahrungen der Einzelnen in sozialen Belastungssituationen.

Beispiel

Aus den Stellungnahmen von Teilnehmern der In-vivo-Gruppenarbeit wird deutlich, wie hilfreich der Einzelne die Gruppe erlebt und welche spezifischen Unterstützungen im In-vivo-Prozess stattfinden:
- „Es ist gut festzustellen, dass andere auch Schwierigkeiten haben und ich damit nicht alleine bin."
- „Wenn ich Leute mit mehr Schwierigkeiten sehe, merke ich, wie weit ich schon bin. Leute mit weniger Schwierigkeiten spornen mich an, auch so weit zu kommen."
- „Ich kann meine Wahrnehmungen und Beobachtungen trainieren. Und das Feedback des anderen gibt mir neue Anstöße."
- „Wir haben bei unseren Übungen auf der Straße gemerkt: Das Schlimmste, was hätte passieren können, ist mal wieder – wie immer – nicht eingetreten."
- „Wir haben uns gesagt: ,Der Kopf bleibt oben!'. Solidarität trat auf, ein Verbundenheitsgefühl in Richtung Verschwörung. Die Gruppe bietet einfach so viel Rückhalt."
- „Mir ist der Mut aufgefallen, den viele aufbrachten, obwohl sie anfangs sehr skeptisch waren. Und welche Freude viele entwickelt haben, nachdem sie die ersten positiven Erfahrungen gemacht haben."

4.3 Durchführungshinweise für die In-vivo-Gruppenarbeit

Gruppengröße und Gruppenzusammenstellung

Wenn hier von „Gruppe" gesprochen wird, ist damit ein Zusammenschluss von vier bis maximal acht Personen gemeint. Für die Zusammenstellung einer In-vivo-Gruppe erweist es sich als günstig, wenn die Mitglieder
- ähnliche Problemlagen aufweisen,
- vergleichbare Lern- und Leistungsvoraussetzungen mitbringen,
- über eine ausreichende Veränderungsmotivation verfügen,
- in ähnlicher Weise bereit und in der Lage sind, über ihre Gefühle und Probleme zu berichten,
- ähnliche Interessenlagen besitzen,
- einen aufeinander beziehbaren Bildungsstand haben und
- von ihrem Alter her nicht zu große Unterschiede aufweisen.

In der Fachliteratur findet man Hinweise darauf, wann eine heterogene und wann eine homogene Gruppenzusammensetzung angebracht erscheint (vgl. Pritz 2001). Manchmal kann es sehr hilfreich sein, wenn eine Gruppe gemischtgeschlechtlich zusammengesetzt ist, weil dann ein breiteres Spektrum an Wahrnehmungs- und Handlungsweisen sichtbar wird als in gleichgeschlechtlichen Gruppen. In der Folge kann eine lebendigere Diskussionskultur entstehen (s.a. Schoenholtz-Read 2001).

Wechsel von In-vivo-Kleingruppenarbeit und Gesamtgruppenarbeit

„Gruppenarbeit" bedeutet durchaus nicht, dass bei der In-vivo-Durchführung stets nur in der Gesamtgruppe gearbeitet werden muss. Vielmehr sollten Kleingruppenphasen und Gesamtgruppenphasen abwechseln. Dies führt zu mehreren Vorteilen:
▶ Zweier- oder Dreiergruppen, die parallel laufen, erlauben eine größere Übungsaktivität aller Teilnehmer. Dabei bietet sich ein Wechsel der Rollenverteilung innerhalb einer Kleingruppe an, wobei es einen „Übenden", einen „Begleiter", ein „Modell" oder einen „Beobachter" geben kann.
▶ Eine Individualisierung des Vorgehens (eine wichtige Forderung für die therapeutische Gruppenarbeit, vgl. Fiedler 1996, S. 132 f) lässt sich in der Kleingruppe effektiver bewerkstelligen. Es kann intensiver an den persönlichen Lernzielen und den persönliche Belastungssituationen gearbeitet werden.
▶ Die Zusammensetzung der Kleingruppen kann wiederholt geändert werden. Dadurch lassen sich unterschiedliche Schweregrade bei einzelnen In-vivo-Übungen flexibler berücksichtigen: Kleingruppenmitglieder mit ähnlichem Leistungsstand oder einer ähnlichen Problemlage können an ähnlichen Aufgabenstellungen arbeiten.
▶ Der Wechsel der Kleingruppenzusammensetzung begünstigt eine leichtere Übertragbarkeit der gelernten Fähigkeiten: Der Einzelne muss immer wieder, in Gegenwart verschiedener Personen, seine Bewältigungsstrategien anwenden und erlangt so eine größere Sicherheit für die selbstständige Bearbeitung seiner Problemsituationen im Alltag.
▶ Der Helfer kann sich während einer In-vivo-Sitzung unterschiedlichen Kleingruppen anschließen und sie bei ihrem Vorgehen unterstützen. Es wird leichter möglich, Inhalte und Ablauf des In-vivo-Vorgehens auf die individuellen Besonderheiten jedes einzelnen Gruppenmitglieds abzustimmen.

■ Beispiel

Sitzungsablauf: Wechsel von Gesamt- und Kleingruppenarbeit

Gesamtgruppe:
Sitzungsbeginn: Aktuelles, Einstimmung auf die heutige Arbeit; Planung des Sitzungsablaufes, der Ziele, Arbeitsinhalte und Übungen; Bildung der Kleingruppen, Festlegung der Arbeitsaufträge.

Kleingruppe:
Zu zweit, zu dritt Übungen durchführen und auswerten: jedes Mitglied hat seine eigene(n) individuelle(n) Aufgabenstellung(en) mit (mehrmaligen) Wiederholungen bzw. Variationen; Einbeziehung von Modellvorgaben und Rückmeldungen der Begleiter; Auswertung: Selbst- und Fremdbewertung, Ideen für die Eigenarbeit.

Gesamtgruppe:
Austausch über Erfahrungen in den Kleingruppen; neue Anregungen durch den Helfer/Trainer, neue Aufgaben/Übungen; ggf. neue Kleingruppenbildung.

Kleingruppe:
Wie oben: Übungsdurchführung mit Auswertung:
▶ Wiederholung gleicher Übungen;
▶ Variation der Übungsaufgaben zur Sicherstellung einer größeren Handlungsflexibilität;
▶ Durchführung neuer Übungsaufgaben.

Gesamtgruppe:
Austausch über Erfahrungen, Schlussfolgerungen und Erkenntnisse aus der Sitzung; Bilanz über erzielte positive Erfahrungen; Erarbeitung von Selbsttrainingsaufgaben für die Woche.

In-vivo-Training in großen Gruppen

Im Rahmen von Wochenend-Intensivtherapien, Seminaren und Fortbildungen führe ich die In-vivo-Arbeit auch in größeren Gruppen durch. Dies lässt sich ohne Weiteres mit 8–16 Teilnehmern realisieren. Für den Helfer bietet es sich dann an, einen *zentralen* Ort zu wählen, von dem aus die Kleingruppenaktivitäten starten können und zu dem die Kleingruppen immer wieder – nach vorher festgelegten Zeitabständen – zurückkehren. An diesem zentralen Ort können Fragen geklärt, Unterstützungen eingeholt und neue Instruktionen gegeben werden. Hier findet für alle Kleingruppen eine gemeinsame Zwischenauswertung statt, die neue Impulse für die weitere Arbeit liefert. Hier wird ein Wechsel der Kleingruppenzusammensetzung möglich. Der Helfer achtet gerade bei aufregenden Interaktionsübungen darauf, dass die Mitglieder der Kleingruppen (Zweier-/Dreiergruppen) sich gegenseitig unterstützen: Die Übungsaufgaben der Kleingruppenmitglieder sollten nacheinander bearbeitet werden, sodass sich die Konzentration aller auf die Bewältigungsschritte einer Person beziehen kann. Immer gibt es einen (zwei) „Beobachter", wodurch sich Übungsauswertungen und Rückmeldungen aus einer distanzierteren Perspektive vornehmen und gegebenenfalls notwendige Übungskorrekturen leichter treffen lassen. Der zentrale Treffpunkt ist ein Ort der Sammlung, der Reflektion, des Auftankens, mutige Modelle lassen sich hier finden, neue Ziele für eine aktuelle Situation besprechen, spontane Herausforderungen annehmen und gelungene Schritte würdigen.

> **Beispiel**
>
> Im Berliner Kaufhaus des Westens (KaDeWe) gibt es in der siebenten Etage einen riesigen Restaurantbereich mit Leckereien. Hier kommen die unterschiedlichsten Geschmäcker auf ihre Kosten. Köstlichkeiten warm und kalt, süß und exotisch, Wunschgetränke aus aller Welt. Einheimische und Touristen drängen sich an den Tischen, zwischen grünen Pflanzen sitzend blickt man in die Weite, über die Dächer der Hauptstadt, die Kuppel des Reichstages ragt in den Himmel. Hier, an einer Sitztheke mit hohen Hockern, verweile ich öfter, wenn ich mit Therapie- und Ausbildungsgruppen In-vivo-Arbeit durchführe, auch mit größeren Gruppen. Ein Ort der Sammlung, rechts und links sitzend, vor der Theke stehend, die Teilnehmer, vor mir auf dem glatten Holz der gerundeten Theke meine Papiere, farbige Karteikärtchen mit Aufgabenstellungen, Bleistifte und Diktiergerät. Hier werden Absprachen getroffen, von hier aus schwirren die Kleingruppen ins Getümmel des riesigen Kaufhauses mit seinen vielen Rolltreppen und Fahrstühlen, den zigtausenden von Verkaufstischen und Vitrinen und den vielen Verkäuferinnen und Verkäufern. Eine ganze Kleinstadt scheint hier auf engem Raum zu wuseln, Menschen aus aller Herren Länder. Es kann hier so vieles erprobt werden. Ich passe auf die Handtaschen und Jacken auf, während die Kleingruppen im Haus aktiv sind. Da ist es gut, die Hände frei zu haben und unbeschwert durch die Etagen laufen zu können, d.h. nicht durch Gepäck unnötig belastet zu werden. Der Anspannung entgegen wirken, Loslassen, im Trubel die Fußsohlen am Boden spüren, sich selbst aufmunternd zusprechen. Sich selbst positiv ansprechen, bevor Fremde angesprochen werden.

Vorbereitungen zur In-vivo-Gruppenarbeit

Für die Vorbereitung auf die In-vivo-Gruppenarbeit kann es hilfreich sein, wenn die Mitglieder – noch im Behandlungsraum – Kooperationsregeln für das In-vivo-Vorgehen erarbeiten, bei denen es schwerpunktmäßig um Leitlinien für die externe Zusammenarbeit geht: „Wie können unsere gemeinsamen Erprobungen fruchtbar verlaufen? Was ist gruppendienlich? Was hilft dem Einzelnen? Was würden wir als störend erleben?" Jede Kleingruppe erhält zum Beispiel den Arbeitsauftrag, ein Plakat zu entwerfen („Kooperation – wie soll das funktionieren?") und darüber anschließend mit allen anderen Gruppenmitgliedern zu diskutieren. Für die Erarbeitung geeigneter Regeln bietet es sich an, die Gruppenmitglieder vorher über den formalen Ablauf einer In-vivo-Sitzung zu informieren, zum Beispiel anhand der oben aufgeführten Übersicht „Wechsel von Gesamt- und Kleingruppenarbeit" oder anhand einer Übersicht zu den 18 In-vivo-Schritten, die im Praxisteil des Buches aufgeführt sind (s. Kap. 9, S. 107ff).

Inhalte und Ablauf von In-vivo-Gruppensitzungen

Einen weiterführenden Einblick in die Durchführung von In-vivo-Gruppensitzungen mit Kindern und Erwachsenen geben die Kap. 7 und 8. Exemplarisch werden dort anhand mehrerer Beispiele der Arbeitsablauf und die inhaltliche Gestaltung der Gruppenarbeit illustriert. Es lässt sich mitverfolgen, wie der Bezug zwischen den einzelnen In-vivo-Sitzungen hergestellt wird.

Teil II Von der Lebendigkeit der In-vivo-Praxis

5 Fähigkeiten des In-vivo-Trainers

6 Eine neue Dimension: Die Kunst der Improvisation

7 Beispiele von In-vivo-Sitzungen
  (mit Aufgabenstellungen für den Leser)

8 Beispiele von In-vivo-Trainingsplänen
  (mit Aufgabenstellungen für den Leser)

Was ich ganz dooooof finde …

(Zittern, Schwitzen, Rotwerden und Herumstottern erlaubt!)

Male auf, wovor Du am liebsten weglaufen möchtest!

Wenn Betroffene ermutigt werden, die Themen ihrer Ängste aufzumalen, wird es ihnen oft leichter möglich, Zugang zu den für sie typischen Belastungssituationen und negative Erfahrungen zu finden (s.o.). Anhand der konkreten, sichtbar gewordenen Angstinhalte können nun auch Veränderungsideen konkretisiert werden.

Wendlandt: Veränderungstraining im Alltag. Arbeitsbogen 4. Thieme 2003

5 Fähigkeiten des In-vivo-Trainers

Gibt es bestimmte Fähigkeiten, die Helferinnen und Helfer beherrschen sollten, wenn sie für Betroffene In-vivo-Arbeit organisieren und mit ihnen gemeinsam Erprobungen im Alltag durchführen? Bisher haben wir uns verstärkt mit theoretischen Fragestellungen und konzeptionellen Überlegungen zum Vorgehen bei der In-vivo-Arbeit beschäftigt. Die Fähigkeiten der Helfer selbst sind dabei nur indirekt zur Sprache gekommen. Diese Helferfähigkeiten sollen nun genauer betrachtet werden.

Wir müssten riesige Bibliotheken durchwandern, um all die vielen Bücher in Augenschein zu nehmen, die beschreiben, wie eine helfende Beziehung aussehen sollte. Selbst jahrelang ausgebildete professionelle Helfer können in ihren jeweiligen Berufsausbildungen immer nur einige der vielen und zum Teil sehr unterschiedlichen Veränderungsmethoden lernen. Und doch: Bei aller Vielfalt und den Unterschieden finden sich Gemeinsamkeiten im praktischen Handeln. Sie gründen sich auf Fähigkeiten, die als *Basiskompetenzen* bezeichnet werden können. Auch für die In-vivo-Arbeit gibt es aus meiner Sicht solche Kompetenzen, die von grundlegender Bedeutung für das Gelingen eines erfolgreichen Trainings außerhalb des Behandlungsraumes sind. Diese werden im Folgenden beschrieben.

5.1 Annehmende Haltung, einfühlsames Verstehen, ermutigendes Gesamtverhalten

Helferin und Helfer kann nur sein, wer die Person des Betroffenen wertschätzt und sie mit all ihren Eigenarten annimmt, das heißt wer bereit ist, sich auf ihre individuellen Gefühle und Denkweisen einzulassen. Es geht darum, die Sichtweisen des anderen zu akzeptieren, nicht sie verändern zu wollen. Helfen bedeutet, bereit zu sein, sich den Wünschen und Zielen des anderen anzunehmen und dabei nicht die eigenen Zielsetzungen zu verfolgen oder eigene Wege einzuschlagen, die man als angebrachter und erfolgversprechender erachtet. Es ist wichtig mitzugehen, zu begleiten, das Tempo des anderen zu akzeptieren, immer wieder aufmerksam zuzuhören und nicht mit Drängen oder Überredungen auf Zögern und Unsicherheiten zu reagieren, sondern vielmehr gelassen zu bleiben, die Umwege als notwendige Schritte achten zu lernen und sich auf die Andersartigkeit des Gegenübers einzulassen.

> **Wichtig**
>
> Ein angespannter Helfer, der mitzittert, ob der Betroffene wohl seine Übungen gut bewältigt, ist kein hilfreicher Begleiter. Helfer tun gut daran, dem anderen die Freiheit zuzugestehen, nicht voran zu kommen, „Fehler" zu machen, inkonsequent, langsam etc. zu sein. Wie soll der Betroffene locker sein, wenn der Helfer feste Vorstellungen vom „Output" einer Übung hat oder ein ganz bestimmtes Ergebnis erwartet?

Eine annehmende und ermutigende Haltung des Helfers schafft Vertrauen. Wachsende Offenheit ist eine wichtige Voraussetzung, um Veränderungen dauerhaft einzuleiten. Indem der Betroffene anfängt, seinem Gegenüber zu vertrauen, öffnet er sich, konfrontiert sich mit seinen eigenen unangenehmen Gefühlen und Gedanken und beginnt auch, diffuse Empfindungen in Worte zu fassen. Und indem er sie ausdrückt, sie „nach draußen bringt", werden sie fassbar und bearbeitbar; sie verlieren ihren Schrecken. Neue Einschätzungen und Lösungsideen können entstehen.

> **Definition**
>
> Was ist Zuhören?
> ▶ Zuhören heißt, gelassen beim anderen verweilen zu können, ihn ernst zu nehmen und ihm die volle Aufmerksamkeit zu schenken („nicht nur ein offenes Ohr, sondern auch ein unbefangenes Herz").

- Zuhören bedeutet, frei zu sein vom inneren Druck, dem Gegenüber etwas bieten zu müssen – sei es die eigene Schlagfertigkeit oder die eigene Klugheit, die eigene Lebenserfahrung oder die richtige Lösung.
- Zuhören ist nicht Passivität, ist nicht Stillhalten und Schweigen. Zuhören ist rege Anteilnahme, die es erfordert, aufmerksam beim anderen zu sein, seinen Weg gedanklich mitzugehen, seinen Empfindungen nachzuspüren, sein Erleben zu verstehen, mitzuerleben.
- Zuhören ist in diesem Sinn ein äußerst aktiver Vorgang, der sich in einem inneren Beteiligtsein zeigt und sichtbar wird in der Lebendigkeit von Mimik und Gestik, in der Zugewandtheit des Körperausdrucks, in der Stimme und im Ton bestätigender und Anteil nehmender Äußerungen.

Wer die Helferrolle ausfüllt, lernt viel für sich selbst: Gelassenheit finden, zu wirklicher – nicht aufgesetzter – Geduld kommen, lieber noch einmal nachfragen, lieber noch einmal zuhören, sich die Empfindungen erneut erklären lassen, sie nicht gleich interpretieren wollen. Nie sollte man sicher sein, wirklich alles verstanden zu haben. Verstehen und Mitempfinden sind längere Prozesse, die immer wieder neu erarbeitet werden wollen. Das ist mitunter viel anstrengender als der schnelle Ratschlag, die Vorgabe einer eigenen Idee, die einem immer wieder auf der Zunge liegt und sich vordrängeln will. Eine annehmende Haltung zeigt sich also stets im konkreten Tun des Helfers. Nicht die Absicht zählt, sondern das konkrete Handeln ist relevant. Und das wird durch eine Vielzahl an Gewohnheiten bestimmt, die sich im Laufe unserer Geschichte entwickelt haben und die oft automatisiert ablaufen, ohne dass wir merken, was wir da tun. Das gilt nicht zuletzt für unsere Art des Sprechens, d.h. unsere Art zu kommunizieren.

5.2 Gefühle ernst nehmen und verbalisieren

Bei der In-vivo-Arbeit treten immer wieder Ängste und Unsicherheiten auf, mit den bevorstehenden Aufgabenstellungen eventuell nicht umgehen zu können. „Ach, das wird schon klappen", könnte ein Helfer vorschnell äußern, der meint, beruhigen zu müssen. „Das kriegen wir schon hin!". „So schlimm ist es doch wirklich nicht!". „Andere schaffen das doch auch!". Vielleicht kann er die quälende Ungewissheit beim Betroffenen schwer ertragen, und wir hören ihn sagen: „Steigere dich da doch nicht so hinein!". „Komm, reiß dich zusammen!". Gibt es eine günstige Art und Weise zu reagieren? Wie sollten Helferinnen und Helfer mit den heftigen Gefühlen, den Unsicherheiten und Selbstzweifeln, den Empfindungen von Scham und Minderwertigkeit umgehen, wie sollten sie auf die Selbstabwertungen und Selbstvorwürfe reagieren, auf bedrängende Katastrophenphantasien? Kennen wir nicht auch manchmal diese Gedanken: „Es hat doch keinen Zweck!" „Ich schaffe das nicht." Oder: „Alle werden lachen!" „Das kann ja gar nicht gut gehen!" Und vielleicht auch: „Wie hässlich ich heute aussehe!" „Schnell weg hier, bloß abhauen!" Wollen wir nicht auch manchmal im Boden versinken? Wie reagiert man darauf? Müssen Helfer da nicht beruhigen, beschwichtigen?

Nein, sie müssen nicht! All diese negativen Gedanken und Gefühle dürfen sein, denn sie sind tatsächlich im Erleben des Betroffenen gegenwärtig. Sie sind real, sie sind da. Sie lassen sich nicht „wegreden". Wenn sie von Helfern nicht angenommen, nicht positiv aufgenommen werden, wenn der Helfer ihre Heftigkeit zu mindern sucht, wenn er beruhigt und bagatellisiert, dann beginnt der Rückzug: Der Betroffene fängt an sich zu rechtfertigen und fühlt sich genötigt, reale Gründe für die Entstehung dieser schrecklichen Gefühle und Gedanken anzuführen, oder beschreibt eine Vielzahl anderer Situationen, in denen dieses innere Leid ebenfalls gegenwärtig ist. Oder der Betroffene gibt gleich auf, spricht nicht mehr offen über das, was ihn quält: „Sind denn meine Gedanken und Gefühle so ‚verrückt', dass sie nicht verstanden werden?" Schweigen macht sich breit. Die Tür wird wieder zugemacht und die Einsamkeit beginnt. Die helfende Beziehung hat vielleicht schon aufgehört zu existieren.

Wichtig

In der klientenzentrierten Psychotherapie von Carl Rogers (1977) ist die Bedeutung helfender Gespräche sehr gründlich untersucht worden. Wie Reinhard Tausch, der Begründer dieser Therapieform in Deutschland, schreibt, haben sich Gespräche mit verständnisvollen Mitmenschen als *die* Hauptbewältigungsform für seelische Belastungen erwiesen. Er führt Untersuchungsergebnisse des amerikanischen Psychologen James Pennebaker (1995) zu den seelischen und körperlichen Auswirkungen durch Gespräche an: „Personen, die in Experimenten ihre starken seelischen Belastungen, auch Traumata, in Worte fassten, indem sie sie niederschrieben oder einem Gesprächspartner gegenüber äußerten, erfuhren eine deutliche seelische und körperliche Entlastung sowie Angstminderung" (Tausch 2002, S. 215), die sich auch in messbaren, unterschiedlichen Hirnaktivitäten der rechten und der linken Hirnhälfte niederschlug.

Das offene Gespräch über das eigene Erleben ist eine zentrale Voraussetzung für jede Art von Veränderung und psychischer Heilung. Helfer leisten viel, wenn es ihnen gelingt, verständnisvoll zuzuhören (s.o.) sowie Anteil nehmend zu verbalisieren: Sie können ihr einfühlendes Verstehen in Worte kleiden, können das, was der Betroffene gesagt hat, mit eigenen Worten ausdrücken und können dem Betroffenen die Bedeutung des Gesagten widerspiegeln. Sie können die Schritte beobachten, die der Betroffene geht, können sie ihm rückmelden und sich daran freuen. Sie können über den Mut sprechen, den die In-vivo-Arbeit verlangt, die Veränderungswünsche anerkennen und das miteinander arbeiten wertschätzen. Sie können nachfragen sowie klärende Anstöße und Impulse zum Vertiefen des Gesagten geben. Es gibt so viele positive Möglichkeiten, ein fruchtbares Gespräch zu führen über das, was Betroffene erleben und empfinden. Spannende Bücher gibt es zu diesem Thema, die – ohne dass Vorkenntnisse vorliegen müssten – auch von Laien mit großem Gewinn gelesen werden (vgl. Thomann u. Schulz von Thun 2001; Weisbach 1999; Weinberger 1998; Egan 1996; Gordon 1998). Dabei wird eines immer wieder deutlich: Helferinnen und Helfer können sich getrost vom Druck frei machen, Lösungswege für Betroffene vorschlagen zu müssen und verantwortlich für deren Veränderung zu sein.

5.3 Orientierung geben, Transparenz und Übersicht schaffen

Was steht heute an, worum geht es konkret, wie lange wird die In-vivo-Arbeit dauern, was sind die Ziele, welche Situationen können bearbeitet werden, wie wird die Sitzung beendet? Was passiert, wenn etwas nicht so gelingt wie geplant? Was machen wir, wenn heftige Ängste auftreten? Durch diese Fragen kann der Helfer den Rahmen der Arbeit immer wieder abstecken und Klarheit schaffen. Dazu gehört, die Zeit und den Ablauf der Sitzung einzuteilen und in überschaubare Arbeitsphasen zu gliedern, Trainingsaufgaben zu ordnen und aufeinander zu beziehen und ein gutes Verhältnis von Erprobungsphasen, Rückmeldungsphasen und Reflektionsphasen herzustellen.

Orientierung ist unerlässlich, will man ein unbekanntes Terrain erfolgreich durchstreifen! Dies gilt nicht nur im unwegsamen Packeis, bei eingefrorenen Lebensenergien, sondern auch in der aufsteigenden Hitze bisher vermiedener Angstsituationen. Das Wissen um Dinge, die vor einem liegen und die klare Struktur für das eigene Vorgehen ist es, wodurch Unsicherheiten gemindert und eigene Ängste abgebaut werden können – Ungewissheit und Unübersichtlichkeit hingegen verstärken sie. Helfer sollten folglich gut strukturieren können, eine ordnende Hand – oder besser – einen ordnenden Verstand besitzen, um die Rahmenbedingungen der In-vivo-Arbeit zu klären und ggf. feste Rituale in jedem Sitzungsablauf zu verankern.

Und bei aller Struktur doch Flexibilität und Spontaneität garantieren! „Struktur ist gut, Zwanghaftigkeit ist tödlich"! Dies könnte ein Motto für Helfer sein, die – vielleicht aus eigener Unsicherheit heraus – sich zu strikt an die einmal festgelegten Stundenplanungen halten und deshalb unflexibel bei ihrer Unterstützungsarbeit werden. Unvorhergesehenes will aufgegriffen sein; dies betrifft einerseits das Erleben des Betroffenen, seine Gefühle und Äußerungen, die es z.B. nahe legen, eine neue Situation ins Programm aufzunehmen oder eine Übung ruhig mehrfach zu wiederholen bzw. Abwandlungen des Zielverhaltens vorzunehmen. Das betrifft zum anderen den Umgang mit „Zufällen": z.B. gilt es, eine Trainingssituation aufzugreifen, die sich durch die unvorhersehbare Ankunft eines Touristenbusses ergibt – nun kann das Sprechen vor einer Gruppe ohne großen Aufwand geübt werden. Flexibilität im Verhalten des Helfers fördert die Flexibilität beim Betroffenen. Dieser lernt so, sich seiner aktuellen Handlungsmöglichkeiten bewusst zu werden und Gelegenheiten spontan beim Schopfe zu packen: „Umplanen ist erlaubt!" Und: „Ich sage JA zu meiner Neugier!" (s. hierzu auch das nächste Kap. über „Improvisation", S. 63ff).

5.4 Verständlich sprechen, klar anweisen

Helfer, die eine gute Orientierung vermitteln möchten, sollten klar und bestimmt auftreten können. Dabei kommt ihrem sprachlichen Ausdrucksverhalten ein bedeutsames Gewicht zu: Die Sachverhalte sollten eindeutig und klar formuliert werden, die Sätze nicht zu lang sein und die Anweisungen präzise gefasst werden. Diese sprachliche Klarheit ist vor allem dann unerlässlich, wenn es bei der In-vivo-Arbeit turbulent zugeht, wenn Aufregung im Spiel ist und Unsicherheiten auftauchen. Dann ist es gut, wenn neben all der Behutsamkeit und Vorsicht auch die Bereitschaft und die Fähigkeit bei den Helfern vorliegen, mit Bestimmtheit zu reagieren und dies, wenn nötig, auch mit einer lauten Stimme und einer deutlichen Artikulation zu tun. (Anregungen hierzu vermittelt der nachfolgende Arbeitsbogen 5.)

Unsicherheit und Angst beeinträchtigen die Aufmerksamkeit – das ist bei jedem Menschen so. Betroffene können daher in einer Stresssituation viel stärker mit den eigenen Gedanken und Gefühlen beschäftigt sein, als mit der Registrierung der Außenwelt. Sie scheinen dann manchmal wie hinter einem Schleier zu wandeln und sind schwer erreichbar. Hier sollten Helfer klare und kurze Anweisungen geben. Und sie sollten sich nicht scheuen, dies mehrmals zu tun und dabei immer wieder mit Geduld zu reagieren. Denkbar ungeeignet sind endlose Monologe und lange Reden!

5.5 Unterstützung garantieren, Verlässlichkeit zeigen, Kontinuität gewähren

Eine unterstützende Haltung vermittelt sich nicht nur durch verbale Mitteilungen, durch wertschätzende Äußerungen oder klare Instruktionen, sondern durch eine wache Gegenwärtigkeit der Helfer, die Verlässlichkeit signalisiert und Hilfestellungen jederzeit bereithält. Helfer sind also „anwesend", geistig präsent, sind „dicht dran", dicht im Verstehen und im Eingehen auf die Gefühls- und Gedankenwelt des Betroffenen (s.o.), sie sind körperlich „anwesend", sind räumlich „dicht", immer in der Nähe, immer im Kontakt, wenn es drauf ankommt, „dem anderen zur Hand zu gehen", ihm „zur Seite zu springen", „Seite an Seite zu laufen", gegebenenfalls „sich schützend vor den anderen zu stellen", ihn „im Windschatten mit sich zu ziehen". Die Helfer begreifen die eigene Stimme als Brücke zum Betroffenen: nicht schweigend mitlaufen, nicht den Betroffenen handeln lassen und erst anschließend mit ihm über die Übung sprechen. Statt dessen sollten sie öfter *handlungsbegleitend* sprechen, ermutigen, Kommentare geben, Einwürfe machen und die eigene Stimme als eine Verbindung zum Betroffenen begreifen, die Sicherheit gibt, gerade dann, wenn die Ängste zunehmen und der Handlungsablauf ins Stocken gerät.

Das handlungsbegleitende Sprechen von Helfern ist eine wichtige Unterstützungsmaßnahme im Rahmen der Sprachförderung von Kindern. Diese Methode wird in der Logopädie und Sprachheilpädagogik systematisch eingesetzt, soll dort aber eine andere Aufgabe erfüllen als hier (vgl. Wendlandt 2000, S. 66ff).

Helfer bieten also „Begleitschutz", ihre Anwesenheit beruhigt, ihr Mithandeln stärkt. Wenn Helfer während der In-vivo-Arbeit kontinuierlich Unterstützung bereit stellen, gelingt es ihnen, Sicherheit zu vermitteln und den Mut zur Eigenaktivität bei den Betroffenen zu stärken.

Begriff

„Gemeinsam sind wir stark!"

Die Bedeutung des Kontaktes wurde in den ersten Anfängen der In-vivo-Arbeit als so wichtig erachtet, dass sich dies in der Wahl des Namens niederschlug: Die Methode „Desensibilisierung" (Angstabbau), die ursprünglich für den Behandlungsraum entwickelt wurde, wandelte sich zu einer „Kontakt-Desensibilisierung": Die Therapeutin arbeitete mit den ängstlichen Kindern direkt auf der Straße, wobei die körperliche Nähe sowie der gezielte Körperkontakt (Berührungen mit der Hand) angesichts schwieriger sozialer Situationen eingesetzt wurden (vgl. Ritter et al. 1969).

Sprechen: Selbstsicher oder selbstunsicher – das ist hier die Frage ...

Im Rahmen von Trainingsprogrammen zur sozialen Kompetenz und zur Selbstsicherheit werden Merkmale beschrieben, an denen sich das Vorhandensein von Selbstsicherheit festmachen lässt. Salter (1949) hat hierzu als einer der ersten genauere Angaben veröffentlicht, die bis heute Berücksichtigung gefunden haben (vgl. Ullrich u. Ullrich 1976; Wendlandt u. Hoefert 1976; Felthege u. Krauthan 1979; Pfingsten u. Hinsch 1991). Für unsere Fragestellung wird im Folgenden nur Art und Weise des Sprechens betrachtet: Es werden Merkmale vorgestellt, die für eine Unterscheidung zwischen selbstsicherem und selbstunsicherem Sprechen herangezogen werden. Eine klare Abgrenzung ist damit im Einzelfall allerdings nicht immer möglich. Bei der schematischen Darstellung werden Ordnungsgesichtpunkte von Wohlfarth u. Schneider (1999) aufgegriffen:

Merkmale	eher sicheres Sprechen	eher unsicheres Sprechen
Stimme	laut	leise
	klar	zaghaft, verhalten
Klang	lebendig, betont voll bestimmt	monoton brüchig, zittrig verhaucht
Aussprache, Artikulation	deutlich ausgeformt, prägnant	undeutlich verwaschen
Sprechgeschwindigkeit	ruhig gesetzt, maßvoll	schnell hektisch, getrieben
Formulierung	eindeutig kurz und knapp strukturiert	unklar, vage ausufernd und langatmig unstrukturiert
Inhalt	kurze Begründungen, Verwendung von „Ich", direktes Ausdrücken von Gefühlen und eigenen Bedürfnissen, Forderungen stellen, Gegenpositionen und Kritik äußern, von sich sprechen	überflüssige Erklärungen, Verwendung von „Man" und „Wir", indirektes Ausdrücken oder Verleugnen von Gefühlen und Bedürfnissen, keine offene Stellungnahme, eher angepasstes Verhalten, nicht von sich sprechen
Mimik und Gestik	Blickkontakt, Mimik anteilnehmend, zugewandt, offen, unterstreichende Gestik, entspannte Körperhaltung, eher raumgreifend, raumnutzend	kein Blickkontakt, Mimik unbewegt, ggf. maskenhaft, eher abgewandt, verschlossen, Gestik wenig bewegt, fest, verkrampfte Körperhaltung, nicht raumgreifend/-nutzend

Wendlandt: Veränderungstraining im Alltag. Arbeitsbogen 5. Thieme 2003

5.6 Eingreifen und steuern

Der Helfer muss fähig sein, ungünstige Übungsabläufe zu unterbrechen, Wiederholungen zu arrangieren und neue Übungsziele zu unterbreiten sowie Variationen festzulegen, wie bestimmte Verhaltensweisen oder Übungsaufgaben spontan abzuwandeln sind (siehe folgender Arbeitsbogen). Bei plötzlich auftretenden Stressanzeichen kann es sinnvoll sein, den Betroffenen abzulenken, seine Aufmerksamkeit auf einen anderen Vorgang, ein anders Thema „umzuleiten". Oder es kann notwendig werden, in eine peinigende Kommunikationssituation mit einem Verkäufer selbst einzugreifen, das schwierige Gespräch zu entkrampfen, Stichworte einzuwerfen, an denen der Betroffene weiter machen kann oder die Unterhaltung selbst zu übernehmen. Manchmal müssen jedoch auch Gespräche oder Situationen schnell beendet oder sofort abgebrochen werden. Helfer sollten sich also einmischen können, sollten Mut zum Unterbrechen haben. Sie dürfen dabei ruhig einmal „unhöflich" sein, wenn „höfliches Abwarten" fehl am Platz ist. Um einen akzeptablen Übungsausgang für den Betroffenen sicherzustellen, erweist sich „Eingreifen" vielfach als das effektivere Mittel. Und darum geht es ja insbesondere: Helfer wollen dafür sorgen, dass Situationen und Handlungsanforderungen – so gut es geht – erfolgreich bewältigt werden. Das verlangt eine wache Aufmerksamkeit auf die jeweils aktuelle Situation und die sich ständig wandelnden Reaktionsweisen des Betroffenen. Wieder ist Flexibilität gefragt: Einspringen und unterstützen, wenn es einer zufrieden stellenden Weiterarbeit im In-vivo-Training dient – selbständig Erfahrungen sammeln lassen und Herausforderungen zulassen, wenn die Betroffenen daran wachsen können.

„Eingreifen" und „Steuern" muss nicht im Widerspruch zur oben beschriebenen personenzentrierten Haltung, zum Annehmen und Wertschätzen der Klienten stehen. Dies wird besonders deutlich bei den In-vivo-Improvisationen, die die Entwicklung sozialer Kompetenzen stärken und bei denen eine spielerische sowie steuernde Beeinflussung durch den Helfer und eine eigenbestimmte Selbststeuerung des Betroffenen Hand in Hand gehen (s. nächstes Kapitel).

Der folgende Arbeitsbogen 6 zeigt, dass in der In-vivo-Praxis meist mehrere der beschriebenen Basiskompetenzen gemeinsam zum Einsatz kommen: Bei dem beschriebenen Beispiel geht es sowohl um „Orientierung geben" und „Unterstützung sicher stellen" als auch „systematisch steuern".

5.7 Modell sein

Eine sehr effektive und gleichzeitig sehr natürliche Form, Einfluss auf andere Menschen zu nehmen und Veränderungen bei ihnen anzustoßen ist das Prinzip „Vorbild sein". Kinder lernen neues Verhalten, indem sie sich das Verhalten der Erwachsenen anschauen und es nachmachen, d.h. erst beobachten, dann imitieren. Dies gilt vor allem für soziale Verhaltensweisen – in der Lernpsychologie hat sich hierfür der Begriff „Lernen am Modell" oder „Lernen durch Beobachtung und Imitation" durchgesetzt (vgl. Schermer 1999; Edelmann 2001). Aber nicht nur neues Verhalten, das bisher im Verhaltensrepertoire eines Menschen fehlte, kann über Modelllernprozesse erworben werden. Auch selten auftretende Handlungsweisen lassen sich aktivieren oder instabile Reaktionsweisen festigen.

Auch im Erwachsenenalter besitzt das Prinzip „Lernen durch Beobachtung und Imitation" ungebrochene Gültigkeit: Uns gelingt es viel leichter, ein bestimmtes Verhalten auszuführen (beispielsweise einen Fremden anzusprechen), wenn uns jemand dieses Verhalten vormacht. Wenn wir bestimmte Handlungsweisen in unserem Alltag vermeiden weil sie uns bisher fremd waren, weil wir glauben, sie nicht gut zu beherrschen oder weil sie mit starken Ängsten verknüpft sind, wäre es gut, eine Person des Vertrauens nutzen zu können, die uns als Modell zeigt, wie das betreffende Verhalten im Einzelnen auszuführen ist oder die uns erfahren lässt, dass beispielsweise die negativen Konsequenzen, die wir befürchten (z.B. der angesprochene Fremde könnte uns abweisen), gar nicht eintreten.

> **Wichtig**
>
> Was passiert, wenn wir einen anderen Menschen beobachten, der etwas tut, was wir uns noch nicht zutrauen? Das, was wir gesehen und gehört haben formt sich in unserem Bewusstsein zu einem inneren Schema, zu einem optischen und akustischen Bild, an dem wir unser eigenes Handeln ausrichten können: Der wahrgenommene Bewegungsablauf, den der andere beim Herstellen eines Gesprächskontaktes zu einem Fremden realisiert hat, bietet eine Schablone für unsere eigene Annäherung an fremde Personen. Die Ruhe, die für das Sprechen des Vorbildes typisch war, mindert die Geschwindigkeit unseres eigenen Redens; der Tonfall und die Wortwahl, die wir erkennen konnten, leiten unsere eigenen Bemühungen um eine angemessene Form von Begrüßung und Vor-

Wohldosieren – die Notwendigkeit zur systematischen Variation

Viele In-vivo-Aufgaben betreffen komplexe Situationen, in denen der Betroffene mit verschiedenen Anforderungen gleichzeitig konfrontiert ist. Um erfolgreich sein zu können ist es meist notwendig, den Anforderungscharakter solcher Situationen zu reduzieren: Es geht darum, die Belastungen zu minimieren und erst allmählich den Schwierigkeitsgrad der Aufgabenstellungen bzw. der Übungsabfolge zu erhöhen.

Beispielsituation

Ein Betroffener, der bisher Gespräche mit Verkäufern fast völlig vermieden hat, möchte sich von einer Verkäuferin hinsichtlich einer bestimmten Ware beraten lassen.

Beispiel für eine Trainingsabfolge

(Die Situation wird anhand mehrerer Trainingsdurchgänge geübt – jede neue Übung findet in einer anderen Abteilung eines Kaufhauses statt.)

- Helfer erkundigt sich, Betroffener bleibt hinter ihm in beobachtender Rolle (Herrenabteilung/Pullover).
- Wiederholung: Betroffener steht fast auf gleicher Höhe, nickt, ggf. zustimmende Laute: Hmm (Herrenabteilung/Hemden).
- Wie gehabt: Betroffener steht neben dem Helfer, wirft deutlich vernehmbar ein/zwei Wörter ein (Herrenabteilung/Anzüge).
- Betroffener wirft hier und da ein Wort, eine Bemerkung ein (Kinderabteilung/Pullover u. Mäntel; vgl. auch: „Einwürfe", Wendlandt 2002 a, S. 125 f).
- Betroffener macht selbst den Anfang – und sei er noch so klein; Helfer führt fort (Kinderabteilung/Hemden).
- Betroffener eröffnet das Gespräch und gibt deutliche nonverbale und verbale Signale; Helfer wirft Stichworte ein (Sportabteilung/Trainingsanzüge).
- Betroffener spielt die „1. Geige", Helfer die „2. Geige" (Sportabteilung/Tennisschläger).
- Helfer bleibt im Hintergrund, gibt noch einige zustimmende Signale (Schuhabteilung).
- Helfer schaut nur noch aus der Entfernung zu (Bettwäsche).
- Helfer bleibt außerhalb des Sichtbereiches, ist prinzipiell noch erreichbar, kann aber nicht mehr direkt herbei gewunken werden (Fotoabteilung).
- Helfer wartet in einem anderen Stockwerk, Betroffener handelt alleine und ohne „Rückhalt" (Gardinen und Stoffe).

Im Materialteil dieses Buches wird noch einmal ausführlich besprochen, wie sich Erfolge bei der In-vivo-Arbeit dadurch erreichen lassen, dass ein nach Schwierigkeitsstufen abgestimmtes Vorgehen stattfindet, wobei sich entweder Situationshierarchien bilden lassen (s. S. 120) oder komplexe Handlungsabläufe in kleinere Einheiten zerlegt werden (Sequenzierung; s. S. 118f). Die „Sitzungsabläufe" und die „Trainingspläne" (Kap. 7 und 8) verdeutlichen dieses Grundprinzip (s. z.B. das Gruppentrainingsprogramm zum Abbau von Sprechangst in Gruppen, S. 96ff).

Wendlandt: Veränderungstraining im Alltag. Arbeitsbogen 6. Thieme 2003

stellung. In diesem Sinne haben Modelle eine handlungsaktivierende und handlungssteuernde Funktion, sie können zu einer „Vorlage" für unser eigenes Handeln werden. Dies bezieht sich nicht nur auf eine gerade aktuelle Situation. Auch später noch, wenn wir uns in anderen Situationen aufhalten, ohne dass ein Helfer körperlich anwesend wäre, kann der Helfer doch in den inneren Bildern präsent sein. Wir können ihn „herbeizaubern", können noch einmal gedanklich teilnehmen an den Handlungen, die er vorgegeben hat und an den Schritten, mit denen eine schwierige Situation bewältigt wurde. Modelle bieten Bilder, die wir in unserem „Kopfkino" auftauchen lassen und immer wieder systematisch abgerufen können. A. Bandura (1969) war einer der Ersten, der über diese Möglichkeit „gespeichertes Verhalten" abzurufen, das über Modelllernprozesse erworben wurde, systematisch geforscht und veröffentlicht hat.

Helfer, die wirklich hilfreich sind, gehen sehr großzügig mit dem Vormachen um: Sie reden nicht lange darüber, was der Betroffene am besten tun sollte, beschreiben nicht umständlich das Zielverhalten und den genauen Ablauf, sie belehren nicht mit Monologen, sondern springen selbst in den gewünschten Handlungsablauf hinein, führen das Verhalten konkret aus (z.B. „eine fremde Person ansprechen"), nicht nur einmal, nicht nur kurz und knapp, sondern machen es mehrmals vor, mit Ruhe, langsam, damit der Betroffene gut zuschauen kann und sich das Wesentliche dabei einprägt. Das, worauf es ankommt, will deutlich erkannt sein, zum Beispiel der Blickkontakt beim Begrüßen, die Klarheit der Aussprache beim Nachfragen. Je deutlicher die Merkmale des Zielverhaltens vom Helfer demonstriert werden (beispielsweise aufrechter Gang bei der Annäherung, freundliche Mimik, Blickkontakt, laute Stimme und deutliche Artikulation), desto leichter kann sie der Betroffene wahrnehmen. Dazu muss er aufmerksam sein, konzentriert, muss richtig postiert sein, um gut sehen und hören zu können. Es geht um das genaue Erkennen. Auf diese Weise lassen sich die Merkmale des Zielverhaltens aus dem komplexen Gesamtbild „herauslösen" und können dann anschließend selbst in das eigene Handeln übernommen werden. Dabei ist es wichtig (und das gilt sowohl für das Vormachen des Helfers wie für das Nachmachen des Betroffenen), nicht gleich alle Merkmale auf einmal zu produzieren, sondern erst nur eines, dann zwei, später mehrere gleichzeitig –

so kommt es zu keiner Überforderung beim Lernprozess. Dass ein gutes Beobachten manchmal erst gelernt werden muss zeigt das Beispiel eines Selbstsicherheitstrainings mit Kindern (s.u., S. 83ff).

> **Wichtig**
>
> „No-trial-learning" – Lernen, ohne zu üben ...
>
> Selbst komplexe Verhaltensmuster und Verhaltensabläufe können gelernt werden, ohne dass wir uns dafür anstrengen müssten! Wir brauchen nur aufmerksam hinzuschauen – und schon steht uns dieses Verhalten zur Verfügung, ohne es ein einziges Mal selbst ausprobiert zu haben. Wie praktisch. Das macht z.B. einen verzweifelten Autofahrer glücklich, der vergeblich – mit klammen Fingern an einer vereisten Bergstraße hockend – das Gewirr von Schneeketten über seine Sommerreifen zurren wollte. Nachdem ein anderes Auto gehalten und seine Fahrerin in Windeseile Schneeketten aufgezogen hat, um dann wortlos davonzubrausen, gelingt unserem Autofahrer die Prozedur ohne Probleme: mit den Verschlüssen nach außen auslegen, mit den Reifen vorsichtig drauf fahren, die Kettenenden zusammenführen und schließen. Noch nie im Leben versucht („no trial": kein Versuch) und doch gelernt („learning"). So zeigt sich, dass das Anlegen von Schneeketten – wie andere Verhaltensabläufe auch – bereits als Konzept, als gedankliche Idee gespeichert wird, bevor die erste eigene Ausführung stattfindet. Die notwendigen Verhaltensweisen können dann – dem Konzept entsprechend – abgerufen werden.

Helfer müssen nicht von sich verlangen, perfekte Modelle zu sein und das Zielverhalten „tadellos" ausführen zu können. Das ist nicht wichtig! (Es schadet sogar manchmal, wenn z.B. Betroffene das Gefühl bekommen, das Super-Vorbild nie erreichen zu können.) Helfer müssen auch nicht angstfrei sein, wenn sie in schwierige Situationen hineingehen und sich mit belastenden Alltagsanforderungen konfrontieren. Es wäre jedoch gut, sie würden ein bisschen leichter voranschreiten als die Betroffenen, sie würden ein bisschen mehr Mut zeigen und Zuversicht vermitteln, schwierige Situationen bewältigen zu können. Wenn Helfer vormachen, dass sie sich mit eigenen Ängsten auseinandersetzen und wenn sie zeigen, dass sie sich ihnen nicht hilflos ausliefern, sondern aktiv mit den Ängsten umgehen, dann ist damit schon das Allerwichtigste für Betroffene getan: Helfer leben Veränderbarkeit vor – und Betroffene begreifen, dass sich Situationen gestalten lassen, dass Gefühle und Gedanken zu beeinflussen sind und dass selbst unter schwierigen Umständen eine Einflussnahme auf unangenehme Körperzustände möglich wird.

Beispiel

Wir lernen auch an „negativen" Beispielen!

Verhaltensweisen eines Modells, die zu keinem Erfolg führen und sich also nicht als nutzbringend erweisen, bewirken beim Beobachter eine Hemmung des entsprechenden Verhaltens.

Folgendes Beispiel kann das verdeutlichen: Ein In-vivo-Trainer muss nicht nur als „positives Verhaltensmodell" auftreten. Er kann auch ein „unangemessenes" Modellverhalten demonstrieren, z.B. sich ausgesprochen zögerlich und ängstlich bei der Annäherung an einen Passanten verhalten. Was ist die Folge? Der Fremde wird „abdrehen" und auf der Straße weitergehen, ohne sich ansprechen zu lassen. Es kommt also zu einer negativen Verhaltenskonsequenz.

Und was bedeutet das für den Beobachter? Reinecker (1999, S. 232) formuliert das Ergebnis dieses Vorganges, der für das Modellernen typisch ist, wie folgt: „Durch das Verhalten des Modells werden beim Beobachter vorhandene Verhaltensweisen gestärkt oder abgeschwächt. Die Beobachtung negativer Verhaltenskonsequenzen beim Modell führt zur *Hemmung*, die Beobachtung positiver Konsequenzen zur *Enthemmung* des entsprechenden Verhaltens."

Der In-vivo-Trainer, der vier „Detektiven" aus einer Kindergruppe unterschiedliche Arten der Annäherung an fremde Menschen vorspielt (s.u., S. 83ff), hat also gut daran getan, nicht nur positive Verhaltensbeispiele vorzugeben, sondern auch zu demonstrieren, wie man es nicht tun sollte.

5.8 Rückmeldung geben

„... denn sie wissen nicht, was sie tun." Wir sind uns häufig nicht bewusst was wir gerade getan haben. Wir handeln spontan, handeln automatisch, laufen ohne zu merken, wie wir die Füße voreinander setzen, wir zwirbeln die Haarsträhnen zwischen den Fingern (was andere schon längst mit Nervosität quittieren), ziehen die Stirn kraus oder die Sätze unnötig in die Länge. Den Ton unserer Stimme (der die Musik macht) erahnen wir nur anhand eines unwilligen Kopfschüttelns unseres Gegenübers. Wir spielen mit den Fingern an den Händen, lachen und kichern, jeder auf seine Weise, verteidigen uns, gehen in die Aggression, entschuldigen uns vorschnell, wirken unterwürfig oder dominant – und das alles, ohne es selbst genau zu merken. Das ist typisch für menschliches Verhalten. Erst wenn wir gezielt mit der Selbstbeobachtung anfangen, werden wir uns unserer Eigenarten und Angewohnheiten bewusst. Nicht aller, aber vieler. Und die Menschen um uns herum können uns dabei helfen, uns genauer kennen zu lernen und richtig einzuschätzen. Indem sie beschreiben, was wir gerade gemacht haben und wie das wirkt, helfen sie uns, unsere blinden Flecken – das, was wir nicht bewusst registrieren – kleiner werden zu lassen. Sie können uns informieren, wie sie unsere Verhaltensweisen wahrnehmen, wie sie sie verstehen und wie sie sie erleben. Durch die Aussagen unserer Mitmenschen lernen wir, wer wir sind, was wir tun und wie wir wirken. Wir brauchen die Beschreibungen der anderen von uns selbst. Diese Rückmeldungen sind lebenswichtige Impulse, um zu einem realistischen Bild von sich selbst kommen zu können und sich leichter in der Gemeinschaft zurechtzufinden.

Wichtig

Der amerikanische Verhaltenstherapeut F.H. Kanfer hat bereits 1977 aufgezeigt, wie sich Verhaltensänderungen bei Menschen dann einstellen, wenn sie eine Diskrepanz zwischen dem wahrgenommenen eigenen Verhalten und dem gewünschten Zielverhalten erkennen: Es kommt zu einer Aktivierung in Richtung auf das Zielverhalten. Interessant dabei ist, dass diese Veränderung als selbstgesteuerte Verhaltenskorrektur stattfindet und dass sich die immer bessere Verwirklichung des Zielverhaltens verstärkend auf den Lernprozess auswirkt.

Jedoch: Rückmeldungen empfangen kann manchmal richtig wehtun. Kaum hat ein anderer uns mitgeteilt, wie er uns erlebt, spüren wir die Tendenz, uns verteidigen zu wollen. Das Gefühl steigt auf, nicht angenommen zu sein. Wir können die rückgemeldeten Inhalte vielleicht gar nicht vorbehaltlos annehmen. Kein Wunder, wo wir doch als Kinder jahrelang mit Vorhaltungen von Eltern und Lehrer konfrontiert waren, etwas falsch gemacht zu haben. Das wurde nämlich prompt hervorgehoben, die „Fehler" wurden uns unter die Nase gerieben. Anderes galt oftmals erst gar nicht als der Rede wert, jedoch das, was sich rügen ließ, was „sich nicht gehört", wurde ausführlich rückgemeldet. Manchmal auch mit einem moralischen Appell versehen: „Musste das denn sein?"

Helfer und Betroffene sollten sich über diese Fragen unterhalten, wenn sie mit der In-vivo-Arbeit beginnen. Abstimmungen und Klärungen sind nötig, damit Rückmeldungen tatsächlich eine Quelle von Unterstützung sein können, die die helfende Beziehung festigen und Veränderungsschritte voranbringen. Unter dem Stichwort „Feedback" (Rückmeldung) findet man in zahlreichen Büchern zur psychosozialen Arbeit entsprechende Handlungshilfen, die bereits fast alle von Klaus Antons (1973) beschrieben wurden:

- Beim Betroffenen muss *Vertrauen* zum Helfer vorliegen, damit er überhaupt offen für die rückgemeldeten Informationen sein kann.
- Die Rückmeldung muss *erbeten* sein, erst dann ist sie wirkungsvoll. Der Helfer sollte sich immer wieder vergewissern, ob seine Informationen gefragt und zurzeit gewünscht sind.
- Rückmeldungen sollten sich immer auf eine ganz *konkrete Situation* beziehen, nicht auf allgemeine Handlungsweisen.
- Grundlage von Rückmeldungen sollten *überprüfbare Beobachtungen* sein, nicht Bewertungen, Einschätzungen oder moralische Urteile.
- Die Rückmeldung muss *zeitlich dicht* zu dem rückgemeldeten Ereignis liegen. Je kürzer die Zeit zwischen dem betreffenden Verhalten und der Information über die Wirkung dieses Verhaltens ist, desto wirksamer ist die Rückmeldung.
- Eine Rückmeldung muss *brauchbar* sein sowie den anderen weiterbringen. Sie sollte sich auf Verhaltensweisen beziehen, die der Empfänger zu ändern vermag. Wenn jemand auf Unzulänglichkeiten aufmerksam gemacht wird, auf die er keinen wirksamen Einfluss ausüben kann, fühlt er sich nur umso frustrierter.
- Rückmeldungen müssen *angemessen* sein, das heißt sie sollten die Bedürfnisse des anderen in achtsamer Weise berücksichtigen. Es geht nicht darum, dass der Helfer alles sagt, was er sieht, was er denkt oder fühlt. „Feed-back kann zerstörend wirken, wenn wir dabei lediglich auf unsere eigenen Bedürfnisse schauen und wenn dabei die Bedürfnisse der anderen Person, der wir diese Information geben wollen, nicht genügend berücksichtigt werden" (Antons, 1973, S. 109).
- Die *Möglichkeit eines Irrtums* beim Rückmelden muss vom Helfer prinzipiell eingeräumt werden. (Irren ist menschlich – auch Helfer sind Menschen.)
- Nach dem Feedback wird der Empfänger nach seinen Gefühlen und Gedanken befragt (*Befindlichkeit auszudrücken*).

Wer diese Gesichtspunkte zum Feedback berücksichtigt, muss nicht befürchten, dem anderen weh zu tun, muss keine Sorge haben, dass der andere in Verteidigungsposition geht und die Informationen abwehrt.

Ein anregendes Zitat, das die Diskussion zu dem Thema Rückmeldung bereichert, stammt von Gührs u. Nowak (1991, S. 33): „Nicht alles, was wahr ist, muss ich sagen; aber alles, was ich sage, muss wahr sein."

5.9 Ermutigen – Loben – Verstärken

Wir nörgeln alle viel zu sehr an uns herum. Fähigkeiten, die wir besitzen, werden als selbstverständlich erlebt. Dass wir uns immer wieder persönlich weiterentwickeln, ist nicht der Rede wert. Fortschritte, die wir machen, beschäftigen uns kaum. Aber das, was vielleicht nicht ganz so gut gelingt, verfolgt uns bis in den Schlaf hinein oder quält uns morgens vor dem Aufstehen. Helfer haben es genauso schwer wie Betroffene, die eigenen Stärken zu sehen und sie zu genießen sowie sich an ihnen zu freuen. Wie können nun aber Helfer achtsam mit den positiven Entwicklungen ihrer Klienten umgehen, wenn sie ihre eigenen Veränderungen gar nicht wertschätzen? Betroffene, die in der In-vivo-Arbeit stehen, benötigen immer wieder ausgiebig positive Zuwendung und wertschätzende Beachtung durch den Helfer. Echte, anteilnehmende Anerkennung, die den jeweils neuen Schritt wirklich wertschätzt, beflügelt den Lernprozess, motiviert zur Weiterarbeit und macht Mut, Neues auszuprobieren. Stolz kann sich einstellen. „Ja, das habe ich geschafft! Hier bin ich ein Stück weiter gekommen." Wir brauchen den Zuspruch, die annehmende Wertschätzung, um Energie einzusetzen für schwierige Handlungsabläufe, um Durststecken durchzustehen, um genauer und ausdauernd bei neuerlichen Wiederholungen sein zu können. Bestätigung schafft Zuversicht und Hoffnung, dass weitere Veränderungen möglich werden.

Beispiel

Eltern reagieren begeistert bei jedem neuen Wort, das ihr Kind richtig verwendet, lächeln, nicken anerkennend: „Toll", „Ja", „Ganz genau". Sie streicheln das Kind, sie stupsen es liebevoll an – und das Kind setzt den höchst komplizierten Prozess des Sprechenlernens freudig fort. Später dann, wenn das Kind mit verkrampfter Fingerhaltung „Krikelkrakel" ins Blatt meißelt, führt die Bestätigung der Eltern („Das ist dir gut gelungen!") dazu, dass die unförmigen Figuren bald zu „Menschen" werden. Und in der 1. Klasse dann, wenn es Wutausbrüche gibt, weil das „ausgefranste Oval" nicht zu einem „O" gelingen will, wenn es „auf der Linie tanzt", statt „schön brav oben auf der Linie sitzen zu bleiben", hilft die positive Zuwendung der Eltern, dass das Kind die Schulaufgaben, die immer schwieriger werden, zu Ende bringt. Zuwendung und Erfolg sind die Belohnungen für viele unserer eigenen Bemühungen gewesen. Einzelne Verhaltensweisen (beispielsweise einen Füller halten, die richtige Neigung des Füllers zum Papier herstellen, einen angemessenen Druck auf die Füllerspitze ausüben, den Füller über das Blatt führen und dabei immer wieder den Buchstaben „O" formen) haben sich bei jedem von uns zu komplexen Fähigkeiten (Schreiben) entwickelt. Das ist beim Fahrradfahren und später beim Bedienen eines Computers nicht anders gewesen.

Wie entsteht menschliches Verhalten? Wie kann man Menschen verändern? Das sind zentrale Fragen, die in der wissenschaftlichen Psychologie seit Jahrzehnten erforscht werden. In den so genannten Lerntheorien (vgl. Edelmann 2000) wurden „Gesetze des Lernens" formuliert, die mittlerweile eine breite Anerkennung in allen Humanwissenschaften gefunden haben. Das Gesetz vom „Lernen am Erfolg" bestimmt in besonders starkem Maße (neben dem „Lernen am Modell", s.o.) die Praxis der Pädagogik (des Kindergartens und der Schule) und ist zu einer Stütze für das praktische Vorgehen auch in der Psychotherapie geworden. Menschen können sich verändern – ihr Leben lang. Neues Verhalten kann sich ausbilden, vielfältig und differenziert werden, wenn die Umwelt mit Zuwendung, Ermutigung und Lob diesen Lernprozess begleitet.

Wichtig

Eine zentrale Aussage der Lerntheorie besagt: Verhaltensweisen, denen positive Konsequenzen folgen, werden gefestigt und in ihrer Auftretenswahrscheinlichkeit erhöht. Eine positive Konsequenz verstärkt also ein Verhalten, macht es stabil, führt dazu, dass das lernende Individuum sicherer im Gebrauch dieses Verhaltens wird – und dass es eben auch zukünftig eher gezeigt wird. Das findet allerdings nur statt, wenn die Konsequenz vom lernenden Individuum selbst (!) als angenehm empfunden wird. Es kommt also nicht darauf an, ob die Mutter oder der Trainer (bei uns die In-vivo-Helferin oder der In-vivo-Helfer) die Konsequenz als positiv einschätzt (z.B. meint, die eigenen Worte wären doch anerkennend gewesen). Das Erleben des Lernenden ist ausschlaggebend – er empfindet die Worte vielleicht als „tröstend" oder „zynisch", meint, sie seien nur aufgesetzt oder berechnend. Wer das Prinzip des Lernens am Erfolg realisieren möchte, sollte sich daher immer wieder von seinen eigenen Empfindungen und Maßstäben lösen können und genauer hinschauen, was der Betroffene selbst als angenehme Konsequenz erlebt.

In-vivo-Helfer wissen um das Zielverhalten des Betroffenen: Wenn es um systematische Übungen geht, will der Betroffene ganz bestimmte Verhaltensweisen ausprobieren. Er will lernen, dieses Verhalten in einer spezifischen Situation oder unter spezifischen Bedingungen zu zeigen. Gelingt dies, wäre es sinnvoll, wenn der Helfer „verstärkend" reagieren könnte und dabei folgende Gesichtspunkte berücksichtigt:

Sofort verstärken

Eine zeitlich verzögerte Verstärkung ist weniger wirksam als eine, die direkt auf das gewünschte Verhalten erfolgt. Der In-vivo-Helfer kann verbal („Ja!") oder nonverbal bestätigend (nickend) reagieren, er kann (auch im Alltagstrubel wahrnehmbar) ein vorher verabredetes Handzeichen stets dann einsetzen, wenn das Lernziel erreicht ist. Er muss also nicht warten, bis eine Übung abgeschlossen ist.

Bereits das Annäherungsverhalten verstärken

Insbesondere beim Beginn der In-vivo-Arbeit ist es wichtig, dass nicht mit der anerkennenden Bestätigung gewartet wird, bis das Zielverhalten perfekt gezeigt werden kann. Natürlich ist die Annäherung an das gewünschte Verhalten schon ein wichtiger erster Schritt, der verstärkt werden sollte. Dies gilt vor allem dann, wenn ein stärkeres Vermeidungsverhalten vorlag und Betroffene sich nur ungern in eine Trainingssituation begeben bzw. sich von ihr überfordert fühlen. Lautet das Lernziel „Einen fremden Passanten laut und deutlich nach der Kaiserstraße fragen", so kann alleine schon auf den Passanten zuzutreten und ihn anzuschauen ausführlich positiv kommentiert werden.

Häufigkeit der Verstärkung variieren

Ziel der In-vivo-Arbeit ist es, dass die Betroffenen das gewünschte Verhalten im Alltag zeigen können, ohne dass dazu eine Fremdverstärkung notwendig wäre. Für den Erwerb neuer Handlungsweisen ist es erforderlich, dass das Zielverhalten anfangs *jedes Mal* bei seinem Auftreten verstärkt wird. Diese Form der konsequenten Verstärkung sollte solange fortgesetzt werden, bis sich das erwünsche Verhalten stabilisiert, das heißt jedes Mal zur Verfügung steht und auch in anderen Alltagssituationen, die nicht identisch sind, vom Betroffenen zunehmend häufiger willentlich eingesetzt werden kann. Mit der Stabilisierung des Zielverhaltens kann nun die Häufigkeit der Verstärkung reduziert und allmählich nur noch unregelmäßig verabreicht werden (man nennt dies „intermittierende Verstärkung"). Später dann blendet der In-vivo-Trainer die Verstärkung immer mehr aus: Die Erreichung des Zielverhaltens ist für den Betroffenen Verstärkung genug. Er erhält durch die Reaktionen aus der Umwelt ausreichende Bestätigung und kann sich außerdem selbst noch zusätzlich durch positive Bewertungen verstärken (siehe unten „Selbstverstärkung").

Art der Verstärkung variieren

Verstärker sollten flexibel gebraucht werden. Der Einsatz immer desselben Verstärkers führt zu einer „Sättigung", er büßt seine Wirkung ein, verliert seinen „Belohnungscharakter". Das ständige „gut" des Trainers wirkt bald lächerlich, kann nicht mehr als angenehm erlebt werden. Ein In-vivo-Trainer sollte daher – insbesondere für die verbale Verstärkung – über ein Spektrum zustimmender und ermutigender Äußerungen verfügen. Indem der Helfer spontan Anteil nimmt am In-vivo-Geschehen und sich dabei auch emotional in Bezug setzt zu den unterschiedlichen situativen Abläufe und Handlungsweisen, kann es ihm gelingen, verschiedene verbale Verstärker ungezwungen und ungekünstelt einzusetzen.

Statt Floskeln konkretes Verhalten und eigenes Erleben benennen

Was genau kann gesagt werden? Floskeln und Redewendungen haben langfristig keine Verstärkungsfunktion. Statt „Toll!" oder „Das war prima!" oder „Gut ist dir das gelungen!" sollte das Verhalten vom Helfer genau benannt werden. Er sollte konkret beschreiben, was innerhalb eines Handlungsablaufes prima war, was gut gelungen ist. Aber nicht nur das Verhalten lässt sich konkretisieren. Es kann auch die Bedeutung erläutert werden, die ein „gelungenes" Verhalten für die Interaktion hat und warum der Trainer gerade dieses als „prima" benannte Verhalten für sinnvoll eingeschätzt.

> **Definition**
>
> **Verstärkung als „Verhaltensbeschreibung"**
>
> ▶ „Prima! Du hast mit dem Verkäufer schon beim Betreten des Ladens Blickkontakt aufgenommen."
> ▶ „Ich habe gesehen, wie Du ihn schon von der Tür her angelächelt hast. Das hat freundlich gewirkt. Das ist dir wirklich gut gelungen."
> ▶ „Du hast das, worauf es Dir ankam, erreicht: Du hast Blickkontakt gehalten, nicht nur ganz kurz von der Tür her, sondern auch beim Laufen auf die Theke zu. Toll! Und Dein Lächeln war da. Das was sehr deutlich von allen wahrzunehmen."

In allen drei Beispielen wird eine Verknüpfung der Verhaltensbeschreibung mit der positiven Bewertung (prima, gut gelungen, toll) vorgenommen, diese Verhaltensbeschreibung bezieht sich auf das Verhalten, das als Zielverhalten für die Übung festgelegt worden war.

> **Verstärkung als „Verhaltensbeschreibung" und „Einschätzung"**

Verstärkend wirkt, neben der positiven Verhaltensbeschreibung, auch die positive Einschätzung des Helfers, die sich auf sein eigenes Erleben gründet. Und auch allgemeine Einschätzungen (z.B. über die Wirkung sozialer Interaktionen) können als hilfreiche Orientierungen an die positiven Rückmeldungen gekoppelt werden:

- „Du hast sehr freundlich gewirkt, da hätte ich Dir Deine Bitte gar nicht mehr abschlagen können."
- „Du bist sehr schnell aufs Ziel losgesteuert, die Koteletts bis abends zurücklegen zu lassen. Ich habe den Atem angehalten, ob der Verkäufer darauf wohl eingeht. Aber Du hast es so klar und freundlich gesagt, es hat auf mich so zugewandt und selbstverständlich gewirkt, dass der Verkäufer irgendwie gar nicht Nein sagen konnte."
- „Das hat mir gefallen: Klar und direkt war Deine Forderung, laut genug inmitten des Stimmengewirrs! Gut zu verstehen also und doch freundlich und ruhig. So etwas ist erfolgreich in Gruppendiskussionen!"

Zur Selbstverstärkung anleiten

Der Helfer ermuntert den Betroffenen immer wieder, sein eigenes Verhalten nach Abschluss einer Übung einzuschätzen („Und, wie ist es gewesen?"). Er lenkt die Aufmerksamkeit von der allgemeinen Einschätzung auf eine positive Einschätzung des eigenen Bewältigungsverhaltens: „Womit bist Du zufrieden?", „Was hast Du gut an dir gefunden?", „Was ist Dir gelungen?" Der Helfer kann nun solche Äußerungen des Betroffenen aufgreifen, die eine positive Selbstbewertung beinhalten (beispielsweise „Ich habe mich nicht unterkriegen lassen!"), die also eine selbstverstärkende Funktion besitzen. Diese Äußerungen kann der Helfer hervorheben, indem er sie wiederholt („Ja, du hast standgehalten!") und die konkreten Verhaltensweisen herausarbeitet, die für das positive Handlungsergebnis verantwortlich sind („Wodurch ist es dir gelungen, dich nicht unterkriegen zu lassen?"). Er verstärkt auf diese Weise bei dem Betroffenen die Fähigkeit zur Selbstverstärkung. Er festigt die Erkenntnis des Betroffenen, Einfluss auf die Umwelt nehmen zu können sowie sich selbst als Verursacher positiver Handlungsergebnisse zu begreifen (vgl. Kap. 9.13).

Im Laufe der In-vivo-Arbeit sollte der Helfer von der Fremdverstärkung zunehmend öfter zur Selbstverstärkung übergehen. Das bedeutet, der Betroffene sollte nach einer Übung immer erst einmal aufgefordert werden, sich selbst einzuschätzen und die gelungenen Schritte und Verhaltensweisen zu benennen. Ergänzende Beobachtungen des Helfers können dann anschließend hinzugefügt werden. Wir können uns vorstellen, wie wichtig es ist, über die Fähigkeit zur Selbstverstärkung zu verfügen, wenn wir bedenken, dass der überwiegende Anteil von Veränderungsschritten in Eigenarbeit stattfindet, dann also, wenn kein Helfer, kein Trainer oder Therapeut anwesend ist.

(Die Selbstverstärkung ist eine bestimmte Form des inneren Sprechens. Andere Möglichkeiten, derartige Selbstverbalisierungen nutzbringend einzusetzen, werden im Abschnitt „Verantwortung übertragen und Selbststeuerung fördern" beschrieben; siehe S. 56)

5.10 Selbstsicher in der Öffentlichkeit auftreten

Bestimmtheit im Auftreten vermittelt sich nicht nur durch die Sprechweise eines Menschen, sondern zeigt sich anhand der Gesamtheit des Verhaltens, an der Art sich zu bewegen, Platz zu beanspruchen, Räume zu durchqueren, mit den Blicken zu schweifen, eine aufrechte Körperhaltung einzunehmen. Wer dies vermag, wird deutlich erkennbar für die Umgebung – er wagt es, sich zu exponieren. Kein Sich-Verstecken, kein Dahinhuschen und keine Unscheinbarkeit! Er riskiert angesprochen zu werden, Reaktionen bei den Mitmenschen auszulösen. Und das ist genau das, was Helfer im Rahmen der In-vivo-Arbeit aushalten müssen. Sie sind die Begleiter, die den Betroffenen in schwierige Belastungssituationen führen, ihm einen Schritt voraus sind, zügiger laufen oder ein klein wenig unbefangener auf Fremde zutreten. Helfer stellen sich schützend vor den Betroffenen, sodass dieser im Windschatten leichter agieren kann. Sie riskieren als Erste aufzufallen oder laut zu sprechen oder auf einem Bein über einen Platz zu hopsen. Sie exponieren sich, um dem Klienten das Exponieren zu erleichtern, sie gehen über eine hohe Brücke, um dem Betroffenen den Gang über das Wasser möglich zu machen oder sie sprechen einen Polizisten an, um die Autoritätsängste des Betroffenen bearbeiten zu können. So begünstigt das selbstsichere Auftreten der Helfer, dass die Betroffenen ihre bisherigen Grenzen leichter zu überschreiten vermögen.

Nun kann keiner erwarten, dass Helferinnen und Helfer prinzipiell unbefangen und couragiert durchs Leben gehen müssten! Im Behandlungsraum können sie ihre Aufgaben hervorragend meistern, auch wenn sie sich nicht gerne und leicht in den Vordergrund stellen. Für ihre In-vivo-Rolle, die immer mit Auftritten in der Öffentlichkeit verbunden ist, können sie allerdings die notwendigen expressiveren Kompetenzen erwerben: Unbefangenheit bezüglich ihrer öffentlichen In-vivo-Auftritte entsteht bei Helfern meist dann, wenn sie sich mit ihren eigenen Vorstellungen über normenkonformes Verhalten auseinandersetzen. Sie können prüfen, ob sie zu einem angepassten Auftreten neigen und sich sorgen, in der Öffentlichkeit aufzufallen, sie können Wege erproben, ein zu enges Korsett braver Wohlanständigkeit zu lockern, die freundliche Lächelmaske öfter abzusetzen. Sie können absichtsvoll „Fehler" machen und immer wieder das Risiko eingehen, aufzufallen und Missachtung auszulösen. Unbefangenheit kann entstehen – und zwar bei Helfern genauso wie bei Betroffenen –, wenn die befürchteten Konsequenzen einer Handlung riskiert werden und dabei erfahren werden kann, dass die Konsequenzen bedeutend weniger problematisch sind als erwartet. In diesem Sinne führt, wie Reinecker (1999, S. 263) schreibt, „... das Verletzen kleiner sozialer Regeln ... durchaus zu einem veränderten Erleben und zu einer erhöhten Flexibilität im Verhaltensspielraum."

In den Arbeitsmaterialien „Abbau sozialer Besorgnis: Experimentieren mit nichtnormkonformen Verhaltensweisen" und „Mut und Selbstsicherheit: Risikoübungen in der Öffentlichkeit (Wendlandt 2002 a, S. 117 ff, 140 ff) finden Helfer und Betroffene eine ganze Reihe an sog. Risikoübungen. Beispiele hierzu finden sich im Arbeitsbogen 7 (s. u.). Derartige Übungen erlauben es, die Aufmerksamkeit anderer Menschen auf sich zu ziehen und zu lernen, mit der ausgelösten Beachtung angstfrei umzugehen. Die „Auftritte" führen dazu, dass sich eine größere Expressivität im Selbstausdruck einstellt und stellvertretend Sicherheit für all die vielen Belastungssituationen des Alltags erworben werden kann, in denen wir uns durch andere Personen bewertet fühlen. Risikoübungen werden im Rahmen der kognitiven Verhaltenstherapie eingesetzt (vgl. Reinecker 1999). Sie dienen dazu, den Spielraum sozialer Normen zu prüfen und sich Verhaltensweisen zuzugestehen, die die eigenen bisherigen Handlungsgrenzen überschreiten (vgl. auch Kap. 9.9; S. 130f).

5.11 Verantwortung übertragen und Selbststeuerung fördern

In-vivo-Arbeit dient der Herausbildung eines umfassenden Repertoires an Verhaltensweisen, das sich auf die Bewältigung individuell bedeutsamer Alltagssituationen sowie sozialer Herausforderungen bezieht und eine Vielzahl sozialer Kompetenzen umfasst. Die Rolle des Helfers begründet sich vor allem darin, diesen Veränderungsprozess zu unterstützen und sich als Helfer dabei gleichzeitig „überflüssig" zu machen. Immer achtet er auf die angemessene Dosierung seiner unterstützenden Impulse: Mit der wachsenden Kompetenz eines Betroffenen werden die Anregungen des Helfers zunehmend geringer. Dadurch spürt der Betroffene bei all den anstehenden Veränderungsschritten und Erfahrungsexperimenten seine Eigenverantwortung und erlernt zunehmend selbstbestimmt voranzuschreiten. Helfer sollten kontinuierlich überprüfen, ob sie selbst wirklich in der Lage sind, Verantwortung abzutreten. Wenn ihnen dies gelingt, wird eine selbstständige Weiterarbeit des Betroffenen über die gemeinsame Zeit der In-vivo-Arbeit hinaus leichter möglich sein. Damit ist eine zentrale Voraussetzung erfüllt, die für eine effektive Rückfallprophylaxe gilt: Betroffene müssen gelernt haben, selbständig mit Problemlagen umzugehen; nur so sind sie für mögliche Rückfälle gut gewappnet.

> **Beispiel**
>
> **Für sich sorgen**
> ▶ Ich nehme meinen Körper wahr und sorge für sein Wohlergehen.
> ▶ Ich nehme meine Gefühle und Bedürfnisse wahr und drücke sie aus.
> ▶ Ich nehme meine Wünsche und Ansprüche wahr und setze sie durch.
> ▶ Ich gestalte meinen Lebensraum.
> ▶ Ich sorge für mich.

Der Anspruch, Betroffene zu einem eigenverantwortlichen Handeln zu führen, beginnt nicht erst in den späteren Sitzungen der gemeinsamen In-vivo-Arbeit. Der Helfer sollte diesen Anspruch bereits von vornherein als eine Handlungsmaxime verinnerlicht haben, als einen Leitsatz, der die Zusammenarbeit vom ersten Tag an mitbestimmt: Bei jedem In-vivo-Termin, bei jeder In-vivo-Übung geht es darum abzuklären, welche Schritte der Betroffene bereits ohne Anleitung oder Unterstützung alleine absolvieren kann. Muss ich als Helferin oder Helfer wirklich Vorgaben machen? Verleiten mich Passivität oder Unsicherheit beim Betroffenen zu vorschnellem Handeln? Beende ich evtl. solche zähen Phasen der Unentschiedenheit und Zögerlich-

Risikoübungen – Beispiele zum Ausprobieren

Sie werden eingeladen, etwas Auffälliges vor den Augen anderer Menschen zu tun und dabei zu riskieren, dass Sie unter Umständen Missachtung ernten. Die Bewältigung der Aufgabenstellungen ist wie die Erfüllung eines Übersolls – wenn Sie derartig schwierige Herausforderungen bestehen, können Sie mit größerer Sicherheit zu Ihrem eigenen alltäglichen sozialen Verhalten stehen und Selbstvertrauen in Ihre eigene Stärke gewinnen.

a) *Straße: Kontakt zu Fremden herstellen*
▶ Musikanten/Bettler/Blumenverkäufer ansprechen, in ein Gespräch verwickeln.
▶ Unter einem Straßenschild stehend Passanten nach der entsprechenden Straße fragen.
▶ Passanten ansprechen und nach ihren Vornamen fragen.
▶ Einen Passanten nach einem guten Esslokal fragen, dies kauend, mit vollem Munde tun.
▶ Den vorübergehenden Passanten zunicken, sie sehr freundlich grüßen, so als seien es gute Nachbarn.
▶ Parkbesucher im Frühling ansprechen, wenn die ersten warmen Sonnenstrahlen da sind: „Verzeihung, können Sie mir Sonnencreme borgen?"
▶ Gleichaltrige Personen anderen Geschlechts nach einem Tanzlokal fragen. „Ich bin Tourist. Wo kann man sich hier in der Gegend amüsieren?"
▶ Einer Person auf der anderen Straßenseite zurufen und zuwinken: „Hallo, hallo, warte mal!" Drüben angekommen merken, dass der andere doch nicht der vermutete Bekannte ist.
▶ Rosen/alte Zeitschriften/leere Plastiktüten an Passanten verschenken.
▶ ....
▶ ....
▶ ....

b) *Straße: Verbal auffällig reagieren, ohne Kontakt herzustellen*
▶ Langsam den Bürgersteig entlang gehen, sich immer wieder umdrehen und laut sprechend einen imaginären Hund hinter sich herlocken.
▶ Laut Selbstgespräche führen beim Laufen durch den Stadtpark oder beim Überqueren eines belebten Marktplatzes.
▶ Lautstark ein Streitgespräch mit einer imaginären Person führen; dies beim Laufen durch die Fußgängerzone tun.
▶ An einem öffentlichen Telefon, das frei an sehr belebter Stelle im Bereich der Fußgängerzone hängt (keine schützende Zelle!) lautstark telefonieren: fiktives Gespräch führen, z.B. Streit, Verabredung zum Stelldichein, Kontaktannonce aufgeben, Zahnarzttermin vereinbaren.
▶ ....
▶ ....
▶ ....

c) *Einkaufen – Erkundigungen in Geschäften*
▶ Sich am Obststand nach dem Preis unterschiedlicher Obstsorten erkundigen, obwohl die Preise auf Schildern ausgezeichnet sind.
▶ In einer Apotheke/Boutique/Schmuckgeschäft nach Parfümproben fragen.
▶ Im Reisebüro nach einem Flug nach Sydney fragen – für das kommende Wochenende. Bei der Nennung des hohen Flugpreises plötzlich umdisponieren: nachfragen, ob es am Wochenende auch noch billige Busfahrten nach Südtirol gibt.
▶ In einem Geschäft mit der Verkäuferin ein längeres Gespräch über eine Ware führen. Daran anknüpfend in ein persönliches Gespräch überwechseln. Wenn es z.B. in einer Bäckerei um Sechskornbrötchen und deren Kornsorten geht, nachfragen, ob die Verkäuferin davon auch schon probiert habe, was sie selbst am liebsten esse, ob sie überhaupt noch Kuchen sehen könne, weil sie doch hier Verkäuferin sei, man selbst befinde sich ja gerade in einer Diätphase, das ist so schwer, ob sie das kenne? usw.

(nach einem Arbeitsbogen in Wendlandt 2002 a, S. 140 f)

Wendlandt: Veränderungstraining im Alltag. Arbeitsbogen 7. Thieme 2003

Fortsetzung

- An einem Zeitungskiosk (kein Imbiss!) eine Curry-Wurst erbitten. Nach der verneinenden Äußerung des Kioskverkäufers sich dumm stellen und noch einmal bestellen: „Ach, Sie können mir auch zwei geben!"
- Nach kostenlosen Lebensmitteln fragen: In einem Obstladen nach angestoßenem Obst; in einer Bäckerei nach Kuchen von vorgestern; in einem Lebensmittelgeschäft nach Joghurts mit gestrigem Verfallsdatum.
- Vor sich hin singend (summend) von Stand zu Stand über den Wochenmark ziehen.
- „Unordentlich" gekleidet durch Geschäfte/Kaufhaus laufen: Hemd aus der Hose hängend; Jacke/Mantel falsch herum angezogen; Schnürsenkel offen; Schal/Tuch auf dem Boden schleifend usw.
- ....
- ....
- ....

d) Öffentlichen Veranstaltungen
- Nach einem öffentlichen Vortrag den Referenten um ein Autogramm bitten.
- In dem Foyer eines Theaters einen fremden Besucher um ein Autogramm bitten.
- Im Vorraum eines großen Kinos jemanden um 20 Cent zum Telefonieren bitten.
- Die Pause einer Abendveranstaltung (Theater, Oper etc.) ist zu Ende. Alle sitzen schon. Sie kommen als Letzter, um Ihren Platz in der Mitte der Reihe einzunehmen; alle müssen wieder aufstehen.
- Der Vortrag/die Lehrveranstaltung im Hörsaal hat vor 5 Minuten begonnen. Sie kommen zu spät herein und lassen „aus Versehen" die Tür laut zuschlagen.
- Sich in einer Bilderausstellung mit einem Gesprächspartner laut unterhalten und vor jedem Bild laute Kommentare abgeben.
- ....
- ....
- ....

Aufgabe: Ergänzen!

Die einzelnen Risikoübungen sind Beispielsituationen, d.h. prinzipiell gäbe es noch viele andere Situationen, die Sie für Ihr eigenes In-vivo-Training! nutzen könnten. Also: Lassen Sie sich von den vorgegebenen Situationen anregen.

1. Erarbeiten Sie noch ein paar eigene Aufgabenstellungen. Notieren Sie sie auf den freien Linien des Arbeitsbogens.
2. Vielleicht gibt es noch weitere Übungssituationen zu anderen Themenschwerpunkten. Auf den folgenden Linien können Sie sie eintragen:
- ....
- ....
- ....
- ....
- ....

(nach einem Arbeitsbogen in Wendlandt 2002 a, S. 140 f)

Wendlandt: Veränderungstraining im Alltag. Arbeitsbogen 7. Thieme 2003

keit deswegen, weil ich selbst mit der Unruhe, die dann in mir aufsteigt, nicht geduldig umgehen kann? Für den Helfer ist es oft viel einfacher, die Führung zu übernehmen, als immer wieder abzuklären, ob nicht doch die einzelnen Arbeitsschritte vom Betroffenen selbst zu leisten sind.

Beispiel

Ines P. schreibt in diesem Zusammenhang:

„Da stand ich ganz oben und Sie hatten mir gar kein Thema gegeben. (Sind Ihnen die Ideen ausgegangen?) Mir wurde klar: Ich bin gefragt, ich ganz allein. Meine Ideen, nicht die Ideen anderer. Ich alleine kann entscheiden, was ich ausprobieren möchte. Es war wichtig, mir die Zeit zu nehmen für diese Entscheidung. Ich fühlte mich nicht wohl. Ich setzte mich selbst unter Zeitdruck. Ich nahm mir nicht die Ruhe hinzuschauen, was ich will. Im Vordergrund stand der Gedanke: ‚Was erwarten die anderen von mir?' Dabei zählt eigentlich doch nur: ‚Ich will es! Ich tue es nicht, weil es die anderen von mir erwarten.'"

Folgende Aufgabenstellungen, kann der Helfer in die Eigenverantwortung der Betroffenen übergeben:
- ▸ Beobachtungen gezielt anstellen,
- ▸ Ziele für das eigene Handeln formulieren,
- ▸ die nächsten Arbeitsschritte planen,
- ▸ die Übungen eigenständig durchführen,
- ▸ die Auswertung vornehmen und sich dabei angemessen verstärken,
- ▸ aus den Übungserfahrungen Schlussfolgerungen für die weitere In-vivo-Arbeit ziehen,
- ▸ Übungsaufgaben für die Eigenarbeit festlegen,
- ▸ schriftliche Aufzeichnungen anfertigen und den Gesamtprozess der Veränderung dokumentieren.

Der Arbeitsbogen 8 (s. S. 60) fördert die Auseinandersetzung mit der Eigenverantwortung: Betroffene können ihn jeweils vor einer In-vivo-Stunde ausfüllen – ihre Handlungsbereitschaft wird dadurch gefördert: Sie setzen sich noch einmal mit den konkreten Verhaltensweisen, die sie zeigen möchten, auseinander und werden sich darüber klar, welche Bewältigungsmöglichkeiten sie bei auftauchenden Schwierigkeiten zur Verfügung haben und wie sie ermutigend mit sich selbst umgehen können. (Weiterführende Anregungen zur Selbststeuerung und Übernahme von Eigenverantwortung finden sich im dritten Teil des Buches.)

5.12 Sich selbst betrachten: Selbstreflektion und persönliche Weiterentwicklung

Mit den Augen und Ohren, mit dem Verstand und dem Herzen beim Betroffenen zu sein reicht nicht aus, um ein guter Helfer zu sein. Dazu ist auch der Blick zu sich selbst notwendig: Man sollte die Auswirkungen des eigenen Verhaltens auf den Betroffenen analysieren, die eigenen Gefühle in Rechnung stellen, die Einfluss auf den Ablauf einer In-vivo-Stunde haben, die eigenen Befürchtungen kennen, aber auch die unausgesprochenen Erwartungen an den Betroffenen, die Anspruchlichkeiten und eigenen Empfindsamkeiten. Was kränkt mich, wo bin ich zu nachgiebig, wo fordere ich zu schnell, was vermeide ich selbst, wo überrolle ich mein Gegenüber? Helfer sind dann gute Helfer, wenn sie sich selbst genauer betrachten und immer wieder akzeptieren, dass das konkrete Bewältigungsverhalten des Betroffenen in einer für ihn schwierigen Situation stets auch mitbedingt wird durch die konkreten Handlungsweisen des Helfers, durch seine aktuelle Befindlichkeit (auch wenn diese nicht direkt Thema wird) und durch das spezifische Beziehungsverhältnis, das zwischen Helfer und Betroffenem besteht.

Vorschläge

Die Wege, die zur Selbstreflexion und zur persönlichen Weiterentwicklung führen sind vielfältig. Hier können In-vivo-Helfer z.B. folgende Erfahrungsräume nutzen:

Eigentraining in Belastungssituationen

- ▸ Die Helfer bearbeiten eigene Belastungssituationen mithilfe der In-vivo-Methode. Sie tun dies alleine oder mithilfe einer Kollegin/eines Kollegen.

Ich entscheide mich – und bringe mich in eine gute Ausgangsposition!

Wollen Sie die Situation, auf die Sie sich gerade zubewegen, wirklich für eine Übung nutzen? Oder handelt es sich bei dieser Absicht eher um ein vages Vorhaben, einen guten Vorsatz, der schnell wieder beiseite gestellt wird, wenn der Mut abkühlt oder die Angst hervorlugt? Sie müssen sich entscheiden! Treffen Sie eine *Entscheidung* für oder gegen die Situation! Tun Sie das absichtsvoll – gewissermaßen bei klarem Verstand. Sie sind dann nicht mehr Spielball der Zufälligkeiten, abhängig von der Tagesform oder unklaren Empfindungen. Wie Sie sich auch entscheiden, ob mit „ja" oder mit „nein", Ihre Entscheidung führt Sie aus dem Gefühl des Ausgeliefertseins heraus und Sie gewinnen Einfluss auf die eigenen Handlungsmöglichkeiten.

Wenn Sie sich für eine Situation entschieden haben und diese Situation für eigene Experimente nutzen wollen, dann legen Sie fest, was genau Sie ausprobieren möchten: Bestimmen Sie das *Zielverhalten*. Übernehmen Sie sich dabei nicht: Ein oder zwei konkrete Lernziele reichen völlig aus. Konkrete Verhaltensweisen sollten es allerdings schon sein, die Sie bereits gut beherrschen und von denen Sie annehmen können, dass Sie sie auch in der bevorstehenden Situation abrufen können.

Und was machen Sie, wenn alles anders kommt als erwartet, wenn Unvorhergesehenes passiert? Oder wenn Sie merken, dass Sie die Situation ganz schnell verlassen möchten? Wie möchten Sie mit möglichen Komplikationen oder Problemen umgehen? Klären Sie, welche *Bewältigungsmöglichkeiten* Sie zur Verfügung haben!

Der letzte Schritt ist die mentale Selbstbeeinflussung: Sie können auf „positiv" schalten und sich in eine positive Gestimmtheit bringen: Das gelingt durch Selbstermutigung und durch positive Selbstinstruktionen. *Selbstermutigungen* sind innere Sätze, die Sie zu sich selbst sprechen, d.h. innerlich verbalisieren: „Ich bleibe bei mir", „Ich weiß, dass ich ein guter Mitarbeiter bin", „Ich kann geduldig abwarten", „Ich habe schon viel schwierigere Situationen bewältigt". *Selbstinstruktionen* sind Handlungsanweisungen, die Sie sich selbst geben, Sie sprechen sich, unmittelbar bevor Sie in die Situation hineingehen, noch einmal das Handlungsziel vor, Sie weisen sich selbst an, dieses oder jenes Verhalten zu zeigen („Ich blicke meinem Vorgesetzen ruhig in die Augen"). Es wird nicht zugelassen, dass der Kopf sich mit zweiflerischen Erwartungen und dem möglichen eigenen Versagen beschäftigt. Stattdessen findet ein inneres Sprechen statt, bei dem die eigenen Fähigkeiten und die konkreten Handlungsziele im Mittelpunkt stehen. (Das ist wie bei Leistungssportlern, die sich mit ihrer „mentalen Vorbereitung" alle ihre körperlichen Reserven mobilisieren und so zu einer Höchstform auflaufen.)

1. Entscheidung treffen: Will ich die Situation als Trainingssituation nutzen? → (Nein)
↓
(Ja)
↓

2. Zielverhalten festlegen: Was genau will ich ausprobieren?
     Zielverhalten 1   ....
     Zielverhalten 2   ....

3. Bewältigungsmöglichkeiten: Wie gehe ich mit auftauchenden Problemen um?
....
....
....

4. Selbstermutigungen/Selbstinstruktionen: Was sage ich mir vor Handlungsbeginn?
....
....
....

Wendlandt: Veränderungstraining im Alltag. Arbeitsbogen 8. Thieme 2003

Kollegiale berufsbezogene Selbsterfahrung

Helfer, die mit Klienten arbeiten, besprechen die persönlichen und inhaltlichen Aspekte ihrer eigenen In-vivo-Tätigkeit in einer Kollegengruppe. Besonderes Gewicht wird auf das Eigenerleben des In-vivo-Helfers und die Stärkung seiner Handlungsmöglichkeiten gelegt.

Supervision

Die Helferin bzw. der Helfer nimmt eine fachliche Beratung bei einem Profi (Supervisorin, Supervisor) in Anspruch, der das methodische Vorgehen und die Beziehungsgestaltung zum Betroffenen reflektieren hilft und zur Verbesserung der In-vivo-Arbeitsweise beiträgt.

Theoretische Wissensaneignung und methodisches Training

Durch Fort- und Weiterbildungsveranstaltungen können theoretische und praktische Aspekte der In-vivo-Arbeit vertieft und entsprechende Literatur bzw. Arbeitsmaterialien bearbeitet werden (s. hierzu das Beispiel 7.1, S. 77ff).

5.13 Professionelle Kompetenzen

In den vorausgegangenen Abschnitten wurden Fähigkeiten und Arbeitshaltungen benannt, die als „Basiskompetenzen" des In-vivo-Helfers bezeichnet werden können. Die meisten Menschen besitzen die Voraussetzungen, um diese Kompetenzen in der Helferrolle entfalten zu können. Manche Helfer werden diese Basiskompetenzen z.T. beherrschen, ohne dass sie dazu gezielte Fortbildungen besuchen mussten. Andere Basiskompetenzen werden sich erst durch wiederholte Übung aufbauen bzw. festigen lassen. Professionelle Helfer verfügen darüber hinaus über ein zusätzliches Repertoire an Kompetenzen, das sich auf der Grundlage ihrer berufsspezifischen Ausbildungen und beruflichen Tätigkeiten entwickeln konnte und das natürlich in die In-vivo-Arbeit einfließen kann.

Es würde den Rahmen dieses Buches sprengen, wollte man alle Interventionsmöglichkeiten, die sich seit Jahren im Rahmen unterschiedlicher Beratungs- und Therapieansätze etabliert haben, hier im Einzelnen analysieren und ihre Relevanz für die In-vivo-Arbeit einschätzen. Auf vier der wichtigsten Verfahren, die gerade in der In-vivo-Arbeit von großem Nutzen sind, soll hier jedoch noch einmal hingewiesen werden: Verfahren zur Körperentspannung, zur Desensibilisierung (Methoden zum Angstabbau), zum Training sozialer Kompetenz bzw. zum Erwerb von Selbstsicherheit und Selbstvertrauen sowie Verfahren zur kognitiven Umstrukturierung und Selbststeuerung (s. Kasten; vgl. hierzu auch die Ausführungen im Kap. 2, S. 23ff). Diese Helferfähigkeiten werden im Rahmen von Fort- und Weiterbildungsmaßnahmen für psychosoziale Berufsgruppen vermittelt und können zum Teil auch von Laienhelfern erworben und sinnvoll eingesetzt werden.

> **Hinweise**
>
> Therapeutische Interventionsverfahren für die In-vivo-Arbeit: vier wichtige Ansätze
>
> **Verfahren zur Körperentspannung**
>
> Hier steht die Arbeit mit der Progressiven Muskelentspannung nach Jacobson (PME) an erster Stelle. Sie erlaubt es den Betroffenen, Einfluss auf ihre körperlichen Erregungszustände zu gewinnen und Spannungszustände gezielt zu lösen (vgl. Bernstein u. Borkovec 1990). Dies lässt sich auch unmittelbar in Stresssituationen des Alltags realisieren (vgl. Wendlandt 2002 d).
> ▶ Detaillierte Informationen zur Gestaltung einer In-vivo-Stunde, bei der es um die Verbesserung der Körperwahrnehmung und die Einleitung von Entspannungsreaktionen geht, sind in Kap. 7.2 beschrieben (s.u., S. 80ff).
> ▶ Ein Generalisierungsprogramm zur PME über zehn In-vivo-Sitzungen wird im Kapitel 8.4 vorgestellt. Es zeigt, wie sich die im Behandlungsraum gelernten Entspannungsfähigkeiten in zunehmend schwieriger werdenden Belastungssituationen des Alltags etablieren lassen.
>
> **Desensibilisierung in vivo**
>
> Soziale Ängste und Phobien werden durch ein nach Schwierigkeitsgrad gestuftes Vorgehen systematisch bearbeitet, wobei auch Entspannungsverfahren (s.o.) eingesetzt werden können. Mit dem Vorgehen in kleinen Schritten und der systematischen Wiederholung

sowie Variation der Trainingssituationen kommt es zum Angstabbau und zur Sicherung der erzielten Erfolge.
▶ Ein gestuftes Desensibilisierungsvorgehen, bei dem es um den Abbau von Scham- und Minderwertigkeitsgefühlen geht, findet sich in Kap. 7.4.
▶ Die In-vivo-Bearbeitung einer Telefonangst über die Dauer von fünf In-vivo-Sitzungen wird im Kap. 8.1 illustriert.

Training sozialer Kompetenz und Selbstsicherheit

Es geht um den Erwerb nonverbaler und verbaler Verhaltensweisen, die die Beziehungsfähigkeit des Betroffenen verbessern und seine Sicherheit in sozialen Kontakten erhöhen. Die Wahrnehmungsfähigkeit für Interaktionsprozesse wird systematisch trainiert, der flexible Einsatz situationsspezifischer sozialer Bewältigungsstrategien erprobt und gefestigt. (vgl. Wendlandt u. Hoefert 1976; Ullrich de Muynck u. Ullrich 1982; Pfingsten u. Hinsch 1998). Die Arbeitsprinzipien, die beim sozialen Kompetenztraining und bei den Trainingsprogrammen zur Stärkung der Selbstsicherheit relevant sind, lassen sich direkt in die In-vivo-Arbeit integrieren.
▶ In Kap. 7.3 (s.u., S. 83ff) wird aufgezeigt, wie bei der In-vivo-Arbeit mit Kindern die Wahrnehmungsfähigkeit für selbstsicheres Verhalten geschärft werden und der Einstieg in ein soziales Kompetenztraining aussehen kann.
▶ Der Erwerb sozialer Kompetenz im Rahmen mehrerer, aufeinander aufbauender In-vivo-Sitzungen wird in Kap. 8.2 beschrieben: Es geht um den Aufbau kommunikativer Fähigkeiten bei einer jungen Frau, die fremde Personen ansprechen möchte.

Kognitive Verfahren zur Selbststeuerung

Die Art, wie sich ein Mensch verhält, wird zu einem Großteil von seinen Einstellungen und Denkweisen bestimmt. Mit einer gezielten Einflussnahme auf das eigene Denken, das als inneres Sprechen verstanden werden kann, lassen sich Art und Richtung menschlicher Handlungsweisen steuern. Therapeutische Verfahren lehren Selbststeuerungsmöglichkeiten, über die Betroffene nicht nur in den aktuellen Trainingssituationen der In-vivo-Arbeit verfügen können, sondern die als allgemeinere Bewältigungsstrategien vermittelt werden und somit zu einer selbstbestimmten Gestaltung des Lebensalltags beitragen wollen (vgl. Hautzinger 1994; Kanfer et al. 1996; Reinecker 2000).
▶ Arbeitsprinzipien für das eigene In-vivo-Handeln können als Leitsätze, als individuelle Mottos formuliert werden. Sie unterstützen die Ausführung von In-vivo-Hausaufgaben (s. Kap. 3.2; S. 34).
▶ Die gezielte Beachtung eigener Handlungserfolge stärkt die Selbstsicherheit und festigt die Motivation, auch schwierige Belastungssituationen bewältigen zu wollen (s. „Plus-Erfahrungen" in Kap. 9.13; S. 139f).
▶ Negative Selbstinstruktionen können ermittelt und in positive Handlungsaufforderungen umgewandelt werden (s. Kap. 9.14; S. 141ff).
▶ Die Ergebnisse der therapeutischen Praxis zeigen, dass auch im Kindesalter Selbstkontrollverfahren gezielt im In-vivo-Setting eingesetzt werden können und dort von großem Nutzen sind (vgl. Ronen 2000; s.o. S. 24).

Methodenkombinierte Ansätze

Die hier aufgeführten Verfahren kommen bei der In-vivo-Arbeit in der Regel gemeinsam zum Einsatz. Dies wird z.B. bei der unten aufgeführten Gruppen-In-vivo-Arbeit zur Bearbeitung von Sprechangst ersichtlich (s. Kap. 8.3, S. 96ff): Im Rahmen der zehn Trainingssitzungen geht es nicht nur um die Ausbildung verbaler und sozialer Geschicklichkeit, sondern auch um den gezielten Einsatz von Entspannungsreaktionen, um den schrittweisen Abbau der Ängste und um eine systematische Selbststeuerung der Betroffenen durch Selbstinstruktionen.

6 Eine neue Dimension: Die Kunst der Improvisation

In-vivo-Arbeit lässt sich planen: Der Ablauf einer Sitzung kann systematisch vorbereitet werden, Trainingssituationen lassen sich festlegen und Lernziele bestimmen. Helfer und Betroffene können sich auf ein bestimmtes Vorgehen einigen und Prinzipien für die Auswertung und Übungswiederholung erarbeiten. Und doch ist In-vivo-Arbeit letztendlich nicht kalkulierbar – die Dinge laufen häufig anders als geplant, Unerwartetes ereignet sich, Situationen „laufen aus dem Ruder". Das ist kein Nachteil und spricht nicht gegen die In-vivo-Methode. Ganz im Gegenteil! Während unserer Arbeit außerhalb des Behandlungsraumes begegnen wir dem Leben so, wie es eben ist: bunt, vielfältig, unberechenbar. „Das Leben ist reich an Unvorhergesehenem, das immer dann auftaucht, wenn wir der Überzeugung sind, alles genau geplant zu haben" (Dixon 2000, S. 11). Es kommt oft anders als man denkt. Gerade das ist die Chance der In-vivo-Arbeit: Hier begegnen wir der spannenden Unberechenbarkeit. Hier können wir prüfen, wie flexibel wir uns auf die sich wandelnden Realitäten einstellen können. Hier spüren wir, dass wir zusätzlich zu unseren Fähigkeiten, vernünftig planen und systematisch vorgehen zu können, noch etwas ganz anderes brauchen, etwas, was sich nicht an unserem Wissen oder an unserer Rationalität orientiert: die Kunst zur Improvisation.

In diesem Kapitel wird aufgezeigt, dass In-vivo-Arbeit immer auch als Experimentierfeld verstanden werden kann, in dem das Improvisieren eine zentrale Bedeutung besitzt. Dann ist nicht „Systematik" gefragt, sondern „Spontaneität". Veränderungsprozesse entstehen, indem immer wieder neue Spielplätze aufgesucht werden und der Umgang mit unvorhergesehenen Ereignissen erprobt wird. Nicht das disziplinierte Abarbeiten vorher festgelegter Aufgabenstellungen muss im Mittelpunkt stehen, sondern auch das Sich-Einlassen auf Steine, über die man zu stolpern droht oder auf Begegnungen, die am Wegesrand liegen. Hier kann jeder seine kreativen Fähigkeiten entfalten und die In-vivo-Arbeit als lustvoll und bereichernd erleben.

6.1 Alles läuft anders als du denkst: Ein Beispiel zum Anfang

■ **Beispiel**

Das Leben läuft anders, als du denkst. Gehst über die Brücke, schweißgebadet, spürst wie der Boden unter dir schwingt, Übelkeit steigt auf, willst dich festkrallen am Arm deines Sozialfuzzis (Helfer), tritt ein Mann auf dich zu und will eine Auskunft. Wo die nächste U-Bahnstation ist. Dir ist nicht nach Sprechen zu Mute und erst recht nicht nach U-Bahn. Nicht auch das noch. Weiter, nur runter von der Brücke, weg hier. Der Mann vor dir lächelt freundlich, „U-Bahnstation", fast buchstabiert er es, „wo?". Gleich fällst du um, ihm in die Arme, dir wird ganz schwindlig, das Herz rast, er lächelt: „Opernplatz?", vielleicht nimmt er dich mit, sieht nett aus, U-Bahn – Scheiß-U-Bahn. Der Boden schwankt. „Kommen Sie mit!", würgst du heraus, „wir müssen da auch vorbei". Seine Augen lächeln, du liebst große Augen. Der Helfer schweigt, wir stehen noch immer wie angewurzelt. „Na, kommen Sie schon", sagst du. Er schließt sich uns an, gleich sind wir drüben, weg von der Brücke, die U-Bahn ist nah, Händchenhalten in der U-Bahn, 10 Jahre ist's her, damals, als du noch U-Bahn fahren konntest, er würde passen, jetzt bloß nicht umkippen, Schultern locker, ruhig durchatmen, den Blick in die Weite schweifen lassen, dunkel ist's im U-Bahnschacht, eingesperrt, im Kino war es auch schön, Händchen gehalten auch da, geknutscht, lange, lange ist es her, schöne fremde Zeit. Er fragt mich noch einmal nach dem Opernplatz, Linie 3, das weiß doch jeder, wo er wohl herkommt? Wieder in den Chor, wieder hinterher Zusammensitzen, in die Kneipe gehen, seine Augen blitzen, grüne Tupfer mit Honig, ein Mann zum Anlehnen, blitzblank seine Schuhe, morgens vor dem Spiegel stehen und sich endlich wieder leiden können und dann noch einmal zu ihm ins Bett schlüpfen. Im nächsten Leben wirst du Opersängerin.

6.2 In-vivo-Arbeit verlangt Improvisation

Da passiert etwas, das wir vorher nicht wissen konnten. Vielleicht haben wir die In-vivo-Stunde gründlich vorbereitet, den Ablauf geplant, Übungsaufgaben festgelegt und Lernziele besprochen sowie im Trockentraining (im Behandlungsraum) schwierige Szenen durchgespielt. Und dann kommt plötzlich ein Mann dahergelaufen und stellt Fragen, oder es drängelt sich jemand bei der Post vor, oder ein großer Hund hockt vor der Bäckerei und versperrt den Weg. Die Pförtnerloge im Rathaus ist gerade nicht besetzt, als wir eine Auskunft einholen wollen, die Sprechstunden im Bürgerbüro haben sich seit letzter Woche geändert, oder die Anschlüsse der Nahverkehrsbahn stimmen nicht mehr – wir haben die Umstellung auf den Winterfahrplan nicht bedacht. Sonst war die U-Bahn immer leer zu dieser Zeit und auf dieser Strecke, heute sind Heerscharen von Schülern in den Abteilen, und in der Etage mit den Elektro- und Küchengeräten lässt sich ausgerechnet zwischen 17 Uhr 22 und 17 Uhr 31, als wir sie so dringend für eine Auskunft gebraucht hätten, keine Verkäuferin blicken. Zu guter Letzt fängt es bei den Übungen auf den steilen Treppen auch noch zu nieseln an, was sich in einen Dauerregen verwandelt und unsere Arbeit förmlich ins Wasser fallen lässt. Wie hat die Klientin geschrieben? „Das Leben läuft anders als du denkst." In-vivo-Arbeit erfordert Flexibilität: Wir müssen in der Lage sein, uns immer wieder schnell auf die realen Bedingungen, die sich ständig wandeln, einzustellen. Wir müssen offen dafür sein, unsere Vorhaben zu variieren, Entscheidungen für die Auseinandersetzung mit unerwarteten Herausforderungen zu treffen, Risiken einzugehen, Schritte ins Ungewisse zu wagen. Dies ist nicht nur spannend, sondern ausgesprochen erfolgversprechend. Wer sich hierauf einlässt, für den wird die In-vivo-Arbeit zu viel mehr als nur einem Training in ausgewählten Situationen oder einem Erproben festgelegter Verhaltensziele. Schnell spürt er, dass es darüber hinaus um die Ausbildung komplexerer Fähigkeiten geht, nämlich sich auf die realen Bedingungen und Lebensformen, die er vorfindet, einzustellen, sie anzunehmen und sich in Bezug zu ihnen zu setzen. Kreativität ist gefragt und die Nutzung der eigenen Ressourcen.

Definition

„Flexibilität" wird im Duden als „Biegsamkeit, Elastizität, Anpassungsfähigkeit" bezeichnet. Sie ist nicht nur eine Fähigkeit, die Betroffene im Rahmen der In-vivo-Arbeit erweben können, sondern kann auch als Verhaltensnorm verstanden werden, an der sich die Qualität der Helfer bemessen lässt: Erfolg in der In-vivo-Arbeit wird sich eher einstellen können (ein Helfer wird eher „hilfreich" wirken können), wenn Wert auf eine „Flexibilisierung" der Interventionsmaßnahmen gelegt wird. Starre Regeln für Veränderungsinterventionen, strikte Zeitpläne und Arbeitsstrukturen erweisen sich als Hemmschuh. Wandel vollzieht sich entlang der individuellen Besonderheiten einer Person, die immer in den aktuellen Arbeitssituationen des In-vivo-Trainings berücksichtigt werden müssen. Flexibilität ist also eine Orientierungsgröße und eine Herausforderung sowohl für Betroffene als auch für Helfer.

6.3 In-vivo-Übungen als Improvisationsarbeit

In-vivo-Übungen können das Improvisieren gezielt zum Thema machen: Unvorbereitet auf die Straße gehen, der Trainer oder Helfer gibt Impulse, der Betroffene lässt sich überraschen und greift auf, was kommt. Keine festen Lernziele für das eigene Handeln, keine konkreten Verhaltensweisen, die systematisch gezeigt werden sollen und keine Trainingssituation im Kopf, die gleich bewältigt werden soll.

Beispiel

Wir stehen auf dem Bahnsteig, sauber und kühl die Atmosphäre, rundum alles gekachelt, hellblau mit einigen dunkelblauen Feldern und symmetrischen Linien, ab und zu ein roter Farbtupfer – eine rote Kachel. Aluminiumbänke, Lichtkuppeln silbern eingefasst, Metallgitter, Glasschächte mit gläsernen Fahrstühlen. Wir sind gerade mit der U-Bahn angekommen. Die roten Rücklichter verschwinden im Tunnel, der Luftsog ebbt ab. Ich sammle die Gruppe im Kreis um mich. Fahrgäste laufen vorbei. „Meine Damen und Herren. Ich bin froh Ihnen ein Mitglied aus dem Architekturbüro Kliemann und Partner vorstellen zu können. Frau Degenhardt, bitte!" Ich gebe Beate ein Zeichen, sich neben mich zu stellen, der Gruppe ein Zeichen, einen Halbkreis zu bilden. Sehr laut (sodass die Umstehenden aufmerksam werden) fahre ich fort: „Diese raffinierte Farbnuancierung haben Sie, nur Sie alleine zu verantworten. Es gab, glaube ich, eine lange Diskussion um diese minimalistische Ausdrucksform. Sie haben sich durchgesetzt und den „roten Punk", hier in Form des roten Quadrats wieder entdeckt. Gewissermaßen ein Symbol für …" Mittlerweile haben sich Fremde als Zuhörer eingefunden. Ich spreche sehr laut auf dem hallenden Bahnsteiggewölbe: „Ja, eine Philosophie, gewissermaßen ein Konzept der ‚unterirdischen Lebendigkeit' entwickelt. Ja bitte, Frau Degenhardt, nehmen Sie doch kurz Stellung!" Ich trete zur Seite, Beate steht vor der Gruppe. Sie beginnt zu reden, sie fängt einfach an, Ideen kommen, der Zug auf der Gegenseite spuckt viele Menschen aus, einig bleiben stehe. Ich werfe neue Stichworte ein. Jugendliche drängeln sich nach vorne, um besser verstehen zu können. „Danke, Frau Degenhardt, das war sehr beeindruckend!" Die Gruppe klatscht. Keiner wusste, was ihn erwartet. Beate (sie hat nichts mit Architektur am Hut) hat einfach losgelegt. „Die gläsernen Fahrstühle fügen sich dezent in das Konzept der funktionalen Sachlichkeit ein. Sie heben die Begrenztheit des Raumes auf, lassen ihn transparent erscheinen, kein dunkles Holz, kein massiver Beton, Türen, die man nicht sieht, Licht aus der Oberwelt. Herr Bartning, Sie stehen in der Tradition Ihres Urgroßvaters, der – es dürften jetzt 80 Jahre her sein – den ersten Fahrstuhlbetrieb in dieser Region eröffnet hatte. Sie haben Maschinenbau studiert und leiten heute als junger Unternehmer die Fahrstuhl-Tranz-AG („Tranz" steht für Tranzparenz), die einzige Firma, die sich in Europa in dieser Weise auf Glasfahrstühle mit einem spezifischen Antriebssystem spezialisiert hat. Und Sie haben es geschafft! Ihre Firma expandiert. Unsere Stadt kann sich geehrt fühlen, dass Sie bereit waren, bei der Gestaltung dieser neuen U-Bahnstrecke Ihr Know-how einzubringen. Bitte, Herr Bartning, nehmen Sie doch kurz Stellung!" Bert tritt vor und beginnt. Als seine Rede im Lärm eines einfahrenden Zuges unterzugehen droht, unterbricht er kurz, fremde Zuhörer gehen weiter, neue bleiben stehen. Unsere Gruppe wirkt irgendwie „echt", es ist aufregend und lustig gleichermaßen. Wie wird das nächste Thema heißen, wer wird der nächste Redner sein? Ich weiß es selbst nicht. Ich stehe selbst zum ersten Mal auf diesem Bahnsteig, wusste gar nicht, dass man Bahnhöfe ringsum und überall kacheln kann, noch dazu auch die gewölbeartig gerundeten Decken. Mit Fahrstühlen habe ich mich bisher auch nicht beschäftigt. Ich war nicht vorbereitet, ich habe mich nicht eingelesen … Ruth habe ich dann auch noch gebeten, Stellung zu beziehen. Als Tochter eines alteingesessenen Getränkeautomaten-Fritzen (Mafia-Paule wurde er genannt) hat sie die Bestückung der U-Bahnhöfe mit Süßigkeitsautomaten durchgesetzt, die einzig erfreulichen Farbflecken in diesem sterilen Ambiente, bunte Geschmackstupfer für Alt und Jung, handlich verpackt in münzgerechten Mengen, das war ihre Idee, für jeden Münzwert eine Leckerei, kein langes Warten auf das Wechselgeld, blitzschnell zu bedienen, Tür auf, Münze rein, zack – und schnell zurück ins Abteil, wenn der Hunger einen überfällt oder die Verpflegung auf dem Küchentisch liegen geblieben ist. Ruth spricht davon, dass die Fast-Food-Ketten Proteste eingereicht hätten, dass sie aber mit ihren Süßwarenautomaten unbeirrt expandieren werde, nach dem Motto: „Sich das Leben versüßen!". Fremde Zuhörer werfen Bemerkungen ein, stellen Fragen. Ruth: Ja, Süßigkeitsentnahmegeräte seien für ausländische (vorerst europäische) Münzen geplant, in Amtsstuben und auf Polizeirevieren sollten sie zuerst aufgestellt werden, später dann …Gruppenmitglieder machen kritische Anmerkungen. Kritik wird vor allem von Claus laut, den ich schnell zum Gesundheitsapostel mache, er trägt Sandalen, isst sicherlich reichlich Müsli und war Gründer der ersten Männer-Weight-Watcher-Gruppe. Ich bitte ihn, sich auf die nächststehende Sitzbank zu stellen. Er ist groß, gut zu sehen aus der Ferne, hält seine flammende Rede gegen die Droge Süßigkeit, spricht gezielt umstehende Fahrgäste an („Das finden Sie doch auch?"), erhält Zustimmung, outet sich als ein bonbongeschädigtes Kind der 68er-Generation. Ruth macht giftige Einwürfe, Annegret schließt sich an, wird schärfer, steigt plötzlich selbst auf die Bank, schiebt Claus runter, gibt sich als junge Zahnärztin aus, die von Arbeitslosigkeit bedroht sei. Mit der Zahnärztlichen Kassenvereinigung und der Süßigkeitsindustrie seien Geheimabkommen getroffen worden. Wo gebe es denn so was, erst Millionen für teure Studienplätze ausgeben und dann Taxifahren. Nein! Die Aufstellung der münzgerechten Süßigkeitsentnahmegeräte müsse in Schulen und Hochschulen beschleunigt werden. Annegret ermuntert Ruth, Zuschüsse vom Staat locker zu machen: „Du musst nur eine kostenlose Einmal-Zahnbürste allen Süßigkeitspackungen ab 2 Euro beifügen, und schon gibt's Knete!" Tumult in der Gruppe, Zuhörer lachen, eine Frau erklärt ihren beiden Kindern: „Die machen Quatsch!" Annegret stellt sich wieder in die Gruppe. Wir werten aus. Ein älterer Mann spricht mich an: „Machen Sie Straßentheater?"

Die Stimulation ist wichtig, das Einstimmen durch den In-vivo-Trainer. Beginnen muss der Helfer, er selbst muss mit dem Improvisieren starten, sich an den Ereignissen und Reizen „andocken", die im eigenen Wahrnehmungsfeld auftauchen, sich am Vorhandenen orientieren, an den Kacheln, der kühlen Atmosphäre, den Fahrstühlen, den Sandalen, drauflos reden, die Bilder und Eindrücke der Umgebung nutzen, die Geräusche und Gerüche, die Assoziationen zulassen, die auftauchen und immer wieder die Zensur beiseite stellen: Er muss sich dem Fluss der Gedanken, die zur Geschichte werden, anvertrauen. Die improvisierten Geschichten tragen die Gruppenteilnehmer. Sie wirken wie ein neuer Boden, auf dem man handeln kann, ein Handeln im „Als ob" und doch auch in der Realität.

Wenn wir diese Überlegungen zusammenfassen und um weitere Aspekte ergänzen, lassen sich folgende Merkpunkte festhalten:

▶ Die „Spielhandlung" wird vom Trainer eingeleitet, ein emotionalisierender Einstieg ist hilfreich.
▶ Ein Raum für die Fantasie des Spielers wird geschaffen, eine Atmosphäre kreiert. Eine Richtung wird gewiesen, ein Faden ausgelegt und aufgehoben, der weitergeknüpft werden kann.
▶ Aber es bleibt offen, wohin die Fahrt gehen soll. Es werden (erst einmal) keine konkreten Vorgaben gemacht, wie das Thema aufzugreifen, die Rolle auszuformen ist. Es geht nicht um die Erledigung einer bestimmten Leistung, es geht um das Suchen und Weiterspinnen eines Fadens. Der Stoff, aus dem die Geschichte besteht, wird vom Spieler selbst gesponnen.
▶ Ideen entfalten sich, wenn das Unvernünftige erlaubt ist. Der Helfer tut gut daran, bei der Präsentation der Spielidee einzelne Rollen oder Handlungsweisen übertrieben, überspitzt und verzerrt zu zeichnen. Verfremdungen sind wie Lockmittel, die es dem Betroffenen erleichtern, das Eigene, das Individuelle, sein persönliches Erleben ans Tageslicht zu lassen. Nichts kann „falsch" geraten – Unvollständiges und Absurdes werden zu einem akzeptierten Teil der Spielhandlung bzw. der Rolle. Der Faden muss nicht rot sein, er kann blau sein, geknickt, abgerissen und wieder neu gesponnen werden.
▶ Nicht nur die Inhalte dürfen quer laufen. Auch die improvisierende Person selbst darf quer oder auf dem Kopf stehen. Dabei darf gelacht werden: Ich über mich, andere über sich, wir über uns. Das Kind darf sich zeigen, das Hemd aus der Hose gucken, die Haare dürfen unordentlich und die Jacke verkehrt herum sein, komische Bewegungen sind erlaubt, Fratzen schneiden, nervöses Zucken, ständig die Stirn mit dem Taschentuch abwischen, sich kratzen. Nicht das altbekannte Gesicht (Maske) muss aufgesetzt, nicht das vertraute Auftreten bewahrt werden. Ich darf komisch sein, anders sein, experimentieren. Wer bin ich denn eigentlich ...? Was bin ich denn noch?
▶ Zensuren und Noten, Bewertungen und Vergleiche haben Auftrittsverbot. Der In-vivo-Trainer hilft den Betroffenen dabei, sich selbst und den anderen gegenüber offen zu sein und die jeweils individuellen Ausdrucksformen der Improvisation wertzuschätzen.
▶ Geholfen wird da, wo es notwendig erscheint, sicherlich anfangs häufiger als später. Hilfen sind Zwischenrufe, Stichworte, sind Mithandlungen, mal ein Einspringen, mal ein Zuflüstern einer Spielidee oder einer Antwort in hitzigen Schlachten. Ein anderes Mal ist ein Impuls wie eine Windböe wichtig, wenn das Schiff vor sich hindümpelt und die Lebensgeister bereits über Bord gegangen sind. Oder es wird ein Schutzschild aufgestellt, wenn die Turbulenzen gefährlich werden. Vielleicht muss aber auch ein Pfeil abgeschossen werden, um die Wut anzustacheln und die Gegenkräfte des Ermatteten zu mobilisieren.
▶ „Angemessene" Interventionen wird der Helfer finden können, wenn er sich auf das Erleben seines Gegenübers empathisch einlassen kann und sich an dessen Entwicklungsprozess orientiert, nicht an den eigenen Ansprüchen.

Die aufgeführten Punkte sind Orientierungshilfen für den Trainer bzw. Helfer. Für die Spieler, um die es bei den Improvisationsübungen geht (seien es nun Betroffene oder Therapeuten, Studierende oder Fortbildungsteilnehmer), sollten ebenfalls Handlungshilfen bereitgestellt werden: Dies kann Material sein, mit dem die Neugier aufs Improvisieren geweckt wird (z.B. eine Kopie des U-Bahn-Beispiels von oben). Oder es können Klärungshilfen zum Begriff „Improvisieren" vorgenommen werden, die den Bezug zu eigenen Erfahrungen herstellen und spielerisch das Feld einer improvisatorischen In-vivo-Arbeit abstecken. Der Arbeitsbogens 21 im Kap. 9 zeigt, wie sich dies anhand unterschiedlicher „ieren"-Begriffe (z.B. improvisieren, experimentieren, variieren) vornehmen lässt. Das folgende Gedicht kann hier als Einstimmung dienen:

6.4 Improvisation: Sprechen zieht Gedanken in den Fluss

Kehren wir noch einmal auf den U-Bahnhof zurück. Wie nur kann es gelingen, auf einem U-Bahnhof eine Rede zu halten, vor fremden Menschen, in der Öffentlichkeit, laut, vielleicht auf einer Bank stehend, unvorbereitet und noch dazu über ein Thema, das völlig unbekannt ist? Diese Frage wird jeden beschäftigen, der kurz vor einer solchen Improvisationsübung steht (oder der dieses Kapitel liest). Oft herrscht die Überzeugung, mit dem Sprechen könne erst dann begonnen werden, wenn ein klares Konzept der eigenen Aussage vorliegt, wenn der inhaltliche Ablauf bereits gegenwärtig und die Gedanken geordnet und innerlich präsent sind. Heinrich von Kleist sieht das ganz anders: Die Gedanken beginnen zu fließen, wenn nur das Reden beginnt. Das Sprechen selbst löse den Fluss der Gedanken aus. Dazu schrieb er (in den Jahren 1805/1806):

■ Beispiel

Jubilieren

Experimentieren
Mut riskieren
Sich nicht genieren
Altes zu stornieren
Sich aufs Detail konzentrieren
Mit Ruhe sinnieren
Sich zentrieren
Und immer wieder variieren

Ausprobieren
Den Erfolg organisieren
Aufs Eigene insistieren
Ruhig einmal andere brüskieren
Das Unbekannte eruieren
Und unbefangen trainieren
Ohne sich selbst zu frustrieren

Neues konzipieren
Die Welt anders interpretieren
Das bisher Fremde integrieren
Immer wieder mit anderen interagieren
Du musst nicht brillieren
Du darfst lamentieren
Und mit Hektik rotieren
Nur: Zu Zeiten intervenieren
Mit Vielfalt jonglieren
Immer wieder aufs Neue improvisieren
Statt Gewohnheiten zu zementieren

So kannst du Ängste verlieren
Und dich neu kreieren

Auch der folgende Arbeitsbogen 9 lässt sich mit Gewinn einsetzen: Er kann zur Vor- und Nachbereitung (im Sinne eigenständiger Hausaufgaben) oder als Diskussionsimpuls für Gruppengespräche dienen: Er enthält Mottos in Form von Selbstaussagen, die zu einem unbefangenen Auftreten in der Öffentlichkeit anregen und den Mut und die Freude zum Experimentieren in der Öffentlichkeit fördern möchten (s.u.). Hier klingen Überlegungen und Arbeitshaltungen an, die in der Theaterpädagogik Berücksichtigung finden (vgl. Spolin 1987; Johnstone 1998, 2000).

■ Beispiel

Sprechen lässt Gedanken fließen …

„Wenn du etwas wissen willst und es durch Meditation nicht finden kannst, so rate ich dir, mein lieber sinnreicher Freund, mit dem nächsten Bekannten, der dir aufstößt, darüber zu sprechen. Es braucht nicht eben ein scharfdenkender Kopf zu sein, auch meine ich es nicht so, als ob du ihn darum befragen solltest: nein! Vielmehr sollst du es ihm selber allererst erzählen. Ich sehe dich zwar große Augen machen, und mir antworten, man habe dir in frühern Jahren den Rat gegeben, von nichts zu sprechen, als von Dingen, die du bereits verstehst … Der Franzose sagt, l'appétit vient en mangeant (der Appetit kommt beim Essen), und dieser Erfahrungssatz bleibt wahr, wenn man ihn parodiert, und sagt, l'idée vient en parlant (die Gedanken kommen beim Sprechen). Oft sitze ich an meinem Geschäftstisch über den Akten, und erforsche, in einer verwickelten Streitsache, den Gesichtspunkt, aus welchem sie wohl zu beurteilen sein möchte. Ich pflege dann gewöhnlich ins Licht zu sehen, als in den hellsten Punkt, bei dem Bestreben, in welchem mein innerstes Wesen begriffen ist, sich aufzuklären … Und siehe da, wenn ich mit meiner Schwester davon rede, welche hinter mir sitzt, und arbeitet, so erfahre ich, was ich durch ein vielleicht stundenlanges Brüten nicht herausgebracht haben würde. Nicht, als ob sie es mir, im eigentlichen Sinne sagte; denn sie kennt weder das Gesetzbuch, noch hat sie den Euler

Improvisation: Im Fluss sein und Ein-Fluss nehmen

- Ich habe kein Ziel, und ich weiß nicht, wo ich ankomme.

- Ich spitze die Ohren, ich öffne die Augen – ich nehme die Umgebung in mich auf. Ich bin Teil der Situation.

- Ich spüre mich, ich bewege mich, ich beginne mit dem kleinen Finger, vielleicht mit den Augenbrauen. Ich lasse meinem Körper Vortritt.

- Ich sage *Ja* zu meiner ersten Idee, die mich spontan anfliegt. Sie ist freiwillig aufgetaucht – ich muss nichts Besseres finden.

- Ich lasse mich ein, mit Haut und Haar. Ich bin präsent und konzentriert.

- Spielideen entwickeln sich im Tun, nicht im Warten.

- Und wenn ich stocke und wenn ich glaube abzustürzen – es gibt immer ein *Weiter*! Und das immer wieder aufs Neue!

- Chaos ist erlaubt, und Regeln sind erlaubt. Es gibt nichts Falsches. Erlaubt ist was passiert und andere Menschen nicht verletzt.

- Jede Überraschung ist mir lieb. Freudig begrüße ich das Unvorhersehbare.

- Ich mische mich ein, ich klinke mich aus. Ich treibe dahin und werde getragen. Ich gestalte und nehme Einfluss. Im Wechsel liegt die Kraft.

- Ich bin in der Zeit – mein Rhythmus stimmt. Ich kann aufhören und wieder Abstand finden.

Aufgabe:

Durch welche Leitsätze fühlen Sie sich besonders angesprochen? Schreiben Sie ein paar Gedanken zu zwei, drei Leitsätzen auf!

....
....
....

Persönliche Ergänzungen:

Welche zusätzlichen Leitsätze können Sie für Ihre persönlichen Improvisationsschritte formulieren? Tragen Sie hier bitte noch ein paar Punkte nach.

....
....
....
....
....

Wendlandt: Veränderungstraining im Alltag. Arbeitsbogen 9. Thieme 2003

oder den Kästner studiert. Auch nicht, als ob sie mich durch geschickte Fragen auf den Punkt hinführte, auf welchen es ankommt ... Aber weil ich doch irgend eine dunkle Vorstellung habe, die mit dem, was ich suche, von fern her in einiger Verbindung steht, so prägt, wenn ich nur dreist damit den Anfang mache, das Gemüt, während die Rede fortschreitet, in der Notwendigkeit, dem Anfang nun auch ein Ende zu finden, jene verworrene Vorstellung zur völligen Deutlichkeit aus, dergestalt, dass die Erkenntnis, zu meinem Erstaunen, mit der Periode (Satzgefüge) fertig ist. Ich mische unartikulierte Töne ein, ziehe die Verbindungswörter in die Länge, gebrauche auch wohl eine Apposition (Beifügung), wo sie nicht nötig wäre, und bediene mich anderer, die Rede ausdehnender Kunstgriffe, zur Fabrikation meiner Idee auf der Werkstätte der Vernunft, die gehörige Zeit zu gewinnen. Dabei ist mir nichts heilsamer, als eine Bewegung meiner Schwester, als ob sie mich unterbrechen wollte; denn mein ohnehin schon angestrengtes Gemüt wird durch diesen Versuch von außen, ihm die Rede, in deren Besitz es sich befindet, zu entreißen, nur noch mehr erregt, und in seiner Fähigkeit, wie ein großer General, wenn die Umstände drängen, noch um einen Grad höher gespannt ... Ich glaube, dass mancher große Redner, in dem Augenblick, da er den Mund aufmachte, noch nicht wusste, was er sagen würde. Aber die Überzeugung, dass er die ihm nötige Gedankenfülle schon aus den Umständen, und der daraus resultierenden Erregung seines Gemüts schöpfen würde, machte ihn dreist genug, den Anfang, auf gutes Glück hin, zu setzen ... Ein solches Reden ist ein wahrhaft lautes Denken."

(Auszüge aus dem Text von Heinrich von Kleist: „Über die allmähliche Verfertigung der Gedanken beim Reden", entstanden 1805/1806; Ergänzungen im Klammern vom Autor.)

Machen wir uns eines noch einmal klar: Nicht die Fähigkeiten fehlen, eine Rede frei zu improvisieren, sondern das Zutrauen zu uns selbst fehlt. Wir glauben nicht daran, eine Rede improvisieren zu können. Früh schon in der Familie, im Kindergarten, später in der Schule haben uns die Mahnungen gelähmt, nicht drauf los zu quasseln, sondern erst zu überlegen, was wir sagen wollen. Jahrein jahraus, immer wieder dieses Diktat, erst von außen, von Erwachsenen verordnet, dann von uns selbst verinnerlicht und zu einer allgegenwärtigen Zensur geworden, die zunehmend unerbittlicher wird: „Erst denken, dann reden!" Und: „Wenn du schon den Mund aufmachst, dann muss etwas Gescheites herauskommen!" So, als ob erst ein inneres Produkt geschaffen werden müsse, geordnet und wohl abgewogen, ein Sprachgebilde, das fertig auf der Zunge zu liegen habe, bevor es nach außen gegeben werden dürfe. Kein Wunder, dass da die Spontaneität auf der Stecke bleibt. Wie schade – Sprechen ist zur Gefahr geworden, kein spannendes Abenteuer mehr...

■ Beispiel

Dorothea, die lange Zeit große Probleme mit dem freien Sprechen hatte, schreibt, nachdem sie den Text von Heinrich von Kleist gelesen hatte, Folgendes:
„Irgendwie anfangen, ein Risiko wagen, ins Wasser springen und sich treiben lassen. Die Wellen schaukeln mich mal hierhin, mal dorthin, mal ins offene Meer und mal zurück an den Strand ... Ich kann mich meinen Worten überlassen. Auf sie ist Verlass. Sie finden immer einen Weg. Sie wechseln sich ab, drängeln sich vor, vermischen sich, purzeln durcheinander, formieren sich, verraten mich, wissen mehr als ich. Sie sind da, wenn ich sie brauche, sie mischen sich ein, schaffen neue Realitäten. Ja, eine Erzählstrecke zu betreten, ist pure Lust. Ich kann ihnen erstaunt zuhören, meinen Worten – faszinierend, wie sie sich vergaloppieren und mich auf noch ungedachte Gedanken bringen!"

6.5 Improvisation als Element des Theaters und der Musik

Für das Theater beschreiben Brauneck u. Schneilin (1993, S. 411) Improvisation als „das spontane, freie Spiel ohne oder mit nur sehr umrisshaft skizzierter Vorgabe." Hier fallen die Prozesse der Textfindung (Autor), der Handlungsgestaltung (Regie) und der Darstellung (Schauspiel) zusammen. Eng verbunden mit der Improvisation ist das Stegreifspiel, bei dem sich die Handlung aus dem Prozess des Spielens entwickelt und das Publikum in die Handlung eingreifen kann. In der Theatergeschichte haben Improvisation und Stegreifspiel eine lange Tradition: Die Commedia dell'Arte, zum Beispiel, „als eine frühe Form der Stegreifkomödie breitete sich in ganz Europa aus, wobei sie im 17. und 18. Jahrhundert besonders großen Einfluss auf das französische und englische Lustspiel hatte. Die Typen und Masken der Commedia dell'Arte sind festgelegt, während der Text nach einem grob vorgegebenen Handlungsschema improvisiert wird. Die Aufführungen erfreuen sich großer Beliebtheit, weil die Darsteller und Darstellerinnen innerhalb des vorgegebenen Handlungsschemas auf die jeweilig konkrete Situation (Ort, Zeit, Publikum, gesellschaftliche und politische Situation) Bezug nehmen. Somit ist eine enge Beziehung zwischen Darsteller/in und Publikum möglich" (Siegemund 2001, S. 10). Die Aufführungen fanden nicht nur in Vorführungshäusern statt, sondern auch auf der Straße, an öffentlichen Plätzen und Märkten. Diese Art Straßentheater ist als die Kunst der Gaukler bekannt, der fahrenden Sänger und Akrobaten, der Jongleure und Komödianten. Sie hat sich seit dem Spätmittelalter bis ins 17./18. Jahrhundert hinein in ganz Europa verbreitet. Beim Straßentheater ist jede einzelne Aufführung (bei gleichem Programm) sehr unterschiedlich, laut oder leise, provokativ oder zahm, immer sehr einmalig – was sich aus der Abhängigkeit von den jeweiligen situativen Umständen ergibt. Batz u. Schroth (1993, S. 164) schreiben zum Straßentheater: „.... so paradox es klingt, seine Kraft und Überzeugung bezieht es nicht nur aus der Unabhängigkeit, sondern auch aus der Abhängigkeit, freilich aus der konkreten, bestimmten und realen: Welche Leute sind da, wie ist die Stimmung, wie ist das Wetter?"

> **Wichtig**
>
> Johnstone (2002), einer der bekanntesten gegenwärtigen Vertreter des Improvisationstheaters und Begründer des „Theatersports", stellt die Stärke der Gefühle und der emotionalen Beteiligung heraus, die mit den Improvisationen verbunden sind. Er will die Aufregung, die Spannung und die Leidenschaft ins Theater holen, will die „Ekstase der Zuschauer", die zu Beginn der Aufführung, ähnlich wie bei einer Sportveranstaltung, den Ausgang des Spiels noch nicht kennen. Auf professionellen Bühnen und in Amateurkreisen treten zwei (oder mehrere) Mannschaften vor Publikum gegeneinander an und kämpfen um die jeweils besser improvisierte Szene. Die Zuschauer werden am Geschehen beteiligt: Sie müssen Vorgaben bzw. Spielvorschläge unterbreiten, Abstimmungen vornehmen oder selbst als Mitspieler agieren.

Auch in der Musik kommt der Improvisation als eigenständige Ausdrucksform des Musikschaffens und -erlebens eine große Bedeutung zu. „Improvisation bekundet sich musikalisch als klingendes Ergebnis der Auseinandersetzung spontaner Eingebungen mit einer gestellten Aufgabe"; wer improvisiert, vermag also „über einen Gegenstand, der zur Aufgabe gestellt ist, unvermittelt produktiv (zu) werden" (Rieman u. Eggebrecht 1967, S. 390). Auch in der Musik wird der Begriff „Stegreifspiel" verwandt. „Stegreif" leitet sich ab vom Wort „Steigbügel": Der Reiter überbringt seine Nachricht und bleibt dabei im Steigbügel, ohne abzusitzen.

> **Wichtig**
>
> Der Wert der Improvisation wird in anderen Kulturen sehr hoch eingeschätzt, er übertrifft bei weitem die reproduktive Form des Musikmachens. Während es in der traditionellen europäischen Musik vor allem um eine korrekte Widergabe der Komposition geht, gilt nach Riemann u. Eggebrecht (1967, S. 391) „in den meisten außereuropäischen Hochkulturen ... die tongetreue Wiederholung eines Stückes als wertlos." Demgegenüber gilt die „Vorherrschaft der Improvisation gegenüber der Komposition ... seit jeher als eines der wesentlichen Merkmale des Jazz" (a.a.O., S. 391 f). Interessanterweise kann sich auch im Jazz – und das ist ähnlich wie bei den In-vivo-Improvisationen – nur dann die persönliche Gestaltungsfähigkeit des Spielers voll entfalten, wenn dafür ein Rahmen geschaffen wird, der die Unendlichkeit der musikalischen Ausdrucksmöglichkeiten eingrenzt und so erst ein Wechselspiel möglich macht. Berendt (1976, S. 131) hebt hier das Arrangement als einen solchen Rahmen hervor: „Die Jazzmusiker ... betrachten das Arrangement nicht als eine Behinderung der improvisatorischen Freiheit, sondern als Hilfe. Es ist für sie eine Erfahrungstatsache, dass die solistische Improvisation oft gerade dann besonders freie und unbehinderte Möglichkeiten finden kann, wenn der Solist weiß, was die mit ihm spielenden Musiker tun. Wenn ein Arrangement vorliegt, weiß er es. Deshalb haben viele der großen Improvisatoren – allen voran Louis Armstrong – immer wieder das Arrangement verlangt."

Musikalische Improvisation kann als ein Experimentierfeld verstanden werden, auf dem die beteiligten Personen miteinander kommunizieren: Sie geben Antworten aufeinander, reagieren, setzen sich in Bezug, setzen etwas „entgegen". Dies kann, so schreibt Fritz Hegi (1997, S. 61) „eine Bestätigung, eine Weiterführung, eine (neue) Frage, eine Nachahmung oder ein Kontrast, eine ‚Opposition' sein. Dort, wo in unserem Alltag Anpassungsforderungen, soziale Kontrolle und Repression oder Einheitsdenken, Gleichschaltung und Massenkonformismus vorherrschen, wird Opposition, als Gegen-Position, entweder schon im Keime erstickt oder dann gerade provoziert. Wird sie erstickt, so verschafft sie sich auf anderen Wegen Gehör, etwa als Schimpfen über die Mächtigen oder als Magengeschwür. Wird sie provoziert, kann sie – unter günstigen Voraussetzungen – zum Spielraum für sich anbahnende Entwicklungen oder zum Kräftespiel für sich anbietende Problemlösungen werden." Entwicklungen, von der musikalischen Improvisation angeregt, führen zu Überschreitungen der eigenen Grenzen – und dies bezieht sich nicht nur auf die eigenen instrumentalen oder stimmlichen Fähigkeiten, sondern auf die Person des Improvisierenden insgesamt. In diesem Sinne heißt Improvisieren neue Freiheiten zu gewinnen oder – wie Hegi (1997, S. 21) es ausdrückt- „die bisherigen Grenzen der Freiheit überschreiten zu lernen, ohne jemand anders dabei einzuschränken." Dabei sei die Improvisation „auch ein Erfahrungsraum, um das Zuhören so zu erweitern, dass es kein ‚falsch', ‚schlecht' oder ‚wertlos' mehr gibt, sondern nur noch ein ehrliches, offenes oder ein verstecktes So-sein."

6.6 Improvisation als Mittel der Veränderung

Improvisationstheater und improvisatorische Musik erweitern die Erlebniswelt der Spieler, wodurch sie neue Erfahrungen machen, die positive Auswirkungen auf ihre Persönlichkeitsentwicklung haben. Dieses Veränderungspotenzial, das in der Improvisation zum Ausdruck kommt, wird gezielt im Kontext der sozialpädagogischen Kulturarbeit (vgl. z.B. Koch u. Steisand 2003) eingesetzt: Es werden theaterpädagogische und musikpädagogische Ansätze gerade mit solchen Personengruppen durchgeführt, die üblicherweise mit traditionellen Beratungs- und Therapiekonzepten nicht erreichbar sind. So lernen beispielsweise Kinder und Jugendliche aus sog. Multiproblemfamilien „spielend", sich selbst und den eigenen Impulsen trauen zu können, wieder ungestraft Fehler machen zu dürfen, Zugang zur eigenen Kreativität zu finden und das depressive Gelähmtsein oder die gewaltsamen Aggressionen abzulegen, die durch das in unserer Gesellschaft allgegenwärtige Prinzip von Zustimmung und Ablehnung, von „richtig" und „falsch" mit hervorgebracht werden.

Lernerfahrungen und innerpsychische Veränderungsprozesse, wie sie in sozialpädagogischen Projekten tagtäglich hergestellt werden, finden natürlich ebenso in der In-vivo-Arbeit statt. Gruppenimprovisation entwickelt „soziales Verhalten, Kreativität und Initiative. Sie ist auch im Stande, psychischen Schädigungen entgegenzuwirken, denen Jugendliche ausgesetzt sind oder die sie sich, ohne es zu wissen, u.a. durch einseitige und verbissene Betätigung des Intellekts selbst zufügen" (Friedemann 1973, S. 7) In-vivo-Improvisationen können gezielt eingesetzt werden, um die Erreichung individueller Veränderungswünsche zu fördern. Dies gilt sowohl für Betroffene als auch für Helfer.

Bei der Durchführung von Improvisationsübungen ist mir immer wieder ein paradox anmutendes Phänomen begegnet: „Betroffene" bzw. „Klienten" gehen in der Regel auf In-vivo-Improvisationen aktiver zu, setzen sich mit den Aufgabenstellungen unmittelbarer auseinander als die so genannten „Normalen", die Helfer oder zukünftigen Trainer. Dabei könnte man vermuten, dass es genau umgekehrt sein müsste: Nichtbetroffene erscheinen vielfach angstfreier und wirken zuversichtlicher, ihre eigenen Kompetenzen erfolgreich einsetzen zu können. Doch es sind die Betroffenen, die mit all diesen Herausforderungen unbefangener umgehen und sich mutiger auf unbekannte Wagnisse einlassen. Vielleicht liegt das daran, dass Betroffene, die unter sozialen Ängsten leiden, sich ihrer Schwierigkeiten bewusst sind. Und sie haben sich bereits entschieden, Veränderungen einzuleiten, d.h. sie sind bereit, Misserfolge zu riskieren, da ihr Alltag doch vielfach gekennzeichnet ist durch das Erleben von Misserfolg und Versagen. Betroffene wissen genau: Ohne eigenes aktives Bemühen wird alles beim Alten bleiben. Therapeuten, Studierende bzw. Fortbildungsteilnehmer hingegen haben die Entscheidung, Risiken eingehen zu müssen, zumeist noch nicht getroffen. In der Regel gibt es für sie keinen handfesten Grund, die Grenzen der eigenen Person zu überschreiten – vielleicht weil Probleme oder Symptome noch nicht so deutlich zu Tage getreten sind. Allerdings erkennen Helfer und professionelle Trainer, die sich mit diesen Fragen auseinandersetzen, sehr schnell, dass In-vivo-Improvisationen auch für sie ein ungemein anregendes Veränderungsinstrument sind. Und dass das Spiel auf diesem „Instrument" hilfreiche Impulse zu geben vermag, die ansonsten lediglich aus therapeutischen Lehranalysen und berufsbezogenen Selbsterfahrungssitzungen gewonnen werden (s.o, Kap. 5.12: Selbstreflexion und persönliche Weiterentwicklung).

> **Wichtig**
>
> Augusto Boal, einer der ganz großen Theatermacher – brasilianischer Regisseur, Pädagoge, Autor und Politiker, Theoretiker und Schauspieler in einer Person – hat die Nähe von Theaterspiel und Therapie herausgearbeitet. Theater stelle einen Schlüssel zur Lösung aus seelischen Verstrickungen dar. Der Einzelne könne durch das bewusste Pendeln zwischen der fiktiven und der realen Welt, „durch die Selbstbeobachtung seiner Bühnenhandlungen sowie mit Hilfe des Spiegels, den ihm die mitspielende Gruppe vorhält, die eigene Wahrnehmung differenzieren und neue Perspektiven gewinnen." (Boal 1999, S. 9)

6.7 Spielaufträge für In-vivo-Improvisationen

Im Folgenden werden fünf Kategorien vorgestellt, die einen formalen Handlungsrahmen für In-vivo-Improvisationen darstellen (vgl. Hegi 1997): Ablauf und Inhalt der Improvisation können von einer Person oder einer Kleingruppe (A) beliebig gewählt werden, die Art, wie die Person B (oder eine andere Kleingruppe) damit umgeht ist jedoch festgelegt.

> **Beispiel**
>
> **Auftritte in der Öffentlichkeit: Kommunikation verbaler oder nonverbaler Art**
>
> (A beginnt, B reagiert entsprechend einer der unten aufgeführten fünf Kategorien)
> ▶ Bestätigen: Das Gehörte, Gesehene bestätigend aufgreifen
> ▶ Weiterführen: Das Vorgegebene mit eigenen Elementen versehen, etwas daran hängen, verlängern
> ▶ Nachahmen: Das Gehörte, Gesehene imitieren*
> ▶ Fragen: Teilaspekte des Vorgegebenen klären, befragen
> ▶ Sich in Kontrast begeben: Das Gegenteil tun bzw. etwas sehr deutlich anderes machen, sich abgrenzen

> Das Verhalten von B kann zaghaft oder heftig sein, vorsichtig oder unvorsichtig, leise oder laut, sozial erwünscht oder unerwünscht erscheinen, eine Überraschung darstellen oder wegen seiner Bekanntheit eher unbedeutend wirken.
>
> *In der In-vivo-Stunde mit Kindern, wie sie im Kap. 8.3 vorgestellt wird, imitieren die „Detektive" fremde Passanten; vgl. auch das „Doubeln" bei Batz u. Schroth (1993, S. 168).

Neben Aufgabenstellungen (wie die gerade vorgestellten), die eine bestimmte Form des Reagierens vorschreiben, werden für In-vivo-Improvisationen immer auch Themenstellungen für Stegreifreden benötigt. Sie lassen sich in der Einzelstunde oder aber in der Gruppensitzung erarbeiten, als gemeinsame Aktion zwischen dem Betroffenen und seinem Helfer. Oder der Betroffene erledigt diese Aufgabe als Hausaufgabe. Im dritten Teil dieses Buches sind Themenbeispiele zum Improvisieren aufgeführt (s. S. 132).

Nicht nur Themenstellungen können als Improvisationsimpulse dienen. Auch Rollenvorgaben stimulieren zu verbalen Ausflügen in die Fantasie oder zu Spielaktionen mit ungeahnter Kreativität. Wardle (in: Johnstone 2000, S. 9) fordert: „Schalte den verneinenden Intellekt aus und heiße das Unbewusste als Freund willkommen: Es wird dich an Orte führen, die du dir nicht hast träumen lassen, und es wird Dinge hervorbringen, die origineller sind als alles, was du erreichen könntest, wenn du Originalität anstrebst." Im folgenden Arbeitsbogen 10 sind unterschiedliche Rollenvorgaben mit dazu gehörenden Hinweisen zur Ausschmückung der Rolle notiert.

Spielideen für Alltagssituationen aller Art, in denen es um zwischenmenschliche Begegnungen und Kommunikation geht (auf Straßen und Plätzen, in Geschäften und öffentlichen Veranstaltungen, in Lokalen und Verkehrsmitteln), lassen sich anhand der 16 Kategorien der Selbstsicherheit erarbeiten (s. Wendlandt 2002 a, S. 134 ff): Betroffene können sich eine oder zwei Verhaltenskategorien auswählen (z.B. „Selbstsicheres Sprechen" und „Forderungen stellen") und dazu im öffentlichen Raum (für eine festgelegte Zeitspanne) Improvisationen durchführen. Bei einer In-vivo-Gruppenarbeit können jeweils zwei Personen dieselben Verhaltenskategorien erhalten – sie stoßen dann auf andere Zweier-

Rollenvorgaben für Improvisationsübungen

Die folgenden Rollenbeschreibungen können entweder
- als Spielvorlage dienen (die Rolle wird dann pantomimisch oder darstellend-verbal von einer Person übernommen, die Person spielt eine Szene aus dem Leben dieser Rolle)
- oder die Rollenvorgabe wird im Sinne eines Themas genutzt (der Spieler hält einen Vortrag zu sich selbst, nimmt eine Selbstbeschreibung vor).

Rolle/Thema	Stichworte/Spielanregungen
Ich bin der Jäger aus dem grünen Wald	Natur pur bei Tag und Nacht; auf dem Hochsitz sehe ich alles; Rehe und Hasen, Liebespaare und Fliegenpilze
Ich bin die Boutiquebesitzerin Carmen und für die persönliche Ausstrahlung zuständig	Schönheit, Klamotten, Schmuck, Accessoires, Aura
Ich bin der Dumme August, der arme Seppel, das dumme Lieschen, der Pechvogel	warum ich ausgelacht wurde; was man mir angetan hat; welche Fernsehrolle ich gerne spielen möchte
Ich bin der Kontrolleur vom Dienst, ich prüfe und messe alles und jeden	Ordnung muss sein! Was Recht ist muss Recht bleiben! Die Dinge ins Lot bringen.
Ich bin der letzte Heuler – ja das bin ich!	Hysterisch und laut; Aussehen wie eine Vogelscheuche; nicht mehr auf Anerkennung und Ansehen bedacht
Ich bin der Alleskönner, die Superfrau/der Supermann	unendlich klug; unendlich stark; erfolgreich; mit unendlicher Durchschlagskraft
Ich bin die Schönheitskönigin, Miss Welt, die Schönste auf dem ganzen Planeten	Kür zur Miss Universum auf dem Mars; Vorsitzende der SMP-Germany (Schöne-Menschen-Partei)
Ich bin der Schicksalsverbieger, ich kann den Zufall steuern, das Lebensrad bestimmen	Krise, Scheidung, Tod; Zeitmaschine, Zeitsprung; die Uhr rückwärts drehen, die Zukunft erblicken; wo ein Anfang ist muss kein Ende sein
Ich bin der freche Tunichtgut	über die Stränge schlagen, kein Blatt vor den Mund nehmen, aus dem Häuschen sein, verrückt spielen
Ich: ein Außerirdischer in Menschengestalt	zahm und müde; gefährlich und raffiniert; unberechenbar und außer Kontrolle
Ich bin der Hamster Nimmersatt	Hamburger und Big Mac, Süßigkeiten und Gummibärchen; Ärger und Sorgen in sich hinein fressen; Sex und Abenteuer
Ich bin dein Herr, dein Gebieter	Mann – Frau, Herr – Knecht, Geist in der Flasche – armer Menschenwurm
Ich bin Nessi, das Ungeheuer von Loch Ness	Segelbootpartie, Badeferien, Menschenfresser, verzauberte Prinzessin

Wendlandt: Veränderungstraining im Alltag. Arbeitsbogen 10. Thieme 2003

gruppen mit anderen Verhaltenskategorien („Das Wort ‚Ich' verwenden" und „Blickkontakt halten"). Dabei können auch konkurrierende Aktionen stattfinden („Kontakt knüpfen" – „Kontakt ablehnen" oder „Wünsche äußern" – „Nein sagen"). Oder die improvisierenden Paare ergänzen sich, verstärken ihre Aktionen („positive Gefühle zeigen" – „jemanden loben"). Die Technik der Modellvorgabe und des Rollentausches (durch den Helfer oder Mitspieler) erweisen sich hierbei wieder als ausgesprochen unterstützend.

Beispiel
Kategorien der Selbstsicherheit – Beispiele

- Selbstsicheres Sprechen: laut und deutlich sprechen; die Aussage klar und eindeutig formulieren; die Stimme variabel einsetzen; sich in ein Gespräch einmischen; jemanden unterbrechen; jemanden anweisen; mit Mimik und Gestik die eigenen Aussagen unterstreichen

- Forderungen stellen: den eigenen Wunsch direkt und bestimmt mitteilen; auf der eigenen Forderung beharren, auch wenn das Gegenüber ausweicht; Bedingungen stellen

- „Ich" verwenden: Das Wort „ich" statt „man" und „wir" verwenden; die eigenen Leistungen und Fähigkeiten benennen; stolz auf sich sein.

- Blickkontakt aufnehmen und halten: jemanden anblicken; dem Blick anderer standhalten; dabei zugewandt und lebendig von der Mimik und Gestik sein; flirten

- Kontakt knüpfen: Personen ansprechen, einen Dialog führen; das Gegenüber für sich interessieren; Gemeinsamkeiten herausstellen; Sympathie ausdrücken; die Beziehung zum anderen zum Thema machen

- Wünsche äußern, Bedürfnisse anmelden: Eigene Wünsche formulieren, die persönliche Interessenlage mitteilen; eine Person um Hilfe/Unterstützung bitten; eigene Absichten unmissverständlich an den richtigen Adressaten richten

- Nein sagen: sich abgrenzen; ablehnen; sich der Erwartung oder Forderung eines anderen widersetzen

- Gefühle ausdrücken: zu den eigenen Empfindungen stehen, die eigenen Gefühle mitteilen; sensibel für die eigene Befindlichkeit und die anderer Menschen sein; Tränen zulassen können; über Persönliches reden

- andere loben: direkt ausdrücken, was einem an einer anderen Person gefällt; Mut haben, die eigenen Empfindungen offen mitzuteilen

In: Wendlandt 2002 a, S. 136.

Die hier vorgestellten Anregungen für In-vivo-Improvisationen (Handlungsart, Rollenbeschreibung, Thema) lassen sich als Regieanweisungen verstehen: sie geben einen Rahmen vor, zeigen, wie das Spiel arrangiert werden kann und liefern Sicherheit für das gemeinsame Handeln. Dies ist bei unseren In-vivo-Improvisationen nicht anders als bei den Improvisationen des Jazz, die nur dann wirklich gut funktionieren (abgesehen vom Freejazz), wenn Vorgaben existieren (s. oben die Ausführungen zum Thema „Arrangement").

6.8 Es ist in Ordnung mit den Füßen aufzustampfen und Mist zu bauen

Improvisationsarbeit bedeutet einzutauchen in die Umgebung, offen für die Situation zu sein, offen für das Offensichtliche und offen für all das, was zwischen den Zeilen liegt. Und: Wichtig ist wahrzunehmen, was vorhanden ist und sich anmuten lassen. Die Atmosphäre schnuppern, den Wind rauschen hören und sich erlauben verwirrt zu sein, wenn der Blick noch verhangen ist. Alles anfassen, was keine Verbrennungen macht. Alles in den Mund nehmen, was andere auch essen. Mauern errichten, wo Schutz nötig ist. Heftig mit den Füßen aufstampfen können. „Bevor wir spielen können (Erfahrungen machen können), müssen wir die Freiheit dazu erlangt haben. Es ist notwendig, Teil der Umwelt zu werden und diese durch Berühren, Sehen, Fühlen, Schmecken, Riechen real zu machen – wir suchen den direkten Kontakt mit der Umgebung. Die Umgebung muss erforscht, infrage gestellt, akzeptiert oder abgelehnt werden." (Spolin 1983, S. 20)

■ Beispiel

Christine K., Logopädin und Schauspielerin, spricht von der Leichtigkeit, die durch die In-vivo-Arbeit weht. Sie spielt und improvisiert gerne mit ihren Klienten – im Therapiezimmer ebenso wie in der U-Bahn. Sie glaubt zu wissen, warum In-vivo-Arbeit oft nur zögerlich von Kolleginnen genutzt wird: „Es geht um den Antrieb", schreibt sie mir, Klienten wie Therapeuten seien gleichermaßen „lustlos". Logopäden würden sich „zwingen", den Behandlungsraum zu verlassen: „Ich muss raus! Das ist halt Teil meines Konzeptes ... hinaus ins Leben". Sie würden dann, wohl oder übel, den Schutzraum verlassen. Die Klienten hingegen meinen: „Ich muss dorthin, wo ich mich fürchte, muss mich quälen, mich erniedrigen lassen. Die Therapeutin zwingt mich, es ist ihr Konzept. Zähne zusammenbeißen, ich muss da durch." Und Christine fragt: „Wo bleibt, bei soviel Druck, die Lust an der gemeinsamen Veränderungsarbeit?" Sie fährt fort: „Es gilt, die Lust am Lampenfieber herauszukitzeln! Lampenfieber ist gruselig, unberechenbar (bis man es kennt und schätzen lernt!), macht feuchte Hände und einen heißen Kopf und lässt dich innerlich ‚Hilfe' schreien." Christine bekennt dann: „Es muss sein, ich muss auf die Bühne (des Lebens), die anderen warten darauf. Ich habe aber auch die Möglichkeit zu sagen: Ich lebe! Mein Körper zeigt es mir ganz deutlich, es kribbelt, ich bin zu 100% wach, ich habe eine Chance mich zu zeigen, mich zu riskieren, etwas Neues zu erfahren, etwas zu wagen! Ich habe Lust mich zu zeigen, Lust auf Menschen, auf Kontakt, Kommunikation, Lust gesehen zu werden, Lust, mich laut zu streiten ... Erst mit dem Lustfaktor in der Hosentasche – und auch die Therapeutin muss ihre Lust finden! – kann das In-vivo-Training gelingen!" Christine erzählt von Markus, der bei ihr in Behandlung war und sein Ziel für die In-vivo-Arbeit kannte. Super motiviert habe er sich als Verkäufer einer Obdachlosenzeitung anstellen lassen, um zweimal in der Woche die Zeitungen in der Berliner U-Bahn zu verkaufen. Und das für die Dauer eines halben Jahres. In jedem Abteil neue Gesichter, in jedem Abteil Herausforderungen, die nicht vorhersehbar sind. Markus hat sein Ziel erreicht, die Angst vor dem Auftreten in der Öffentlichkeit ist verschwunden, und auch die Angst vor dem eigenen Stottern. „Der Lustfaktor hat die Arbeit sowohl für ihn als auch für mich mit Leichtigkeit erfüllt."

Für Johnstone bedeutet wirkliches Lernen, Fehler zu riskieren. Er sagt: „Es geht nicht darum, Scheitern zu vermeiden, sondern es weniger schmerzhaft zu machen" (1998, S. 40). Und er rät, das Radfahren auf der Wiese zu lernen, damit man weniger Hautabschürfungen riskiert. Wenn wir bei unseren Improvisationsübungen anfangen, Fehler vermeiden zu wollen, haben wir bereits akzeptiert, dass die Dinge wieder ihren gewohnten Lauf nehmen – das Altbekannte und Ungelittene tritt zu Tage. Dabei würde ein Malheur eine Menge Kreativität freisetzen. Es gilt, Unvollkommenes anzunehmen, *Ja* zu Fehlern zu sagen. Sie sind Überraschungen und Wendepunkte, die interessante Aufgaben stellen und neue Themen ins Spiel bringen. Fehler werden zu Impulsen. Das gilt für unsere gesamte In-vivo-Arbeit, ja, für all unsere Veränderungsbemühungen. So kann hier abschließend der Satz von Johnstone als Mahnung für unsere In-vivo-Improvisationen verstanden werden: „... und improvisiert unter Leuten, die verstehen, dass es in Ordnung ist, Mist zu bauen" (a.a.O., S. 40).

7 Beispiele von In-vivo-Sitzungen (mit Aufgabenstellungen)

In den vorangegangenen Kapiteln wurden bereits die unterschiedlichen Aspekte der In-vivo-Arbeit vorgestellt. Verschiedene Vorgehensweisen und methodische Arbeitsprinzipien wurden erläutert und Interventionen des Helfers beschrieben; auch der Umgang mit Problemen wurde berücksichtigt. Aber wie lassen sich alle diese Gesichtspunkte in eine Behandlungsstunde integrieren? Wie kann es gelingen, die vielen unterschiedlichen Ansprüche an die In-vivo-Arbeit innerhalb eines Zeitraumes von beispielsweise 60 Minuten zu realisieren?

Mithilfe von vier ausgewählten Beispielen soll ein exemplarischer Einblick in die Sitzungsgestaltung gegeben werden: Dabei wird das praktische In-vivo-Vorgehen detailliert dokumentiert. Anhand der einzelnen Sitzungsabläufe werden die unterschiedlichen Inhalte und Arbeitsformen der Sitzungen deutlich. Ebenfalls wird erkennbar, welcher Art die Erfahrungsräume und Trainingssituationen sein können, damit sich die gewünschten Veränderungen einstellen.

▶ Beim ersten Beispiel handelt es sich um eine Sitzung mit sieben Therapeutinnen bzw. Therapeuten, die in die In-vivo-Arbeit eingeführt werden: Unvorbereitet werden sie – mit unterschiedlichen Aufgabenstellungen versehen – zum Sprung ins „In-vivo-Wasser" gebracht.
▶ Das zweite Beispiel zeigt, wie drei Betroffene, die im Rahmen einer Therapie die Progressive Muskelentspannung erwerben (eines der bekanntesten Entspannungsverfahren) und nun in vivo lernen, ihren eigenen Körper sensibel wahrzunehmen und aktuell vorhandene Spannungen gezielt zu lösen.
▶ Das dritte Beispiel verdeutlicht, wie das Thema „Selbstsicherheit erwerben" mit einer Kindergruppe bearbeitet werden kann: Im Stadtzentrum liegen die Detektive auf der Lauer und beobachten fremde Menschen.
▶ Zum Abschluss wird eine In-vivo-Arbeit in der U-Bahn vorgestellt, wobei es um den Abbau von Scham- und Minderwertigkeitsgefühlen geht.

Wer selbst In-vivo-Arbeit praktizieren möchte, wird die in diesem Kapitel zusammengestellten Informationen nutzen können, um eigene Sitzungsplanungen realistisch vorzunehmen. Mit ein bisschen Übung kann sich ein Gefühl dafür entwickeln, was „machbar" ist und was nicht. Um diesen Erfahrungszuwachs zu unterstützen, sind nach der Schilderung jedes In-vivo-Beispiels Aufgabenstellungen für den Leser angefügt, die zu einer weiterführenden Sitzungsplanung anleiten.

Die vier Sitzungsbeispiele verweisen noch einmal auf zweierlei:
▶ zum einen auf des Verhalten des Helfers (siehe hierzu Kap. 5: „Fähigkeiten des In-vivo-Trainers", S. 43ff),
▶ zum anderen auf den dritten Buchteil, in dem eine systematische Anleitung für die Durchführung von In-vivo-Arbeit erfolgt und die wichtigsten Prinzipien des Vorgehens gründlich erläutert werden.

7.1 Erste In-vivo-Sitzung mit sieben Therapeuten: berufsbezogene Selbsterfahrung

Im Rahmen einer beruflichen Fortbildung von Therapeuten steht das Thema „In-vivo-Arbeit" auf der Tagesordnung. Die anwesenden 7 Teilnehmer werden, ohne dass dies vorher angekündigt wurde, auf die grüne Vorstadtstraße gebeten und darüber informiert, dass der Einstieg in das heutige Thema „ganz praktisch" erfolgen wird. Die Teilnehmer sind gespannt und mitarbeitsbereit. Der Trainer verteilt spontan Aufgabenstellungen. Die Gesamtdauer der In-vivo-Aktivitäten, die unten tabellarisch aufgeführt sind, umfasst etwa 50 Minuten. Bitte lesen Sie nun die Beschreibung der In-vivo-Sitzung in der nachfolgenden Tabelle.

Für Leser, die selbst nicht Helfer sind, soll hier angemerkt werden, dass die Methode „In-vivo-Arbeit", wie andere beraterische und therapeutische Methoden auch, im Rahmen der Aus-, Fort- und Weiterbildung für psychosoziale Berufsgruppen systematisch vermittelt werden kann. Dabei ist insbesondere die Eigenerfahrung ein unverzichtbarer Lernbaustein: Die Helfer erhalten Aufgabenstellungen, die bei ihnen mit Unsicherheiten und Ängsten verknüpft sind. Auf diese Weise lernen sie nicht nur das methodische Vorgehen der In-vivo-Arbeit kennen (anhand des Modells ihres In-vivo-Trainers), sie lernen ebenfalls, wie es ihren Klienten wohl gehen mag, mit denen sie später selbst In-vivo-Sitzungen durchführen werden. Und sie haben die Chance, bei der Bearbeitung ihrer eigenen Probleme ein Stückchen voranzukommen. Dieser Aspekt, eine berufliche Selbsterfahrung für Therapeuten zu ermöglichen, ist ein besonderes Anliegen der hier vorgestellten Fortbildungs-In-vivo-Arbeit.

Nach den In-vivo-Aktivitäten mit den Therapeuten findet eine Gesamtauswertung der Eigenerfahrungen statt, nun aber innerhalb der Fortbildungsräume. Es wird über Gefühle und Gedanken berichtet – jeder bringt sich mit seinem Erleben ein. Noch ist ein Nachklingen der eigenen Aufgeregtheiten zu spüren. Es werden bedeutsame Erfahrungen formuliert, die sowohl die eigene Person, als auch den spontanen Umgang mit schwierigen In-vivo-Aufgaben betreffen. Welche Schlussfolgerungen ziehe ich aus den gewonnenen Erfahrungen? Gibt es Erkenntnisse über mich oder über das Vorgehen bei der In-vivo-Methode, die ich festhalten möchte? Was begünstigt die Ausführung schwieriger Handlungsschritte während der In-vivo-Arbeit? Diese Fragen werden während der Gesamtauswertung, die etwa 50 Minuten dauert, erörtert. Arbeitsbögen zur vertieften Eigenreflektion werden als Hausaufgaben mitgegeben (z.B. die Arbeitsbögen 8 und 25, s. S. 60 und 143). Die Gruppe ist begierig, weitere In-vivo-Erfahrungen zu sammeln. Ein Termin für eine zweite Sitzung, die wieder eine Selbsterfahrungssitzung sein soll, wird vereinbart.

Ablauf der Übungsstunde	Vorgegebene Aufgabe/Übung	Was wird erfahren/„gelernt"?
Die Gruppe geht zu einer kleinen Kreuzung. Vier Gruppenmitglieder werden gebeten, sich jeweils an eine der Ecken mit Blick zur Straße zu postieren. Die anderen Teilnehmer treten zurück und beobachten.	Jede Person an ihrer Ecke spricht laut vor sich hin; Thema: Was nehme ich wahr?	Sich dem Risiko aussetzen aufzufallen; zur Ruhe kommen während öffentlicher Selbstpräsentation
Autos passieren die Kreuzung, Passanten laufen vorbei. Die „Eckensteherinnen" haben sich „akklimatisiert". Der Trainer gibt neue Aufgabenstellung:	Parallel stattfindende Über-Kreuz-Gespräche: Zwei Eckensteherinnen unterhalten sich über Gestaltung und Verlauf des heutigen Abends: Was unternehme ich noch?	Der situative Rahmen erfordert automatisch ein deutlicheres und lauteres Sprechen; Zugewandtheit und Körperausdruck werden forciert
Ein Jogger bleibt stehen und fragt die Beobachter, was hier stattfinde. An seiner Aussprache wird deutlich, dass er Engländer ist. Der Trainer spricht eine der Beobachterinnen auf Englisch an (mit fehlerhafter Aussprache und Grammatik = einfache Modellvorgabe), und bittet sie auf Englisch, den Sachverhalt zu erläutern.	Sachliche Erläuterungen in der Fremdsprache	Schnelles Umschalten in die englische Sprache; Umgang mit Unsicherheiten, zu den eigenen Fehlern stehen

Ablauf der Übungsstunde	Vorgegebene Aufgabe/Übung	Was wird erfahren/„gelernt"?
Die Eckensteherinnen werden herbeigerufen, alle zusammen werden sie vom Trainer in die Englisch-Runde integriert.	Fachliche Ergänzungen und persönlichen Kontakt herstellen	Berufliches Thema (In-vivo-Arbeit) auf Englisch erläutern; Konversation in Englisch führen
Nach Abschluss der Englisch-Runde erhält Hennig die Aufgabe, sehr langsam den Bürgersteig allein entlang zu laufen und dabei sehr auffällige Körperbewegungen zu machen (ruckartig, zappelig). Der Trainer ist kurz Modell.	100 Meter sehr verlangsamtes Vorwärtsschreiten mit zuckenden Gliedmaßen und heftigen Kopfbewegungen, Passanten „ausblenden"	„Auffälligsein", „im Mittelpunkt stehen" kann bewusst erlebt werden; Umgang mit Gefühlen von Peinlichkeit und Scham (wie sie Betroffene erleben)[1]
Nach Auswertung von Hennigs Aktion wird Annette gebeten, auf eine Straßenbank zu steigen und stehend von dort oben eine Rede zu halten	In der Rolle einer Gartenarchitektin Improvisation zum Thema Vorstadtbegrünung	Erleben eines Regelverstoßes (auf Sitzbank stehend), Konfrontation mit Verinnerlichung sozialer Normen; Aktivierung von Strategien der Selbstsicherheit/-ermutigung
Passanten bleiben stehen, ein Mann mit Hund nickt zustimmend. Der Trainer bittet Liane, den Mann in einen Smalltalk zum Thema Hunde zu verwickeln (Annette spricht derweil weiter)	(für Liane:) Kontakt herstellen, Körpersprache (Mimik, Gestik, Blick) einsetzen, dabei wiederholt kleine Sprachunflüssigkeiten (Symptome) zeigen	Nachempfinden der Situation eines Betroffenen; Bewältigung eigener Unsicherheit bei der Beziehungsherstellung[2]
Barbara (die gerne singt) wird auf eine ca. 50 m entfernt stehende Spielplattform („Hochsitz") eines Spielplatzes gebeten, halb verdeckt von Sträuchern und Bäumen	Alleine, aus der Ferne, oben stehend, laut singen, durch Rufen zwischendurch immer wieder Kontakt zur Gruppe herstellen	„Abgesondert" von den anderen, auf sich alleine gestellt, auffallen; Stimme laut tönen lassen, selbstbewusst rufen; Bewältigung von Lampenfieber und sozialen Ängsten
Im Kreis stehend wertet die Gruppe die Erfahrungen von Annette, Barbara und Liane aus; Weiterlaufen zur nächsten Kreuzung; Claudia wird zur gegenüberliegenden Litfasssäule gebeten	In der Rolle einer Stadtplanerin zur Bedeutung von Litfasssäulen in der heutigen Stadtlandschaft Stellung nehmen; der Trainer stellt laute, zum Teil schwierige Zwischenfragen	Konfrontation mit innerer Zensur und Vermeidungsverhalten; Mut zum Improvisieren entwickeln, Angstbewältigungsstrategien erproben[3]
Passanten hören interessiert zu. Der Trainer geht mit Janin zur Litfasssäule (Dank an Claudia), stellt sie als Konfliktexpertin vor und weist auf ein Plakat „Erotik" mit leicht bekleideter Schönheit	Zum Thema „Partnerschaft" Stellung nehmen	Lernziele wie oben: Wahrnehmen eigener Befindlichkeiten, Erproben von Bewältigungsstrategien, Improvisation
Gemeinsames Zurücklaufen, Gespräche in Kleingruppen		

[1] Hennig schreibt dazu: „Familie von 6 Personen kam entgegen, Autos, andere Passanten. Ich hatte das Gefühl ‚im Rampenlicht zu stehen', sehr aufzufallen, als schaute die ganze Straße mir zu. Das war unangenehm. Hilfreich fand ich zu wissen, dass in meinem Rücken eine Bande Gleichgesinnter mich wohlwollend beobachtet. Die Zusammengehörigkeit war wichtig, motivierend und schützend. Trotz des offensichtlichen ‚Spielens' bin ich durchgerüttelt worden, große Hormonausschüttung – das habe ich vorher nicht so stark erwartet. Die In-vivo-Arbeit kann man nicht theoretisch durchführen bzw. nur darüber sprechen. Eine Gruppe und klare Vorgaben machen es eigentlich erst möglich!"

[2] Liane: „Das Stottern vor 'nem Fremden, der denken wird, dass ich immer stottere, war leichter als ich dachte. Der Anfang war schwer: Ich wusste nicht, wann genau ich ihn ansprechen sollte."

[3] Claudia: „Wichtig war für mich, dass ich mit einem neugierigen offenen Gefühl mitgemacht habe und nicht mit einer negativen Einstellung (ich kann das nicht/was soll das). Die positive Einstellung zu den anderen und zu meiner Aufgabe hat mir geholfen, den Kontakt zur Gruppe zu behalten, mich gut zu fühlen und deshalb mich auszuprobieren und darzustellen."

7.1 Erste In-vivo-Sitzung mit sieben Therapeuten: berufsbezogene Selbsterfahrung

Stellen Sie sich selbst einmal vor, Sie könnten diese zweite In-vivo-Sitzung für die Gruppe der Therapeuten planen. Was sollten Therapeuten lernen? An welche Situationen, an welche Aufgabenstellungen würden Sie Therapeuten gerne heran führen? Bedenken Sie: „Therapeuten sind auch nur Menschen!" Auch Therapeuten gewinnen nur Freude an einer Methode, wenn sie damit gute Erfahrungen sammeln können und Erfolge haben! Organisieren Sie „gute Erfahrungen". Derjenige, der Sitzungen plant, ist mitverantwortlich dafür, ob das Handtuch geworfen wird oder die selbstständige Weiterarbeit mit der Methode vorankommt.

Aufgabe

Bitte machen Sie ein paar Notizen zum Thema „Meine Ideen für die zweite In-vivo-Sitzung":
....
....

Überprüfen Sie bitte noch einmal, ob Sie selbst mit den vorgeschlagenen Aufgaben zurecht kämen! Und wenn Sie mit „Ja" antworten können, dann ...

(Stopp! Stellen Sie sich jetzt bitte vor, dass es eine Unterbrechung gibt, Sie können hier und jetzt nicht weiter lesen, diese Seite ist zu Ende oder Sie haben Ihre Brille verlegt. Jetzt geht es erst einmal darum, die Aufgabe oben zu erfüllen. Also: Machen Sie sich gleich an die Planung der nächsten In-vivo-Sitzung für die Therapeuten. Und erst danach finden Sie Ihre Lesebrille wieder oder Sie finden wieder Zeit zum Weiterlesen.)

So. Sie haben die Sitzungsplanung vorgenommen. Nun erhalten Sie eine kleine zusätzliche Aufgabe: Bitte führen Sie alle Aufgabenstellungen, die Sie für die Therapeuten geplant haben, selbst durch. Machen Sie das einmal! Oder zweimal. Überzeugen Sie sich, ob Sie die Situationen tatsächlich bewältigen! Überzeugen Sie sich nicht irgendwann einmal. Testen Sie es spätestens morgen. Und werten Sie Ihre Erfahrungen aus: Was fanden Sie bemerkenswert?
....
....

7.2 Erste In-vivo-Sitzung mit drei Betroffenen: Körperwahrnehmung und Spannungsreduktion

Drei Männer einer Therapiegruppe, die unter sozialen Ängsten leiden, und ihr Therapeut treffen sich in einer sehr belebten Einkaufsstraße. Das heutige Sitzungsziel lautet: Experimente im Alltag zur Wahrnehmung von Körperspannung durchführen und Einfluss auf den Spannungsgrad der Muskulatur gewinnen. Dieses Ziel steht im Bezug zur Arbeit im Behandlungsraum, an der sonst auch noch vier Frauen teilnehmen. Die Sitzungen finden seit drei Monaten einmal pro Woche statt, z.Zt. geht es dort um den Erwerb der Progressiven Muskelentspannung nach Jacobson und um die Kontrolle bzw. Bewältigung der Symptomatik (emotionale und körperliche Erregungszustände, soziale Ängste sowie Kommunikationsstörungen). Für die drei Männer der Gruppe (Alter zwischen 33 und 42 Jahren) ist es heute die erste In-vivo-Sitzung. Sie dauert ca. 75 Minuten.

> **Wichtig**
>
> Angst und Entspannung sind zwei Zustände, die sich nicht miteinander vereinbaren lassen: Wenn Angst da ist, ist der Mensch aufs Äußerste angespannt. Wenn Entspannung vorherrscht, kann sich keine Angst breit machen. Entspannungsverfahren werden aus diesem Grund auf der ganzen Welt im Rahmen von Beratung und Therapie eingesetzt. Dabei kommen sehr unterschiedliche Entspannungsverfahren zum Einsatz. Vaitl u. Petermann (2002) sowie Payne (1998) berichten über die wichtigsten Entspannungsmethoden, ihre theoretischen Grundlagen und Anwendungsfelder. Trotz der großen Verbreitung und der guten Wirksamkeit von Entspannungsverfahren fällt allerdings immer wieder auf, dass vielen Nutzern von Entspannungstechniken die Möglichkeit zum Entspannen meist nicht dort zur Verfügung steht, wo sie gebraucht wird – nämlich in Situationen, die „wehtun", wenn Symptome auftreten oder wenn heftige Unruhe und panikartige Gefühle einen Kontrollverlust befürchten lassen. Die Fähigkeit, gezielt loslassen zu können, beschränkt sich vielfach auf Situationen, in denen sowieso die Angst geringer ist. Dies darf nicht verwundern, da in der Regel doch nur auf dem bequemen Entspannungsstuhl des Helfers geübt wird, in einem freundlich ausgestatteten Arbeitszimmer oder im stillen Kämmerlein zu Hause. Will man Entspannungsfähigkeiten unmittelbar in Stresssituationen zur Verfügung haben und Einfluss auf die quälenden körperlichen und psychischen Befindlichkeiten nehmen können, dann ist es erforderlich, genau in diesen „hässlichen" Situationen zu trainieren, genau sie als Lernfeld für das Entspannen zu nutzen. In diesem Sinne umfasst eine gründliche Vermittlung von Entspannungsmöglichkeiten eine Trainingsarbeit im Alltag. Und das ist In-vivo-Arbeit. Betroffene lernen, in realen Belastungssituationen die eigenen Reaktionsweisen des Körpers überhaupt erst einmal wahrzunehmen, sensibel für die unterschiedlichen Spannungszustände ihrer Muskulatur zu werden und in der Folge dann auch Einfluss auf ihre Verspannungen zu nehmen (vgl. hierzu: „Entspannung im Alltag. Ein Trainingsbuch", Wendlandt 2002 d)

Bitte lesen Sie nun den Ablauf der Übungsstunde in der tabellarischen Übersicht (s. unten)! – Sie werden feststellen, dass es sich um Aufgabenstellungen handelt, die es dem Einzelnen ermöglichen sollen, ein Gefühl für den eigenen Körper zu entwickeln und angesichts der vielen ablenkenden Umgebungseinflüsse die Wahrnehmungsfähigkeit für eigene Körperempfindungen zu verbessern. Noch geht es nicht um „Entspannung" – viel grundlegender ist erst einmal die Entwicklung einer „Sensibilität" für das eigene Körperempfinden!

7.2 Erste In-vivo-Sitzung mit drei Betroffenen: Körperwahrnehmung und Spannungsreduktion

Ablauf der Übungsstunde	Vorgegebene Aufgabe/Übung	Was wird erfahren/„gelernt"?
Menschengedränge, Freitagnachmittag, mehrstöckiges Einkaufszentrum, die Gruppe fährt mehrfach auf dem Rollband, das das Erdgeschoss mit dem 1. Stock verbindet.	Auswirkungen des Rollbandes auf den Körper spüren	Kontakt zum Boden wird wahrgenommen, Vibration in den Fußsohlen, vor-/zurückgebeugte Körperhaltung in Abhängigkeit vom Auf- bzw. vom Abwärtsfahren
Rundgang im ersten Stock, dabei Auswertung der vorausgegangenen Übung; anschließend (im geschlossenen Viererkreis stehend) gibt der Therapeut Entspannungsinstruktionen	Anspannen und Lösen einzelner Muskelpartien, dabei stilles Mitverbalisieren der Therapeuteninstruktionen	Sensibilisierung für unterschiedliche Körperpartien und Spannungszustände in den Muskeln, Erwerb von Selbststeuerungsmöglichkeiten in einem Alltagskontext
Nach Auswertung der Übungserfahrung macht jeder für sich noch ein-/zweimal alleine den Rundgang	Fußsohlen am Boden spüren, mit dem Lauftempo spielen, eigenen angenehmen Rhythmus finden	Eigene Erfahrungen mit Selbstinstruktionen körperbezogener Art finden statt, Achtsamkeit und Empfindungsintensität für Körperwahrnehmungen nehmen zu; Bewusstheit für Möglichkeit der Einflussnahme auf automatisierte Vorgänge (Bewegungsablauf „Laufen") kann entstehen
Spaziergang durchs Einkaufszentrum in Zweierpaaren mit Rollenwechsel (alle Klienten spielen ein-/zweimal „Therapeut"; der Therapeut ist mehrfach „Klient")	Der „Therapeut" soll Körperpartien (z.B. „rechte Hand", „Fußsohle links") benennen oder kurze Entspannungsinstruktionen geben („Schultern senken", „Stirn locker"), die neben ihm laufende Person soll diese Instruktionen leise wiederholen	Sensibilisierung für Körperpartien in beiden Rollen; Erwerb der Fähigkeit zur Selbstinstruktion in beiden Rollen; differenzielles (auf einzelne Muskelgruppen bezogenes) Wahrnehmen und Lösen von Spannungszuständen
Auswertung. Fahrt mit der Rolltreppe in den 2. Stock. Dann: Vormachen – Nachmachen: Der Therapeut steht auf der einen, die Klienten (jeder für sich) stehen auf der anderen Seite der Passage (Distanz 3–5 m), der Therapeut signalisiert (mimisch/gestisch), ohne dass dies für Dritte auffällig wäre), welche Körperpartie kurz angespannt und dann gelöst werden soll (ballt z.B. die Faust, presst die Lippen, runzelt die Stirn), anfangs langsames, dann zunehmend schnelleres Tempo	Wechsel der Aufmerksamkeitszuwendung von einer zur nächsten der signalisierten Körperpartien; Umschalten von einem hohen auf ein geringes Spannungsniveau	Spannungsaufbau und gezielte Spannungssenkung wird als ein (auch im Alltagsgeschehen) selbst herzustellender Vorgang erkannt; Überzeugung kann reifen, dass mehr Freiheitsgrade als bisher angenommen hinsichtlich Beeinflussung von Erregungszuständen bestehen
Alle verlassen das Einkaufszentrum und laufen über die belebte Geschäftsstrasse; Pause am Kiosk/Imbiss; nach gemeinsamer Zwischenbilanz neue Aufgabenstellung als Einzelerfahrung (jeder für sich), mindestens 3 Minuten	„Schreiten wie ein König, aufrecht und stolz, erhobenen Hauptes, als wären Sie noch ein paar Zentimeter gewachsen, in die Ruhe gehen, bei sich bleiben, den Trubel um sich herum ausblenden, schreiten wie ein König"	Etablierung eines positiven Körpergefühls durch die eigene Vorstellungskraft: Ergänzung der bisherigen körperbezogenen Bewältigungsstrategie (Spannungsreduktion) durch kognitive Strategie

Ablauf der Übungsstunde	Vorgegebene Aufgabe/Übung	Was wird erfahren/„gelernt"?
Auswertung sitzend auf Blumenkübeln; dann werden noch einmal Zweierpaare gebildet (neue Gruppenzusammensetzung, alle spielen wie oben mehrmals „Therapeut")	Der „Therapeut" benennt Körperpartien (z.B. „linke Handinnenfläche") oder gibt Entspannungsanweisung („Unterkiefer absenken, Kiefermuskeln locker") während beide von Schaufenster zu Schaufenster schlendern und Auslagen betrachten, der „Klient" wiederholt Verbalisierung als Selbstinstruktion	Sensibilisierung für Körperpartien; Erwerb der Fähigkeit zur Selbstinstruktion; differenzielles (auf einzelne Muskelgruppen bezogenes) Wahrnehmen und Lösen von Spannungszuständen; Stärkung der Überzeugung, selbst wirksam sein zu können („Ich kann auch angesichts äußerer Störreize Einfluss gewinnen auf den Grad meiner Unruhe und Angespanntheit.")
Gemeinsamer Gang zur nächsten U-Bahnstation, Ankunft auf einem großen Platz mit Bänken, Verkaufsstände, viele Menschen; letzte Einzelaufgabe für ca. 3 Minuten:	Über den Platz bummeln, auf Ruhe umschalten, äußere Eindrücke wach registrieren, dabei a) den aufrechten Gang und das Schwingen der Arme spüren sowie b) leise vor sich hin summen und dabei die Vibration im Brust- und Stirnbereich beachten	Lernerfahrungen wie oben; zusätzlich wird das Summen als Verhaltensweise etabliert, durch die ein schneller „Einstieg" in den Bereich der körperbezogene Wahrnehmung unmittelbar möglich wird

Auf einer Holzbank an einer Bushaltestelle mit Blick auf das geschäftige Treiben des Platzes wird die Sitzung ausgewertet; immer wenn ein Bus abfährt, vibriert die Bank; die Betroffenen berichten und bewerten abschließend ihre Übungserfahrungen[1], gemeinsame Erkenntnisse werden gesammelt[2], Konsequenzen für die Alltagspraxis diskutiert[3]. Eine Leselektüre wird empfohlen[4]. Einer der Klienten läuft zu einem im Boden eingelassenen metallischen Abdeckgitter, schließt die Augen und lächelt[5].

[1] „Der Körper reagiert ständig auf Einflüsse aus der Umwelt" (alle haben festgestellt, dass der Bauch immer wieder fest wird und die Stirn verkrampft angesichts der lauten Werbeansagen und Musik aus den Geschäften und des Straßenlärms.
[2] „Ich habe Einfluss auf meinen Körper!", „Ich kann die Stärke der Erregung, Unruhe und Angst durch körperliche und gedankliche Tricks steuern."
[3] Als Selbsttrainingsaufgaben (therapeutische Hausaufgaben) werden festgelegt: a) Alle Rolltreppen-, Bus-, U- und S-Bahnfahrten nutzen, um systematisch körperbezogene Wahrnehmungen zu sammeln: z.B. Haltungsveränderungen beim Anfahren, Spannungszunahme in den Kurven (wo?); b) „Spaziergang durch den Körper" im Sitzen: dafür im Laufe der Woche die verschiedenartigsten „Sitzmöbel" außerhalb der eigenen Wohnung nutzen (Parkbänke, Straßencafestühle, Blumenkübel, Treppenstufen, Sitz in der Straßenbahn, Autositz etc.); c) „Schreiten wie ein König" wird als zusätzliche Alternative angeboten.
[4] Die systematische Anwendung von Sensibilisierungs- und Entspannungstechniken in konkreten Alltagssituationen wird in dem für Betroffene geeigneten Taschenbuch beschrieben: Wendlandt 2002 d.
[5] Er hat ein Dröhnen wahrgenommen: die U-Bahn verläuft unterhalb des Straßenniveaus. Wir alle besuchen ihn auf seinem „Wahrnehmungs- und Spürplatz" und testen die Vibration in den Fußsohlen.

Nachdem Sie den Bericht zur In-vivo-Arbeit gelesen haben, werden Sie nachvollziehen können, dass das Hauptmotto für den Beginn entspannungsbezogener In-vivo-Aktivitäten „Sensibilisierung" heißen sollte und nicht „Entspannung".

Würde es Ihnen gelingen, die Übungen, die die drei Betroffenen erfolgreich absolviert haben, selbst durchzuführen? Fragen Sie sich das jetzt ernsthaft? Prüfen Sie es, spekulieren Sie nicht – probieren Sie es einfach selbst einmal aus:

Aufgabe
▶ Suchen Sie aus der Trainingsstunde der drei Betroffenen eine (max. zwei) Aufgaben aus und erproben Sie sie alleine oder mit einem „Verbündeten". Halten Sie Ihre Erfahrungen schriftlich fest.

▶ Wenn Sie Lust haben, weitere Übungen zur Körpersensibilisierung oder Spannungsreduktion durchzuführen, so tun Sie sich keinen Zwang an ...
▶ Bezogen auf die drei Betroffenen wäre die Klärung folgender Fragen sicherlich sehr interessant:
  ▶ Wie ließe sich der Schwierigkeitsgrad für die nächste In-vivo-Stunde vorsichtig anheben?
  ▶ Welche alternativen Situationen würden Sie auswählen?
  ▶ Welche Zielverhaltensweisen würden Sie den drei Betroffenen vorschlagen?
▶ Notieren Sie Ihre Überlegungen!

Zusätzliche Literatur zum Weiterschmökern: Dornieden (2001) und Otto (2000): guter Überblick, allgemein verständlich geschrieben. Petermann (2000), Ohm (2000), Friebel u. Friedrich (2002): speziell für Kinder.

7.3 Ein Detektivspiel im Stadtzentrum: In-vivo-Stunde mit Kindern – Beobachtungen zur Selbstsicherheit

Ein großer übersichtlicher Platz: Verkaufsstände, Stadtbrunnen, viele Menschen, Kirche, Touristen, Straßenmusikanten, lebendiges Treiben in den umliegenden Geschäften. Der Helfer sitzt mit Harry Potter, Sherlock Holmes, Pippi Langstrumpf und Lady Cool am Rand des Platzes, Mitglieder der Kindergruppe, die sich einmal wöchentlich mit ihrem Helfer treffen und das Thema „Selbstsicherheit" bearbeiten. Heute hat jeder der Detektive (zwischen 8 und 9 Jahre alt) sein selbst gebasteltes Fernrohr dabei (Lady Cool hat ein echtes vom Vater mitgebracht), in der Tasche eine kleine Lupe, das Heft für die Geheimnotizen in der Hand, den Farblosschreiber hinterm Ohr (Schrift wird erst erkennbar, wenn sie mit einem zweiten Stift übermalt wird). Kleine Handspiegel ermöglichen jedem Kind, sich auch nach hinten zu orientieren, ohne sich umdrehen zu müssen.

Heute geht es darum, Passanten zu beobachten und genau hinzugucken. Wer macht was? Wie laufen fremde Kinder, wie laufen die Erwachsenen über den Platz? Wie gehen sie auf die Verkaufsstände zu? Haben Sie ihre Geldbörse schon in der Hand? Wer könnte ein Taschendieb sein? Läßt sich am Gesicht erkennen, was jemand denkt und fühlt? Wenn jemand Angst hat, sieht man ihm das an? Am Gesicht? An der Art, wie er läuft? Die Kinder sollen ein Gefühl für ihr eigenes Sozialverhalten entwickeln, indem sie andere Menschen zu beschreiben lernen und über ihre Wahrnehmungen und Gedanken zu sprechen beginnen. Sie sollen Möglichkeiten an die Hand bekommen, mit dem eigenen nonverbalen Verhalten zu experimentieren und dabei neue Formen des körpersprachlichen Ausdrucksverhaltens erproben.

1. Phase: Ausschau halten und beschreiben

Alle suchen mit ihrem Fernrohr den Platz ab, wählen eine fremde Person aus und verfolgen durch das Fernrohr alle ihre Bewegungen. Nacheinander beschreibt dann jedes Kind, was es sieht („Da hinten, der mit dem grünen Hemd – ist der doof!").

2. Phase: Über den Ausdruck/ die Wirkung des Fremden sprechen und die eigene Meinung begründen

Helfer: „Detektive können mehr als andere: Sie können Dinge über einen anderen Menschen herausfinden, obwohl dieser Mensch selbst darüber nichts verraten hat." Die Kinder sollen nun darüber reden, wie der Fremde wirkt, und begründen, warum sie zu ihrer Meinung gekommen sind. Der Helfer klärt immer wieder, worauf die Wirkung beruhe. Helfer z.B.: „Warum ist der ‚traurig'?" Kind: „Der schlurft so, geht so langsam"; Helfer: „Warum wirkt sie wie ein ‚lustiges' Mädchen?" Kind: „Sieht pfiffig aus, die guckt alle an."

3. Phase: Nachmachen, selbst so laufen wie die Fremden

Der Helfer ist anfangs Modell: Er geht auf den Platz und läuft, in einigem Abstand, hinter einer Person her und versucht so genau wie möglich Bewegungsablauf, Mimik und Gestik zu imitieren (unbemerkt vom Fremden). Er unterstützt dann jedes Kind (wieder nacheinander!) bei dessen Imitationsversuchen. Nicht nur das genaue Wahrnehmen, sondern auch das Umsetzen des Gesehenen in Bewegungsabläufe, die nicht dem bisherigen eigenen Verhaltensmuster entsprechen, wird erprobt.

4. Phase: Laufen wie ein Polizist …

Die Kinder ziehen aus einem vorbereiteten Stapel ein Kärtchen, auf dem eine Personenbezeichnung steht (z.B. stolze Königin/stolzer König, hinkender Bettler, großer Polizist, eingebildete Filmschauspielerin, Angsthase, Rambo, gemütlicher Brummbär). Erst laufen alle gemeinsam, jeder seine eigene Rolle spielend, über den Platz. Dann wird geraten: Einer läuft, entsprechend seiner Rolle, die anderen sollen raten, was er/sie darstellt. Anschließend wird vertieft: Der Helfer arbeitet nacheinander mit jedem einzelnen Kind, lässt es seine Rolle übertrieben deutlich („Wie bei einer Großaufnahme im Fernsehen") ausführen, verstärkt einzelne Aspekte, z.B. die aufrechte Körperhaltung und den hocherhobenen Kopf („noch angeberischer!") und ist dabei auch immer wieder Modell. Auch die beobachtenden Kinder werden zum Nachmachen der Rolle ermuntert.

Pause

Brezeln werden verspeist, Lady Cool hat sie aus dem Bauchladen eines Straßenverkäufers für alle ausgesucht (und noch eine zerbrochene halbe dazu bekommen).

5. Phase: Detektivtraining

Helfer: „Manchmal dürfen Detektive nicht auffallen. Sie laufen durch die Stadt, doch sie fallen nicht auf. Ganz unscheinbar sind sie. Keiner nimmt sie wahr. Und dann plötzlich tauchen sie aus der Versenkung auf: Aufrecht, selbstsicher, lässig, stark, nehmen sie eine Verhaftung vor: ‚Hier bin ich!'. Coole Typen – ‚Mir kann keiner was!'. Und alle bewundern sie!" Jeweils zwei Kinder bekommen den Auftrag „unscheinbar" zum Brunnen zu laufen und sich dort, ohne aufzufallen, unter die anderen Menschen zu mischen. Helfer und zwei Kinder beobachten; anschließend Rückmeldung und Auswertung. Neue Aufgabenstellung für neue Zweiergruppe (z.B. „zielsicher", „Furcht einflößend"). Hier wird der Wechsel trainiert, das Umschalten auf „sicher!", auf ein selbstbewussteres Auftreten.

6. Phase: Abschluss und Hausaufgaben

Das Heft für die Geheimnotizen und der Zauberstift werden bereitgehalten. Der Helfer verteilt als Einlage für die Hefte einen Bogen, auf dem die Kinder jeweils mit einem Strich eintragen sollen, wie sich die Person verhält, die sie heimlich beobachten. Damit die Kinder das Anstreichen in einem Probedurchlauf üben können, läuft der Helfer mehrmals über den Platz, spricht Passanten und Verkäufer an, während die Kinder die fremden Gesprächspartner beobachten und ihre Eintragungen auf dem Protokollblatt vornehmen (ankreuzen).

Nach der Auswertung erhalten die Kinder mehrere Bögen mit dem Schema als Einlage für ihr Detektivheft. Der Geheimauftrag lautet, mehrmals Beobachtungen nach diesem Schema durchzuführen. Der Helfer erwähnt, dass man mit diesem Schema auch sich selbst beurteilen kann. Nach 80 Minuten In-vivo-Arbeit trennt sich der Helfer von Harry Potter, Sherlock Holmes, Pippi Langstrumpf und Lady Cool.

Was ist nun von dieser In-vivo-Arbeit zu halten? Vielleicht stört sich jemand daran, dass die Kinder nicht veranlasst wurden, die Verkäufer an ihren Ständen anzusprechen? Oder die Passanten. Dazu hätte es doch viele Möglichkeiten gegeben. Es ging doch in der Kindergruppe um das Thema „Selbstsicherheit", nicht wahr? Dann hätten doch soziale Fertigkeiten trainiert werden müssen, hier konkret: selbstsichere verbale und nonverbale Verhaltensweisen – oder? Vielleicht gab es einen Eisverkäufer am Platz oder einen Süßigkeitsstand, den man hätte nutzen können, um die Motivation der Kinder zum „Kontakt herstellen" zu steigern?

Wie würden Sie auf diese Einwände reagieren? Hätte der Helfer das Vorgehen in der In-vivo-Sitzung ein bisschen zügiger gestalten sollen?

Aufgabe

Nehmen Sie sich einen Stift (es muss kein Geheimstift sein) und ein Blatt Papier und planen Sie eine Alternativsitzung, die auf einem solchen Platz in der Stadt stattfinden könnte. Es soll nur ein grober Entwurf sein, denn die vier Detektive kennen Sie ja nicht genau – und ob es regnen wird, können Sie auch nicht wirklich vorhersagen. Und doch:

Legen Sie einen Tag fest, die Uhrzeit des Treffens, die Anzahl der Touristenbusse, die gerade angekommen sind. Planen Sie ein In-vivo-Detektivspiel mit Harry

Beispiel

„Selbstsicher – ja oder nein"

	stimmt	stimmt nicht
1. *laufen*: zügig, beschwingt, gerade drauf los!	☐	☐
2. *stehen*: aufrecht, mit erhobenem Kopf, sicherer Stand!	☐	☐
3. *angucken*: freundlich, zugewandt, den anderen anblicken!	☐	☐
4. *reden*: laut, ruhig, deutlich und klar!	☐	☐

7.3 Ein Detektivspiel im Stadtzentrum: In-vivo-Stunde mit Kindern – Beobachtungen zur Sicherheit

Potter, Sherlock Holmes, Pippi Langstrumpf und Lady Cool! Das Spiel soll soziale Erfahrungen ermöglichen, bei denen selbstsicheres Verhalten im Kontakt gefördert wird. Nutzen Sie die Detektivrollen, damit die Kinder immer wieder selbstsicheres Auftreten erproben können. Brauchen die Kinder zusätzliche Utensilien? Ein Mikrofon und einen Kassettenrekorder? Einen Detektivausweis mit Foto?
Notieren Sie den Ablauf einer solchen In-vivo-Stunde! Danke!

(… und Ihr Name? Wie würden Sie sich als Detektiv nennen?)

7.4 In-vivo-Einzelsitzung in der U-Bahn: Abbau von Scham- und Minderwertigkeitsgefühlen

Henry, Zahntechniker, 32 Jahre, leidet unter starken Scham- und Minderwertigkeitsgefühlen, die sich auf seine relativ unauffällige Stottersymptomatik beziehen. Er vermeidet weitgehend Kommunikationssituation in der Öffentlichkeit und versucht, sein Stottern zu kaschieren (spricht leise, monoton und undeutlich, hält die Hand beim Reden vor den Mund, geringe Mimik und Gestik, eingeschränkter körpersprachlicher Ausdruck). Erst durch diese Folgesymptomatik ergibt sich das Bild einer behandlungsrelevanten Kommunikationsstörung. Im Behandlungsraum wurde ein lebendiges Sprechen mit stärkerem Gefühlsausdruck (Expressivität) geprobt, zu dem auch das Zulassen von Stottersymptomen gehörte. Pseudostottern (Stottern mit Absicht) und Selbststeuerungstechniken zum Abbau von Unruhe und Angst (Entspannungsverfahren) wurden trainiert. Der Klient, der mehr als 10 Einzelsitzungen hinter sich hat, trifft sich heute mit seinem Therapeuten zur dritten In-vivo-Stunde am Rande der Stadt auf einem U-Bahnhof.

- *Planung*: Der Therapeut und Henry sitzen auf dem relativ leeren Bahnsteig und besprechen die Ziele für die In-vivo-Stunde: Gespräche in Gegenwart anderer Personen führen, Blickkontakt zu Fremden herstellen, Hand nicht kaschierend vor den Mund halten.
- *Durchführung einer Kurzentspannung*
- *Übungssituation 1*: Auf einer 6er-Bank, in einem wenig besetzten U-Bahnabteil, unterhalten sich Henry und der Therapeut (nebeneinander sitzend) über Henrys Umzugspläne. Gegenüber sitzen drei ältere Herrschaften.
- *Nach 3 Stationen Auswertung auf dem Bahnsteig*; Vorbereitung der nächsten Übungssituation: Unterhaltung über eine größere räumliche Distanz, Sprechen und Stottern sollen für andere gut hörbar sein.
- *Übungssituation 2*: Ein vollbesetztes U-Bahnabteil, Henry nimmt als fünfter Fahrgast auf einer 6er-Bank Platz, der Therapeut betritt das Abteil durch eine andere Tür, setzt sich schräg gegenüber auf den letzten noch freien Platz; der Zug fährt an, keine Geräusche sonst. Aus der Distanz, in die Stille hinein, spricht der Therapeut Henry an: „Hallo, wie geht's Ihnen? Nett, Sie hier zu treffen. Wir haben uns doch einmal vor zwei Jahren kennen gelernt." Es erfolgt ein längeres Gespräch, in dem Henry über seine Familie und seine Arbeit berichtet und der Therapeut durch wiederholtes Nachfragen den Klienten zu ständigem Weitererzählen bringt. In der Zwischenzeit stehen im Gang zwischen dem Therapeuten und Henry ebenfalls einige Fahrgäste. Nach vier Stationen steigen beide gemeinsam aus.
- *Auswertung auf dem Bahnsteig*: Henry berichtet, seine Unruhe und Nervosität seien mittlerweile völlig verflogen. Er erkennt: „Aktivsein baut Angst ab." Henry plant, in der nächsten Übungssituation selbst das Gespräch zu eröffnen: „Ich will noch mehr Mut haben zu sprechen! Mein Stottern ist mir dabei egal!"
- *Übungssituation 3*: Der Therapeut findet gerade noch einen Sitzplatz, die Gänge sind voller Menschen; Henry bleibt an der Tür stehen, neben sich andere Fahrgäste; er spricht den Therapeuten aus der Entfernung laut stotternd an: „Hallo, Herr W., was machen Sie denn hier?" Der Therapeut grüßt aus der Entfernung, steht auf, geht zu Henry und führt mit ihm eine längere Unterhaltung. Henry stottert viel und auch mit Absicht (!), er nimmt Blickkontakt zu anderen Fahrgästen auf.
- *Aussteigen und Auswertung auf dem Bahnsteig*; keine Vorplanung, Henry fühlt sich stark genug für eine „Überraschung".
- *Übungssituation 4*: Henry und der Therapeut betreten ein Abteil von entgegengesetzten Seiten, schieben sich durch die dicht gedrängt stehenden Fahrgäste aufeinander zu; der Therapeut begrüßt – laut stotternd – Henry wie einen alten Bekannten, fragt nach dessen Namen und den aktuellen Aktivitäten in der Selbsthilfegruppe (die Nennung des eigenen Namen ist für einen Stotternden eine der schwierigsten Aufgaben und löst in der Regel starke Symptome aus). Henry antwortet freundlich, bleibt trotz einer leichten Blockade beim Nennen seines Namens zugewandt (kein Kaschieren), sein Stottern ist hörbar. Er verwickelt dann den „mundfaulen" Therapeuten in ein längeres Gespräch (der Therapeut spricht selbst mit Stottern, um Henry ein offenes Zeigen der eigenen Symptomatik in dieser Belastungssituation zu erleichtern).
- *Auswertung der Situation auf dem Bahnsteig*: Henry kann es selbst kaum fassen, diese schwierige Situation so ruhig bewältigt zu haben. Vorplanung: noch intensiver absichtliches Stottern einsetzen.

7.4 In-vivo-Einzelsitzung in der U-Bahn: Abbau von Scham- und Minderwertigkeitsgefühlen

▶ *Übungssituation 5:* Klient und Therapeut sitzen schräg gegenüber, um drei Plätze versetzt und unterhalten sich stotternd, weich und flüssig (ohne übermäßigen Krafteinsatz), mit sehr vielen (absichtlichen) Symptomen. Henry sitzt entspannt und ruhig, wirkt dabei offen für die Reaktionen der Fahrgäste um ihn herum. Ankunft am Ausgangsbahnsteig. Dort Auswertung der letzten Übungssituation und der gesamten Sitzung.

Aufgabe

Gehen Sie noch einmal den Situationsablauf durch. Hätten Sie Lust, eine der Sequenzen selbst durchzuspielen? Auch wenn Sie nicht stottern, was würde sich lohnen zu erproben? Machen Sie es einfach, realisieren Sie es mit einer Unterstützerin, einem Unterstützer! Und wenn keine U-Bahn vorhanden ist ... man und frau kann das auch im Bus oder in der Straßenbahn tun.

Vielleicht fallen Ihnen während des Experimentierens noch Variationsmöglichkeiten ein. Gut so! Probieren Sie sie gleich aus.

Wichtig

Es soll an dieser Stelle noch einmal betont werden, dass nicht nur Erwachsene von einem solchen „Nicht-Vermeidungs-Training" profitieren, sondern insbesondere auch Kinder, und zwar auch die jüngeren: Sie bewältigen die Schritte außerhalb des Behandlungsraumes mit „Unerschrockenheit und zunehmender Unbefangenheit" (Heidemann 1975, S. 64; vgl. auch Heidemann, Kellner u. Kopf-Mehnert, 1975). Und auch Fawcus zeigte (1980, S. 161), dass sich Scham- und Minderwertigkeitsgefühle bei den redeflussgestörten Kindern gezielt abbauen lassen und es zu einer „Verhütung und Beseitigung von Vermeidungsverhalten" und zu einem „Gewinn an Selbstsicherheit" kommt. „Viele Kinder sprechen Passanten geradezu mit Enthusiasmus an und trauen sich an potenziell nervenaufreibende Situationen heran, von denen viele normale Sprecher zurückschrecken würden."

8 Beispiele von In-vivo-Trainingsplänen (mit Aufgabenstellungen)

In den vorangegangenen Kapiteln wurde gezeigt, was innerhalb eines In-vivo-Termins stattfinden kann. Und was in dieser einen Sitzung stattgefunden hat, kann in einer zweiten Sitzung wiederholt werden. Oder es wird in einer dritten Sitzung vertieft – bzw. variiert. In einer vierten Sitzung findet dann vielleicht etwas Neues statt.

Jeder Leser wird mittlerweile eine ganze Reihe an Ideen haben, wie sich In-vivo-Sitzungen zu Arbeitseinheiten zusammenfassen und die einzelnen Sitzungen folgerichtig aufeinander aufbauen lassen. Das folgende Kapitel will hierzu gezielt Anregungen vermitteln. Es macht mit seinen vier ausgewählten Beispielen noch einmal deutlich, dass In-vivo-Arbeit nach einem systematischen Konzept funktioniert, bei dem sich Veränderungsprozesse über einen längeren Zeitraum gezielt in unterschiedlichen Alltagsräumen anregen lassen. Dabei wird nicht nur die Systematik des Vorgehens erkennbar, es zeigt sich auch, wie behutsam mit Veränderungsansprüchen umgegangen werden kann und wie aufgelockert und verspielt sich die In-vivo-Erprobungen durchführen lassen. Und das, obwohl nicht verleugnet werden kann, dass manchmal eine beträchtliche Portion Angst mit im Spiel ist.

▶ Im ersten Beispiel wird ein In-vivo-Trainingsablauf über 5 Sitzungen vorgestellt; es geht um die Arbeit mit einem Jugendlichen, der unter Telefonangst leidet.
▶ Danach wird ein Trainingskonzept für den Aufbau kommunikativer Fähigkeiten bei einer jungen Frau beschrieben, mit dem es möglich wird, „fremde Menschen anzusprechen".
▶ Als Drittes wird ein Trainingskonzept zur Bearbeitung von Sprechangst vorgestellt, das 20 Gruppensitzungen umfasst und das Reden vor Publikum sowie das Sprechen in Gruppen beschreibt. Anhand einer Gruppe mit vier jungen Erwachsenen wird insbesondere das Vorgehen in jenen 10 Sitzungen erläutert, in denen die therapeutische Veränderungsarbeit als In-vivo-Arbeit stattfindet.
▶ Das abschließende Beispiel verdeutlicht, wie sich die Fähigkeit zum Entspannen, die im Behandlungsraum erworben wurde, systematisch auf belastende Alltagssituationen übertragen lässt. Dieses Generalisierungsprogramm bezieht sich auf die Progressive Muskelentspannung und läuft über 10 Wochen.

Am Ende eines jeden Beispiels sind wieder Aufgabenstellungen formuliert. Mit ihrer Bearbeitung kann die Fähigkeit geschult werden, Trainingsabläufe für eine längerfristige In-vivo-Arbeit zu entwickeln.

8.1 Telefonangst bei einem Jugendlichen: Trainingsablauf für 5 Sitzungen

Im Folgenden geht es um die Bearbeitung einer Telefonangst bei einem Jugendlichen. Nach einigen Sitzungen im Behandlungsraum finden nun fünf In-vivo-Sitzungen statt. In den ersten drei dieser Sitzungen wird der Klient in keiner Weise animiert oder aufgefordert zu telefonieren. Der Helfer ist durchgängig und wiederholt Modell für die einzelnen Arbeitsschritte. Die Handlungen mit dem Telefon werden immer wieder sprachlich begleitet: „So, jetzt nehme ich den Hörer in die Hand" (handlungsbegleitendes Sprechen). Angstreduzierende und spannungsmindernde Instruktionen erfolgen begleitend vom Helfer, später vom Betroffenen als laute Selbstinstruktion (das sind z.B. Verbalisierungen zum Entspannen/Loslassen). Ermutigende und positiv verstärkende Äußerungen des Helfers begleiten den Lernprozess (s.o., Fähigkeiten des In-vivo-Trainers, S. 43ff).

Beim Abbau von Ängsten ist immer zu bedenken, dass nicht die geforderte Handlung allein (z.B. das Sprechen mit einem nicht sichtbaren Telefonpartner), sondern bereits die vorausgehenden situativen Merkmale, die mit dem gesamten Ablauf des Telefonierens verbunden sind, angstauslösende Funktion besitzen und bereits heftige Symptome auslösen können. Dies wird in der In-vivo-Praxis manches Mal nicht deutlich genug berücksichtigt. Es wird zu schnell das Zielverhalten geübt, statt zuvor die individuellen Bedingungen, die Angst auslösen, genau kennen zu lernen und dann erst, auf die individuellen Angstauslöser bezogen, den Prozess des Angstabbaues schrittweise vorzunehmen. Im folgenden Beispiel wird deutlich, wie eine kleinschrittige Gewöhnung an angstauslösende Reize stattfinden kann. Dabei sind hier allerdings, zum Zwecke der Verdeutlichung unseres Themas, nur Arbeitsschritte aufgeführt, die sich in vivo durchführen lassen. Ergänzende Vorgehensweisen mit dem Telefon innerhalb des Behandlungsraumes werden nicht genannt.

1. Sitzung: Annäherung und Beobachtung

▶ Sprechen über das Telefonieren,
▶ Menschen, die telefonieren, zeichnen
▶ den Helfer beim Telefonieren beobachten,
▶ anderen Personen beim Telefonieren zuschauen,
▶ Skizzen von Menschen machen, die gerade (real) telefonieren.
▶ Für die therapeutische Eigenarbeit bzw. Hausaufgabe: alle Telefone im eigenen Haushalt fotografieren und Fotos zur nächsten Stunde mitbringen.

2. Sitzung: Sich mit Angstreizen vertraut machen

▶ Sich hinsetzen/hinstellen, als würde man telefonieren,
▶ andere Personen nachmachen, die gerade telefonieren: so genau wie möglich deren Kopf-, Hand-, Körperhaltung einnehmen,
▶ ausgestellte Telefone in Elektronikgeschäften/Medienabteilungen von Kaufhäusern/Telefongeschäften anschauen,
▶ die Gehäuse und Telefonhörer ausliegender Telefone in Elektronikgeschäften oder Medienabteilungen von Kaufhäusern/Telefongeschäften anfassen, Gewicht prüfen und unterschiedliche Farbgestaltung analysieren,
▶ öffentliche Telefonzellen/-kabinen betreten, die Länge der Hörerschnur vermessen, das Gewicht des Hörers prüfen, über Telefonkarten reden,
▶ Tastatur auf Telefonen in Elektronikgeschäften/Medienabteilungen von Kaufhäusern/Telefongeschäften betätigen.
▶ Für die therapeutische Eigenarbeit/Hausaufgabe: Bilder aus Zeitschriften, Tageszeitungen, Postwurfsendungen sammeln, auf denen Telefone abgebildet sind und zur nächsten Stunde mitbringen (Helfer deponiert sie).

3. Sitzung: Sich mit Angstreizen vertraut machen/So tun als ob

▶ Tastatur auf Telefonen in Elektronikgeschäften/Medienabteilungen von Kaufhäusern/Telefongeschäften betätigen und den Hörer ans Ohr nehmen,
▶ Signaltöne und Geräusche des Telefons erkunden, dabei soll nicht telefoniert werden (wenn nötig, tut dies der Helfer): Freizeichen – Besetztzeichen, Amtsleitung – interne Leitung, Knacken – Rauschen, Text Anrufbeantworter – Musik (was gibt es noch?),

- stimmliche Imitation der Signaltöne: Helfer hält den Hörer, imitiert als Modell den Ton und Rhythmus der Signale, hält den Hörer an das Ohr des Betroffenen, dieser versucht, die genaue Tonhöhe des Signals wiederzugeben,
- Spiel: abseits von Telefonapparaten, Betroffener und Helfer sitzen nebeneinander (Parkbank) oder laufen in der Fußgängerzone, der Helfer nimmt dabei öfter seine rechte Hand an das Ohr (als hielte er einen Telefonhörer): „Na, wie geht's?", „Wo bist du gerade?", „Was siehst du?" und sorgt dafür, dass der Betroffene auch die Hand zum Ohr nimmt und beim Spiel „Telefonieren" mitmacht.
- Für die therapeutische Eigenarbeit/Hausaufgabe: Bilder von traumhaften Orten und Landschaften, Urlaubidyllen, Reisefotos, Bilder von Lieblingstieren aus Zeitschriften ausschneiden und zur nächsten Stunde mitbringen (Helfer deponiert sie).

4. Sitzung: In-vivo-Rollenspiele ohne Telefon

- Anfassen des Telefons, Wählvorgang vornehmen, Amtsleitung/Verbindung herstellen, nicht telefonieren (rechtzeitig abbrechen!), diese Schritte oft wiederholen, dabei eigene Gedanken und Gefühle, die auftauchen, aussprechen und sie laut reflektieren,
- Anfassen des Telefons, Wählvorgang, Signaltöne imitieren, Amtsleitung/Verbindung herstellen, sich nicht melden, auflegen, diesen Vorgang häufiger wiederholen und dabei wieder laut kommentieren,
- Rollenspiele zwischen Helfer und Betroffenem ohne Telefon: einfache Telefonsituationen aus dem Lebensbereich des Betroffenen (mit Menschen, die er mag) werden durchgespielt, dabei alle Vorgänge des realen Telefonierens mimisch und gestisch spielen mit entsprechender Sitz-/Standhaltung,
- Kollage herstellen: „Mein kleines Angsttelefon", dabei die gesammelten Bilder und Texte aus den Reklamen verwenden, durch Malen/Beschriften ergänzen (Helfer bringt Kleber und Stifte mit; kann auch im Behandlungsraum stattfinden).
- Für die therapeutische Eigenarbeit/Hausaufgabe: ein Minitelefon bauen/kneten/schnitzen, das immer in der Tasche dabei sein kann, oder einen schönen Stein bemalen, der als Telefonsymbol dient (oder Ähnliches).

5. Sitzung: Rollenspiele mit realem Telefon

- Rollenspiele zwischen Helfer und Betroffenem mit einem realen Telefon, ohne dass eine Verbindung hergestellt wird: Einfache Telefonsituationen aus dem Lebensbereich des Betroffenen mit ihm angenehmen Menschen werden mit einem realen Telefon durchgeführt, ohne dass der Anschluss zu Stande kommt (letzte Nummer weglassen oder Verbindung vor dem Melden des Gesprächspartners unterbrechen),
- Helfer führt einfache Telefongespräche, z.B. Auskünfte nach Telefonnummer oder Spielplan eines Kinos einholen, Betroffener spricht (ohne Kontakt zum Telefon) begleitend, wie ein Echo, die Fragen mit, die der Helfer stellt,
- Helfer hält weiter das Telefon und stellt nur die Fragen, die der Betroffene ihm leise vorsagt,
- Helfer hält weiter das Telefon und stellt nur die Fragen, die der Betroffene ihm laut zuruft.
- Für die therapeutische Eigenarbeit/Hausaufgabe: Freunde um Anrufe bitten, Anlässe schaffen, angerufen zu werden.

Der Betroffene hat auch in der 5. Sitzung noch kein richtiges Telefongespräch geführt. Und trotzdem lässt sich nicht leugnen, dass sehr intensiv am Thema „Telefonieren" gearbeitet wurde. Ängste, die das Ausmaß von Phobien angenommen haben, lassen sich in der Regel nicht mit ein paar aufmunternden Worten und zwei, drei Trainingssitzungen beheben. Es ist wichtig, systematisch und kontinuierlich zu arbeiten. Dadurch lernen Helfer und Betroffener ein Gespür dafür zu entwickeln, wie sich ein erfolgreicher Bewältigungsversuch auf den anderen aufbauen lässt. Und wie es möglich wird, die Zuversicht beständig zu stärken: „Das schaffe ich!". Es ist erforderlich, dass der Betroffene selbst an die Wirksamkeit seiner Bemühungen glaubt – dann kommt der Veränderungsprozess immer mehr voran (vgl. „Selbstwirksamkeitserwartung" bei Bandura 1994, sowie Jugert et al. 2001). Wahrscheinlich haben Sie das Arbeitsprinzip „Kleine Schritte"/„Wohldosieren" (s.o., S. 49) wiedererkannt. Es begünstigt zum einen ein detailliertes Wahrnehmen der körperlichen Reaktionen, Empfindungen und Gedanken des Betroffenen. Zum anderen erlaubt es in der Folge eine achtsame Ausgestaltung der Veränderungsinterventionen. Diese Fähigkeiten können geschult werden. Für den Leser bedeutet dies an dieser Stelle: Entscheiden Sie sich, bei der nun folgenden kleinen Übung mitzumachen! Lassen Sie sich bitte auf die folgende Aufgabenstellung ein!

Aufgabe

Sie haben den Ablauf und die Inhalte der ersten fünf In-vivo-Sitzungen gelesen. Schreiben Sie nun Ihrerseits auf, wie sich fünf *spätere* Sitzungen gestalten lassen, in denen es vorrangig um die Angst geht, „dass andere zuhören könnten und mein Gestammel am Telefon mitbekommen". (Es muss sich also nicht um fünf Sitzungen handeln, die unmittelbar an die vorgestellten In-vivo-Sitzungen anschließen.) Gehen Sie nicht davon aus, dass der motorische Vorgang des Telefonierens an sich in irgendeiner Weise geübt werden müsste, weil die Fähigkeiten dazu nicht vorliegen (das kann in einem anderen Fall durchaus sinnvoll sein). Konzentrieren Sie sich mit Ihren Vorschlägen nur auf die „heftige Angst, mich blamieren zu können", „dummes Zeug zu reden", „mitten in meinen Ausführungen hängen zu bleiben", „nicht mehr weiter zu wissen", „Brett vorm Kopf", „will vor Scham und Peinlichkeitsgefühlen am liebsten in den Boden versinken". Es geht darum sozial auffällig zu werden, um die „Gefahr", andere Menschen, die anwesend sind, könnten zuhören oder hören tatsächlich zu.

Nehmen Sie bitte zu jeder der fünf In-vivo-Sitzungen mehrere Eintragungen vor. Variieren Sie dabei bitte Ihre Aufgabenstellungen bezüglich
- des stimmlichen und sprachlichen Verhaltens am Telefon (was z.B. die Lautstärke des Sprechens angeht),
- der situativen Rahmenbedingungen (z.B. das Ausmaß des Geräuschpegels: hoch/niedrig; den Belebtheitsgrad der Straße: leer/sehr belebt; den Geschütztheitsgrad des Telefons: Kabine/keine Kabine; die körperliche Nähe zum Zuhörer: mit dem Handy in vollbesetzten U-Bahnabteil/im Park),
- der Anzahl der anwesenden fremden Personen und
- der Attraktivität dieser Personen.

1. Sitzung: ....
   ....
   ....
   ....

2. Sitzung: ....
   ....
   ....
   ....

3. Sitzung: ....
   ....
   ....
   ....

4. Sitzung: ....
   ....
   ....
   ....

5. Sitzung: ....
   ....
   ....
   ....

Ein weiteres Beispiel zum Vorgehen bei einer Telefonangst eines Jugendlichen, das Anregungen für Übungsaufgaben vermittelt, findet sich unter „Arbeitsprinzipien für die Eigenarbeit in Therapie und Selbsthilfe" (Wendlandt 2002 a, S. 57–59).

8.2 „Fremde Menschen ansprechen": Trainingskonzept für den Aufbau kommunikativer Fähigkeiten bei einer jungen Frau

Im Folgenden wird das Beispiel einer In-vivo-Einheit vorgestellt, bei der es darum geht, die Scheu vor dem Ansprechen fremder Menschen zu bearbeiten und Sicherheit in der sozialen Kontaktaufnahme zu vermitteln.

In den ersten beiden In-vivo-Sitzungen gehen Helfer und Betroffene auf einen Wochenmarkt (viele Menschen und Verkaufsstände), wo unterschiedliche Aufgabenstellungen durchgespielt werden. Der aktuelle Stand des Kontaktverhaltens bei fremden Personen wird ermittelt: Was sind die Stärken, was die Schwächen der jungen Frau, wo liegen ihre Vermeidungen? (s.o., Diagnostische Funktion der In-vivo-Arbeit; S. 10). Der Helfer kann das von Unsicherheiten und Ängsten geprägte Verhalten der Betroffenen wahrnehmen und ihre Empfindungen besprechen. Anschließend folgen zwei Sitzungen im Beratungsraum, bei denen – Bezug nehmend auf die In-vivo-Erfahrungen und andere ähnliche Alltagssituationen – unterschiedliche Lernziele erarbeitet und den folgenden sechs Lernzielbereichen (drei nichtsprachliche, drei sprachliche) zugeordnet werden (s. Beispiel):

Beispiel

Kontakt zu einem fremden Passanten aufnehmen:

Nichtsprachliche Verhaltensweisen	Sprachliche Verhaltensweisen
bei der Annäherung:	*zur Eröffnung eines Gesprächs:*
z.B. Blickkontakt herstellen, Zunicken, Lächeln, Zuwenden, sich annähern ohne Zögern, sich deutlich in die Laufrichtung eines Passanten begeben, auf jemanden zutreten, Gesprächsabsicht signalisieren (z.B. Augenbrauen hochziehen, Augen weit öffnen, Signal mit der Hand), aufrecht stehen, anlächeln	▶ Begrüßen („Hallo"/„Guten Tag") ▶ Gesprächsabsicht signalisieren („Verzeihung"/ „Einen Moment bitte") ▶ Gesprächseinstieg durch Frage („Könnten Sie mir helfen?"/„Wissen Sie, wo die Kaiserallee ist?") ▶ Gesprächseinstieg durch Informationsgabe („Ich suche die Kaiserallee"/„Ich bin fremd hier").
als Anteilnahme während des Kontaktes (ohne Einsatz der Stimme):	*zum Herstellen des Kontaktes:*
z.B. nicken, Augenbrauen hochziehen, lächeln, Hand nach vorne/zurück nehmen, Mundwinkel heben/senken, Lippen schürzen, Kopf wiegen, Zeigefinger heben, Zuwendung/Abwendung, Gefühlsausdruck durch Schnelligkeit und Rhythmus der eigenen Bewegungen unterstreichen, Einfluss nehmen auf das Verhalten des Gegenüber durch Nähe und Distanz sowie Art des raumgreifenden Verhaltens im Sitzen und Stehen	▶ Bestätigen („ja/hmm/na, so was") ▶ Von sich erzählen („ich komme aus Aachen"/ „bin Tourist"/„bin Theaterliebhaber") ▶ Nachfragen/Interesse am Gegenüber zeigen („Kennen Sie Aachen?"/„Mögen Sie auch Theater oder sind Sie Opernfreund?") ▶ Gespräch ausdehnen/weiterführende Impulse („Wo kommen Sie denn her?"/„Was können Sie mir noch empfehlen?")
Stimmliches Verhalten/Aussprache:	*zum Verabschieden:*
Stimme tönen lassen, lautes Sprechen, ruhiges Sprechtempo, deutliche Artikulation	▶ Sich bedanken („danke für Ihr ...") ▶ Sympathie ausdrücken („war sehr anregend, mit Ihnen zu sprechen"/„hat mir gefallen") ▶ Sich verabschieden („Auf Wiedersehen")

Man sollte berücksichtigen, dass es nicht immer ausreicht, die Trainingsarbeit nur auf jene Veränderungsziele auszurichten, die der Betroffene benennt. Unser aller Selbstwahrnehmung ist nicht immer präzise. Dies wird noch verstärkt, wenn störungsspezifische Einschränkungen vorliegen, die schon längere Zeit andauern. Wir sollten also damit rechnen, dass Lernziele manchmal nicht umfassend genug oder unrealistisch formuliert werden. Die Veränderungsziele des Betroffenen können dann meist als ein guter Ausgangspunkt für die In-vivo-Arbeit dienen, sie sollten dann aber durch zusätzliche Lernziele ergänzt werden. Individuell bedeutsame Lernziele ergeben sich im Übrigen vielfach „wie von selbst" im Laufe der gemeinsamen Arbeit – als Ergebnisse der sich zunehmend verbessernden Selbstwahrnehmung und der wiederholten Rückmeldungen des Helfers.

Die beiden nächsten Sitzungen finden als In-vivo-Arbeit statt. Die folgende Tabelle zeigt den Trainingsablauf mit seinen Übungssituationen und die Lernziele.

Es fällt auf, dass die In-vivo-Arbeit im Sinne eines „Situationstrainings" (Angstabbau) und eines „Verhaltenstrainings" (Aufbau neuer Verhaltensweisen) eingesetzt wurde (s.o.: Aufgabenschwerpunkte der In-vivo-Arbeit, S. 11f). Außerdem wurde nur ein sehr kleiner Anteil der vorher erarbeiteten Lernziele

Sitzung 3	
Situationen/Trainingsablauf	**Lernziele**
Laufen in der Fußgängerzone, keinen Kontakt zu Fremden aufnehmen, Helfer macht Zielverhalten (siehe nebenstehend) vor, Betroffene imitiert, kurze Übungsphasen, mehrere Wiederholungen, dann Auswertung	a. zügig und aufrecht laufen b. Blicke offen schweifen lassen c. sich einzelne Passanten aus der Ferne anschauen
Bürgersteig (geringere Ausweichmöglichkeit): Helfer spielt Passant, demonstriert dabei als Modell die Lernziele	a.–c. (wie oben) d. 10 Meter voraus kurz Blickkontakt herstellen und dann noch mal beim Vorbeilaufen
Wiederholung der Szene mit Passanten: Nun trainiert die Betroffene auf unterschiedlichen Straßenabschnitten, mehrfach Wiederholungen mit Rückmeldungen, dabei wird die Länge des Blickkontakts zunehmend ausgedehnt	a.–d. (wie oben) e. Blickkontakt halten
Neue Örtlichkeit: großer Platz, viele Menschen, Helfer ist Modell, immer wieder Übungen der Betroffenen mit Passanten, dabei Wechsel von neuen und alten Lernzielen, Rückmeldung auch als Spiegelung (Helfer demonstriert Verhalten der Betroffenen)	a.–e. (wie oben) f. zunicken (minimal) g. lächeln
Aufgabe für die Eigenarbeit: Täglich mindestens fünfmal Kolleginnen kurz anblicken und zunicken, protokollieren	a.–d.

Sitzung 4	
Situationen/Trainingsablauf	**Lernziele**
Großes Einkaufszentrum, mehrere Ebenen, viele Menschen, Wiederholung der Übungen vom letzten Treffen	a.–g.
Gleiche Örtlichkeiten, Verkäufer ansprechen und Informationen einholen, viele Wiederholungen mit Planung, Probehandeln, Modellvorgabe und Rückmeldung	h. Viererschritt: Blickkontakt – Zunicken – Begrüßen – Fragen
Aufgabe für die Eigenarbeit: Übungen auf der Straße, in Geschäften und öffentlichen Verkehrsmitteln: Das Anblicken nur kurz, das Zunicken dezent; den Viererschritt eindeutig gestalten; alles protokollieren	e., f. und h.

(s. Beispiel S. 92) während der beiden In-vivo-Sitzungen bearbeitet. Dies hat seinen guten Grund: Bevor das ängstigende Verhalten „Fremde Menschen ansprechen" erprobt werden kann, müssen erst einige Minimalvoraussetzungen für ein angstfreies „Auf-den-anderen-Zugehen" geschaffen werden. Dabei werden sozial erlaubte bzw. übliche „Ansprechsituationen" als Übungsaufgaben vorgeschaltet: z.B. auf Verkäufer zugehen und Informationen einholen. Auch bei der Festlegung von therapeutischen Aufgabenstellungen für die Eigenarbeit wurde darauf geachtet, dass noch keine zu schwierigen Lernziele ausgewählt wurden (wie das „Anlächeln"), obwohl es ja in der gemeinsamen Arbeit mit dem Helfer erfolgreich gezeigt werden konnte. Der Begriff „Probehandeln", der für die Beschreibung der 4. Sitzung verwendet wurde, meint, dass das Zielverhalten (hier: „Viererschritt" beim Ansprechen eines Verkäufers) von der jungen Frau sowie dem Helfer vorab durchgespielt wird – wie in einem Rollenspiel (hier aber angesichts der realen Örtlichkeiten).

Es folgen zwei Sitzungen im Behandlungsraum, die der Auswertung der In-vivo-Arbeit und der dabei auftauchenden Gefühle und Gedanken dienen. Das Thema „sozial angepasstes Verhalten" kommt zur Sprache („Darf ich denn fremden Menschen zunicken? Was denken die von mir?"), familiäre Normen und elterliches „Vorbildverhalten" werden besprochen. Hinter dem Bedürfnis nach Nähe und Kontakt tauchen Ängste auf, die noch diffus bleiben. Wünsche nach partnerschaftlichen Beziehungen werden zunehmend klarer formuliert. Anschließend findet wieder eine In-vivo-Sitzung statt (mittlerweile das 5. In-vivo-Treffen; siehe Tabelle auf der nächsten Seite). Nun kommt es zum Ansprechen fremder Personen, parallel dazu werden immer die bereits bekannten Trainingssituationen eingebaut. Bei den Situationswiederholungen ist der Helfer anfangs immer dicht bei der Betroffenen, dann vergrößert er allmählich die Distanz zu ihr.

Aufgabe

Ein Teil der Lernziele aus den sechs Lernzielbereichen (s.o., die drei nichtsprachlichen und die drei sprachlichen Bereiche) konnte in der fünften Trainingssitzung berücksichtigt werden. Der größere Teil der verbalen Verhaltensziele steht aber noch immer aus. Er soll in den beiden folgenden In-vivo-Sitzungen bearbeitet werden. An dieser Stelle sind Sie als Leser gefragt: Es geht jetzt wieder um Sie!

Bitte versetzen Sie sich in die Lage, die folgenden beiden In-vivo-Sitzungen selbst planen zu sollen: Setzen Sie die tabellarische Übersicht fort! Berücksichtigen Sie die noch ausstehenden Lernziele aus den sechs Lernzielbereichen. Vielleicht haben Sie noch Ideen für zukünftige weitere Lernziele, die Sie ebenfalls formulieren wollen (vielleicht in einer achten und neunten In-vivo-Sitzung?). Vielleicht möchten Sie Aufgabenstellungen entwickeln, die „lustig" sind und leicht von der Hand, aus dem Mund gehen. Und: Vergessen Sie nicht die Vorschläge für die therapeutischen Hausaufgaben!

6. Sitzung ....
....
....
....

7. Sitzung ....
....
....
....

8. Sitzung ....
....
....
....

Weitere Sitzungen

8.2 „Fremde Menschen ansprechen"

Sitzung 5

Situationen/Trainingsablauf	Lernziele
Wiederholung 20 Minuten: a) Bürgersteig/Geschäftsstrasse: mit Passanten nichtsprachlich Kontakt aufnehmen; b) Verkäufer ansprechen	siehe Sitzung 3 und 4
Wechsel zu anderen Straßenabschnitten; Kontaktaufnahme zu fremden Passanten, dabei wird zuerst das deutliche „Auf-den-anderen-Zugehen" und „Auf-ihn-Zutreten" erprobt, dann erst wird das „Ansprechen" vertieft; mehrfach Wiederholungen jeweils mit Modellvorgabe des Helfers und Imitation der Betroffenen, unterschiedliche Aufgaben (z.B. Uhrzeit/Straße erfragen) und Rollen(z.B. als Tourist); Rückmeldungen, bei denen immer wieder der Lernzuwachs herausgearbeitet wird; daraus abgeleitete Neuplanungen; Pause am Imbiss	i. In die Laufrichtung des Fremden laufen j. Sich seitlich vor jemanden stellen k. Viererschritt (wie oben)
Neue Örtlichkeit: U-Bahn Vorplatz, viele Menschen; Helfer ist Modell, immer wieder Übungen der Betroffenen, dabei Wechsel von neuen und alte Lernzielen; dazwischen Pause auf Sitzbank; danach Hinlenkung auf stärkere Deutlichkeit der nichtsprachlichen Signale (z.B. Zunicken) und auf Klarheit des Sprechens	a.–j. (wie oben) k. Stimme klangvoll
Aufgabe für die Eigenarbeit: Trainingsplan erstellen, selbst die Situationen und die Lernziele dafür festlegen, täglich mindestens 3 Übungen durchführen, Erfahrungen protokollieren	a.–j.

8.3 Reden vor Publikum, Sprechen in Gruppen: Zehn Trainingssitzungen zur Bearbeitung von Sprechangst

Nachfolgend wird das Konzept eines In-vivo-Intensivtrainings für Menschen mit Sprechangst vorgestellt. Es umfasst 20 Termine à 120 Minuten, die sich über die Dauer von drei bis vier Monaten erstrecken. Die Veränderungsarbeit findet im Rahmen von sechs Arbeitsschwerpunkten statt, wobei das Kernstück (s. die Punkte 2 und 3) im Laufe von 12 Wochen zu bearbeiten ist:

1. *Individuelle Vorgespräche* zur Diagnostik, Motivationsklärung, Einführung ins Trainingskonzept; Aufbau des Kontaktes bzw. einer tragfähigen Arbeitsbeziehung zwischen Betroffenem und Helfer (2 Einzelsitzungen);
2. *In-vivo-Gruppenarbeit*/10 Treffen (s.u.);
3. *Anwendungstraining:* Als Nachbereitung zu jedem Treffen der In-vivo-Gruppenarbeit treffen sich die Betroffenen ohne Helfer in Kleingruppen (Zweier-/Dreiergruppen, ggf. in wechselnder Zusammensetzung) insgesamt mindestens 10-mal zweistündig: Trainingsinhalte sowie Arbeitsschritte aus der vorangehenden Gruppensitzung werden wiederholt, vertieft bzw. individuell modifiziert; für das Anwendungstraining werden Arbeitsmaterialien zur Verfügung gestellt;
4. *Selbsttraining/Eigenarbeit:* regelmäßige Beschäftigung (täglich) mit den Trainingsinhalten, Bearbeitung von Arbeitsbögen, Reflektion der Veränderungsschritte, Lesen von Texten bzw. Informationsmaterial, Führen eines In-vivo-Journals (siehe unten, S. 147ff; weitere Anregungen in „Therapeutische Hausaufgaben", Wendlandt 2002 a);
5. *Planungs- und Bilanzsitzungen im Behandlungsraum als Gruppensitzungen:* a.) Zwei Sitzungen vor Beginn der In-vivo-Gruppenarbeit: Kennenlernen der Teilnehmer, Festlegung der Arbeitsschritte und Trainingssituationen für die ersten In-vivo-Gruppentreffen sowie die Bildung von Kleingruppen für das Anwendungstraining; b.) Jeweils eine Sitzung Zwischenauswertung nach dem 3. und 6. In-vivo-Treffen zur Auswertung der bisherigen Gruppenarbeit und des Anwendungs- sowie des Selbsttrainings; c.) zwei Abschlusssitzungen mit Gesamtauswertung; dabei auch Erarbeitung individueller Selbsttrainingspläne für die persönliche Weiterarbeit und Planung eines weiterführenden Anwendungstrainings der Klienten in Kleingruppen; schriftliche Evaluation.
6. *Nachbetreuung*: Nach einem und nach vier Monaten findet jeweils eine Gruppensitzung zur weiteren Unterstützung der Betroffenen statt (in der Regel im Behandlungsraum).

Die Umsetzung des oben beschriebenen Trainingskonzepts wird im Folgenden bei einer Gruppe von 7 jungen Erwachsenen (Gymnasiasten, Bankkauffrau in der Ausbildung, Studenten) beschrieben. Dabei beschränken wir uns hier auf die Wiedergabe der für unsere Zwecke relevanten 10 In-vivo-Gruppensitzungen. Alle Betroffenen befinden sich in Gruppenzusammenhängen, in denen ihre verbale Beteiligung erforderlich wäre, sie aber nicht freiwillig sprechen. Das Halten von Vorträgen und Referaten – eine notwendige Voraussetzung eines erfolgreichen Ausbildungsabschlusses – haben sie systematisch umgangen. Die Angst, die Aufmerksamkeit anderer auf sich zu ziehen, im Mittelpunkt der Beachtung zu stehen, ist bei allen stark ausgeprägt, wobei die Angst, Fehler zu machen und sich dadurch zu blamieren, besonders dominiert.

Definition

Sprechangst ist weit verbreitet. Sie tritt als starke aktuelle Angstemotion in spezifischen Situationen auf, ist von zum Teil heftigen körperlichen Reaktionen begleitet (die unkontrollierbar erscheinen) und durch Flucht- und Vermeidungsreaktionen gekennzeichnet.

Von *Redeängstlichkeit* sprechen wir, wenn es eine Person grundsätzlich und immer als bedrohlich erlebt, vor mehreren anderen zu sprechen.

Publikumsangst ist eine spezielle Form der sozialen Angst. Sie tritt in einem sozialen Kontext auf, in dem öffentliche Bewertungen möglich bzw. üblich sind und wo sich die Person einer möglichen oder befürchteten sozialen Zurückweisung aussetzt.

Der Begriff *soziale Angst* wird in einem breiteren Sinne verwandt: Nicht das Sprechen, nicht das Publikum, sondern interpersonelle Beziehungen überhaupt lösen Unbehagen aus.

Lampenfieber kennen wir alle. Es ist eine natürliche menschliche Erscheinung, die sich als Aufgeregtheit vor einem Auftritt zeigt.

Kommunikative Befangenheit umfasst unterschiedliche Formen von Kommunikationsängsten, die sich auf die Äußerung eines bestimmten Verhaltens beziehen, zum Beispiel laut zu sprechen, „nein" zu sagen oder einen Kommunikationspartner zu kritisieren (s. o.: „Kategorien der Selbstsicherheit"; S. 74).

Mit *Sozialphobie* wird eine Angst bezeichnet, die als Krankheit gilt und als dritthäufigste psychische Störung bei ca. 13% der Bevölkerung auftritt: Sie umfasst zum einen spezifische Ängste (s.o.), die sich bei einer Person zeigen, wenn sie bestimmte Tätigkeiten (wie das Sprechen und Schreiben) ausführt, dabei im Mittelpunkt steht und glaubt, etwas Peinliches zu tun und wenn sie meint, andere könnten die Anzeichen ihrer Angst bemerken. Zum anderen besteht bei Sozialphobikern vielfach eine generalisierte Angst vor sozialen Situationen, die mit Ängsten vor Beobachtung und Interaktion zusammen hängt und als Folge zum Vermeiden sozialer Situationen geführt hat.

(vgl. Spitznagel et al. 2000; Niebuhr 2001; Juster et al. 2001)

Um ein besseres Verständnis für den Ablauf des folgenden Trainingskonzepts zu bekommen, werden hier gesondert einige der Prinzipien erläutert, die für das konkrete Vorgehen der zehn In-vivo-Trainingssitzungen wichtig waren:

Prinzipien für das In-vivo-Vorgehen mit einer Gruppe

▶ Der Helfer instruiert am Trainingsort (z.B. vor einem Geschäft) den Ablauf und die Zielsetzung der Übung, dabei wird das Zielverhalten von ihm noch einmal demonstriert (Modellvorgabe).
▶ Die Trainingssituation wird aufgesucht (z.B. das Geschäft betreten), der Helfer signalisiert deutlich (mit einem vorher vereinbarten Zeichen oder Wort) den Beginn der Übungsphase.
▶ Den Auftakt bildet in der Regel die deutliche Modellvorgabe des Helfers.
▶ Mit dem Ende der Modellvorgabe wissen die Teilnehmer, dass sie nun ihrerseits mit der Erprobung des Zielverhaltens an der Reihe sind.
▶ Der Helfer unterstützt die Erprobungen der Betroffenen durch Zuwendung, Nicken, verbale Verstärkungen und andere vereinbarte Zeichen (ggf. unterschiedliche Signale für unterschiedliche Verhaltensziele) sowie – immer wenn es erforderlich ist – durch nochmaliges Vormachen; diese Funktion übernehmen die Betroffenen untereinander, wenn sie in Kleingruppen arbeiten.
▶ Das Ende der Übungsphase wird wieder durch ein deutliches Signal des Helfers (oder des Übungspartners) gekennzeichnet.
▶ Beim Erwerb neuer sozialer Verhaltensweisen hat immer erst einmal die „Wiederholung" und „Festigung" bereits erprobter Verhaltensziele Vorrang vor dem „Neuerwerb" zusätzlicher Verhaltensweisen.
▶ Am Ende jedes In-vivo-Treffens werden Absprachen für das Anwendungstraining und das Selbsttraining getroffen, wobei auf eine Individualisierung der Aufgabenstellungen geachtet wird: Jeder entscheidet sich für Aufgaben, die für seinen individuellen Lebensrahmen von Bedeutung sind.

(Weitere Gesichtspunkte zur Durchführung der In-vivo-Gruppenarbeit: s.o., S. 38ff.)

Die Anzahl der jeweiligen Sitzung, Orte und Inhalte sowie Hinweise und Kommentare zum In-vivo-Ablauf sind in der folgenden Tabelle aufgeführt.

Anzahl der Sitzung/Orte/Inhalte	Hinweise/Kommentar
1. Sitzung: Sprechen in der Öffentlichkeit 1	Zweiergespräche beim Warten, zunehmend persönlichere Themen und dichteres Gedränge, allerdings geht das individuelle Sprechen noch im Geräuschpegel unter (bei persönlicheren Themen bietet Geräuschkulisse Schutz)
z.B.: Schlange vor dem Wurst-/Käsetresen, am Post-/Bankschalter;	
an/zwischen Marktständen	
2. Sitzung: Sprechen in der Öffentlichkeit 2	Unterhaltung an Örtlichkeiten, an denen normalerweise geschwiegen wird; zunehmend stärkeres Exponiertsein; Fremde bekommen Gesprächsinhalte mit; Themen: von „Konversation" bis „Fachgespräch"
Verkehrsmittel	
Fahrstuhl	
Museum	

Anzahl der Sitzung/Orte/Inhalte	Hinweise/Kommentar

3. Sitzung: nonverbale Signale
Betreten von und Aufenthalt in Räumen mit öffentlichem Publikum
  a. Körpersprache: selbstsicheres Laufen, erhobenen Hauptes umherschauen,
  b. „Ich-bin-da-Signale"[1] beim Sitzen
	Betreten von Geschäften/Lokalen/Cafes/Wartebereichen von Ämtern: Herumlaufen und Ausschau halten nach „Bekannten"; Platz nehmen, entspannt sitzen; Gespräche wie oben
	Sich deutlich zeigen: körpersprachlich zugewandt und expressiv von Blick, Mimik und Gestik, Anteilnahme signalisieren; dies findet in Kleingruppen in der Mensa/Cafeteria statt: einer spricht (Monolog), der andere übt das Zielverhalten (anschließend Rückmeldung und Rollenwechsel)

4. Sitzung: Zu Ruhe kommen in fremder Gruppe, vor fremdem Publikum
  a. „Stopp-Innehalten-Runterschalten"[2]
  b. Wiederholung: „Ich-bin-da-Signale"
	Teilnahme an öffentlicher Veranstaltung (heute Bildungszentrum) Einsatz von Selbstkontrolltechniken zur Spannungslösung; mehrmals nichtsprachliche Signale der Anteilnahme am Diskussionsverlauf zeigen, deren Häufigkeit notieren (stricheln); keine Redebeiträge[3]

5. Sitzung: Kurzzustimmung
  c. Ein-Wort-Einwürfe: Zustimmung[4]
  d. Ein-/Zwei-/Drei-Wort-Einwürfe
	Besuch einer Lesung im Jugendklub; nur immer eine bestätigende/zustimmende Äußerung soll als Einwurf erfolgen; anfängliche Regel „nur ein Wort!" („ja", „genau", „gut") begünstigt schnell Nennungen mehrerer Worte[5]

6. Sitzung: Sich stimmlich exponieren
  e. Kurzzustimmung mit Variation von Stimme, Lautstärke, Betonung
  f. Nachfragen/Klärung erbitten
	Infoabend Nachbarschaftsheim: alle Zielverhaltensweisen (a.–d.) gelten; neu: auf die eigene Stimme und Sprechweise achten und lauter, langsamer, mit Nachdruck/Betonung und deutlicher sprechen; außerdem: Kurzes Nachfragen zum Klären von Sachverhalten („Wieso?", „Wie ist das gemeint?", „Bitte noch mal!")

7. Sitzung: Sich in den Mittelpunkt stellen (Aufstehen bei jeder Äußerung)
  g. Dreierschritt: Verbales Signal – Aufstehen – Nachfragen/Klärung erbitten
  h. Eigene Assoziationen („Mir fällt dabei ein ...")
	Vortragsveranstaltung der Volkshochschule: alle Zielverhaltensweisen wie oben; neuer Dreierschritt: lautes verbales Signal, z.B.: „Verzeihung" (nun werden alle aufmerksam), Aufstehen (Anwesende werden zu „Publikum"), Frage stellen; zusätzlich: assoziatives Äußern eigener Gedanken und Gefühle[6]

8. Sitzung: Standhalten i. Dreierschritt: Verbales Signal – Aufstehen – Nachfragen/Klären – noch einen Moment stehen bleiben und einzelne Personen aus dem Publikum anschauen	Besuch einer Infoveranstaltung des Arbeitsamtes, Kleingruppen verteilen sich im Raum; der letzte Schritt „Blickkontakt zum Publikum" erweist sich als besonders hilfreich für den Ablauf

9. Sitzung: Vertiefung und Festigung
  j. Individuelle kommunikative Lernziele
  k. „Nachschieben"/sich gleich noch einmal äußern
	Besuch einer Info-Veranstaltung in einem Selbsthilfetreff; Arbeit vor allem an der teilweise noch zu geringen Expressivität (Zugewandtheit, Lautstärke, Ausdrucksgestaltung); Betroffene in Zweiergruppen im Raum verteilt, größere Distanz zum Helfer als bisher

10. Sitzung: Beginn von Wechselgesprächen l. „Ping-Pong" (Dialog)[7]	Hochschulöffentliche Veranstaltung; alle Teilnehmer der In-vivo-Gruppe üben an bekannten Lernzielen im Plenum[8]; anschließend Verteilung zu zweit/dritt auf Arbeitsgruppen in kleinere Räume, dort neues Lernziel: „Dranbleiben", sich mehrmals nacheinander äußern, sodass es zu einem Hin und Her, zu einem Dialog mit einem anderen Sprecher kommt

---

[1] „Ich-bin-da-Signale" (vgl. Wendlandt 2002 a, S. 123 f) umfassen eine breite Palette nichtsprachlicher Mitteilungen, die dem Gegenüber/Publikum die eigene Präsenz (z.B. aktuelle Aufmerksamkeit, innere Teilnahme, Gesprächsbereitschaft, Aktiviertheitsgrad, Gestimmtheit) verdeutlichen. Diese Signale sind die Vorboten verbaler Beteiligung. Sie stellen sicher, dass andere Menschen uns als beteiligt wahr-

8.3 Reden vor Publikum, Sprechen in Gruppen

nehmen (auch wenn wir noch nicht gesprochen haben), und sie gehen unseren verbalen Mitteilungen (ohne dass wir das bewusst steuern müssten) normalerweise voraus. Sie bewirken zusätzlich, dass uns die anderen in das Geschehen einbeziehen. Es ist gut zu wissen, dass es solche „Ich-bin-da-Signale" gibt. Wir können sie relativ einfach erwerben, ist es uns doch gelungen, sie in ganz bestimmten Situationen erfolgreich auszublenden: In der Schule haben die meisten von uns die Fähigkeit gelernt, sich „unsichtbar" zu machen, unscheinbar zu werden, den Blick abzuwenden, um ja nicht vom Lehrer aufgerufen zu werden.

[2] „Stopp-Innehalten-Runterschalten" ist eine Entspannungsmethode, die schnell erlernbar und in Alltagssituationen gut einsetzbar ist (s. Wendlandt 2002 a, S. 113f).

[3] Dieses „Verbot" mindert Angst, reduziert eigene uneingestandene Leistungsansprüche und begünstigt gleichzeitig (paradoxerweise) ein spontanes Ausprobieren verbaler Äußerungen.

[4] „Einwürfe machen" (vgl. Wendlandt 2002 a, S. 125 f): Es geht darum, an ein nichtsprachliches Signal eine sprachliche Kurzmitteilung „anzuhängen", die so kurz und einfach zu halten ist, dass sie wenig Leistungsanforderungen beinhaltet.

[5] Von „ein Wort" bis zu „vier Wörter" geht es erstaunlich schnell: Wer beim zweiten angelangt ist („na sicher", „klar doch", „weiter so"), verbalisiert dann häufig unbeabsichtigt schon das dritte Wort („finde ich auch" oder das vierte („sehe ich auch so").

[6] Hier ist es wichtig, dass der Helfer den Mut hat, selbst als Modell Beiträge zu präsentieren, die unverständlich bleiben (zum Beispiel: „Wir haben das in unserer Einrichtung wieder mal nur für andere machen."), nicht im Zusammenhang mit dem Vorhergesagten stehen (z.B. wenn es im Gesprächsablauf gerade um die Frage der Kindererziehung geht, wird ein ganz anderes Thema angeschnitten: „Die Urlaubregelungen müssen geändert werden!"). Die Betroffenen werden ermutigt, sich Fehler zuzugestehen und die eigene Zensur zu lockern. Alles darf sich verquer anhören! Assoziatives ist gefragt! Die Unerbittlichkeit sozialer Normen wird in dieser Phase sehr deutlich gespürt – die Chance, die engen Grenzen zu erweitern, wächst.

[7] „Ping-Pong" (s. Wendlandt 2002 a, S. 127 f): Es werden Grundeinsichten in das dialogische Kommunizieren vermittelt und Kompetenzen erworben, ein Wechselgespräch zu initiieren, bei dem Richtung und Inhalt des Gespräches von einem selbst mitbestimmt werden.

[8] Der Helfer setzt, wie bei den vorausgegangenen Trainingssituationen auch, immer wieder selbst die Zielverhaltensweisen ein, ohne dass die fremden Diskussionsteilnehmer dies als Modellvorgabe entschlüsseln könnten. Für die Betroffenen sind die gezielten Demonstrationen des Helfers (und seine Blicke/Signale) motivierende Erinnerung und hilfreiche Orientierung für die Gestaltung des eigenen Zielverhaltens.

Aufgabe

Beim Lesen des Trainingskonzeptes werden Sie festgestellt haben, dass der Eigenarbeit eine große Bedeutung beigemessen wird: Experimente im Alltag, die in der Gruppe begonnen werden, finden ihre Wiederholung in der Kleingruppe, bevor sie auch im Selbsttraining durchgeführt und die zugehörenden Verhaltensweisen gefestigt werden. Eine Veränderung der Sprechangst ist schwer vorstellbar ohne eine selbstständige und konsequente Eigenarbeit.

„Eigenarbeit" soll nun auch für Sie zum Thema der folgenden Aufgabenstellung werden:
1. Klären Sie bitte nach dem Lesen der 10 Trainingssitzungen, welche der dort beschriebenen Zielsetzungen für Ihr eigenes Auftreten und Sprechen in Gruppen von Bedeutung ist.
2. Gehen Sie dann noch einmal den Trainingsablauf durch und notieren Sie eigene „Selbsttrainingssituationen", die Sie in Ihrem Lebensalltag stattfinden lassen könnten. Was genau könnten Sie wo (in welcher Gruppensituation) ausprobieren?
3. Und wen werden Sie in Ihre Erprobungsexperimente einbeziehen – wer macht mit, wer hilft?

8.4 Entspannung im Alltag: Ein 10-Wochen-Generalisierungsprogramm für die Progressive Muskelentspannung nach Jacobson

„Was kann ich bloß tun, damit meine Entspannungsfähigkeit auch in Stresssituationen abrufbar wird?" Diese Frage stellen immer wieder Menschen, die Entspannungsverfahren gelernt haben, jedoch darüber unzufrieden sind, dass sie das Gelernte gerade dort nicht anwenden können, wo sie es am nötigsten hätten: Im Alltag, wenn die Angst die Kehle zuschnürt und das Herz zu jagen anfängt, wenn der Schweiß ausbricht und die Knie weich werden.

Im Folgenden wird ein Trainingsprogramm vorgestellt, das als Einzel- oder Gruppenmaßnahme durchzuführen ist, und bei dem es um die Anwendung von Entspannungsfähigkeiten in belastenden Alltagssituationen geht. Zentrale Methode ist dabei die In-vivo-Arbeit, bei der vier unterschiedliche körperbezogene Trainingsbausteine zum Einsatz kommen (s. Kasten):
1. Übungen aus der Progressiven Muskelentspannung (PME) nach Jacobson;
2. Sensibilisierungsübungen;
3. der „Spaziergang durch den Körper" und
4. das „Stopp-Innehalten-Runterschalten".

Diese vier Bausteine, die bereits langjährig erprobt sind (vgl. Wendlandt 2002 d), werden hier miteinander kombiniert: Das vorgestellte Ablaufschema ist für den Zeitraum von 10 Wochen konzipiert und enthält diejenigen Arbeitsschritte, die entweder in den Trainingssitzungen mit dem Helfer durchgeführt werden können oder die der Betroffene alleine (oder in seiner Selbsthilfegruppe) in Eigenarbeit absolvieren kann. In jeder Sitzung/Woche sind die vorausgegangenen Übungen zu wiederholen und zu vertiefen. Wenn die In-vivo-Arbeit zusammen mit einem Helfer erfolgt, führt dieser die Übungen ebenfalls durch. Eine Nachbesprechung und Auswertung nach jeder Übung ist sinnvoll. Der Betroffene protokolliert ggf. selbst seine Wahrnehmungen und Einschätzungen in einem In-vivo-Journal (s.u., S. 147ff) oder in Arbeitsbögen, die sich gesondert dafür erstellen lassen (vgl. „Protokoll- und Registrierungssysteme", Wendlandt 2002 a, S. 76–89). Zum Ende des Generalisierungstrainings ist dafür zu sorgen, dass zusätzlich zu den vorgegebenen Trainingssituationen individuell bedeutsame Aufgabenstellungen in den Trainingsplan aufgenommen werden. Die Arbeitsschritte in den In-vivo-Sitzungen sind gleichzeitig Aufgabenstellungen für die Eigenarbeit während der Woche.

Wichtig

Informationen zu den Trainingsbausteinen

Übungen aus der Progressiven Muskelentspannung

Voraussetzung: Die Progressive Muskelentspannung (PME) muss bereits im Behandlungsraum erlernt worden sein, bevor mit dem hier vorgestellten Generalisierungsprogramm begonnen werden kann.

Ziel: Willentliches Lokalisieren von körperlichen Spannungszuständen und gezieltes Loslassen der angespannten Muskelpartien in belastenden Alltagssituationen; willentliches Reduzieren des Erregungszustandes; gezielte Einflussnahme auf Ängste und Unsicherheiten und damit einhergehende negative Gedanken und Gefühle

Verfahren: Im Rahmen des Generalisierungsprogramms kommen einzelne Übungen bzw. Übungsteile aus der PME an unterschiedlichen Orten und unter zunehmend schwierigeren Bedingungen zur Anwendung; Abwandlungen der Übungen sind vor allem bei den Anspannungsphasen vorzunehmen, damit sie in der Öffentlichkeit nicht auffallen. Ist ein Helfer vorhanden, wird immer erst mit Fremdinstruktionen begonnen, bevor der Betroffene dann zur Selbstinstruktion übergeht.

Ergebnis: Die Anwendung in unterschiedlichen Alltagssituation führt dazu, dass insgesamt eine verbesserte Selbstwahrnehmung hinsichtlich Körperspannungen möglich wird und deshalb die Fähigkeit zum Loslassen im Sinne einer automatisierten Selbststeuerung erfolgt. Damit bildet sich beim Anwender eine „präventive Spannungsreduktion" aus: Schon unmittelbar vor der schwierigen Alltagssituation kommt es zu einer unwillkürlichen Korrektur von Verspannungszuständen.

Die PME wurde ursprünglich von Jacobson Anfang der dreißiger Jahre des vorigen Jahrhunderts entwickelt (Jacobson 1938, 1990). Sie ist eines der bekanntesten

Entspannungsverfahren der Welt. In der modifizierten Kurzform (vgl. Bernstein u. Borkovec 1990, Wendlandt 1992) wird die Progressive Muskelentspannung auch im deutschen Sprachraum mit sehr unterschiedlichen Zielsetzungen eingesetzt: Nicht nur zur Behandlung und Prävention von Krankheiten, psychischen Störungen und zur Verarbeitung von Krisen und belastenden Lebenslagen, sondern auch als Instrument zur Gesundheitsförderung, zur Steigerung der Kreativität und des allgemeinen psychischen Wohlbefindens hat sie eine große Verbreitung erfahren (vgl. Vaitl u. Petermann 1993, Petermann u. Vaitl 1994, Payne 1998, Maerker 2001).

Sensibilisierungsübungen

Ziel: Anleitung zur verbesserten Wahrnehmung eigener körperlicher Empfindungen; Hinlenkung auf unterschiedliche Wahrnehmungsbereiche/-kanäle; Intensivierung des Körpererlebens.

Verfahren: Hören von Umgebungsreizen (Geräusche, Stimmen, Vogelgezwitscher), Spüren von Sitzflächen (Balken der Parkbank, Metallgitter des Caféhausstuhls, Beton eines Pflanzenkübels), Berührungsreizen und Temperaturunterschieden beim Anlehnen an unterschiedlichen Objekten (Häuserwände, Metall-, Holz- und Glasflächen) bzw. beim Laufen über unterschiedliche Böden (Gras, Kopfsteinpflaster, Asphalt, Baumstamm), taktile Erfahrungen mit Fingern und Händen beim Berühren, Greifen und Festhalten unterschiedlicher Materialien. Riechen von Düften und Gerüchen (Parfümerie, Müllkästen), Schmecken bekannter und unbekannter Nahrungsmittel (auch mit geschlossenen Augen). Weitere Variationen sind u.a.: Wie schmeckt ein bestimmter Geruch? Wie tönt eine bestimmte Farbe? Wie fühlen sich unterschiedliche Rhythmen (Schlagzeug/Musik) an?

Ergebnis: Die angesprochenen Wahrnehmungen sind Betroffenen oft leichter zugänglich als das selbstversunkene Erleben von „Entspannung": Die Wahrnehmungen müssen nicht gleich „nach innen" gerichtet werden, bedürfen keiner Stille und Selbstversunkenheit, sondern können sich „nach außen" richten, auf das eigene Handeln (z.B. das Anfassen der Rinde eines Baumstammes). In diesem Sinne stellen Sensibilisierungsübungen einen guten Einstieg in die entspannungsbezogene Arbeit dar und stärken die Motivation zum Selbsttraining.

Spaziergang durch den Körper

Ziel: Verbesserung der Körperwahrnehmung in alltäglichen Situationen, ohne eine gezielte Entspannungsübung mit einer bestimmten Körperhaltung einnehmen zu müssen; relativ schneller Wechsel der Aufmerksamkeitszuwendung zu unterschiedlichen Körperregionen bzw. Muskelgruppen; Lokalisierung unterschiedlicher Körperregionen bei gleichzeitiger Wahrnehmung der Umgebungsreize; Registrierung von Spannungszuständen und ungünstigen Körperhaltungen.

Verfahren: Helfer benennt ein Körperteil (z.B. Stirn), Betroffener versucht, diese Region zu lokalisieren, dort innerlich „anzukommen" und das Empfinden dort (z.B. Spannungszustand) wahrzunehmen. Der Helfer kombiniert Körperregionen, die aus der PME bekannt sind (Hände – Kiefermuskeln – Bauch) mit solchen, die fremd sind bzw. erst einmal „komisch" erscheinen (z.B. Kinnspitze – Kniekehle links – Ohrläppchen rechts – Nasenspitze – rechter Ellenbogen). Dieser Ablauf findet bei geöffneten Augen statt, anfänglich im Sitzen (wieder an unterschiedlichen Orten), später im Gehen und bei unterschiedlichen kommunikativen Handlungen (z.B. beim Einkaufen), Helfer benennt später nicht mehr die Körperregion, sondern gibt aus der Distanz Signale (legt beispielsweise seine Hand auf den Bauch oder streicht sich über die Stirn).

Ergebnis: Zugang zum eigenen Körperempfinden wird möglich, als Folge kommt es automatisch zu Reaktionen des Loslassens in den wahrgenommenen Muskelpartien, es stellt sich die Gewissheit ein, bewusst einzelne Muskelpartien beeinflussen zu können; Erstaunen und Neugier werden wach angesichts des Gewahrwerdens von bisher nicht zugänglichen Körperregionen (s.o., Nasenspitze), eine Motivationssteigerung beim Betroffenen ist die Folge.

Stopp-Innehalten-Runterschalten

Ziel: Blitzschnelles Lokalisieren eigener körperlicher Anspannungsreaktionen, willentliche Spannungsreduktion in verschiedenen Muskelpartien, Einsatz dieser Selbststeuerungstechnik in individuell bedeutsamen Belastungssituationen.

Verfahren: Es besteht aus einem Dreierschritt, der immer wieder während unterschiedlicher alltäglicher Handlungsabläufe, auch während belastender Situationen und kommunikativer Anforderungen, erprobt wird und bei dem sich der Betroffene nach einer kurzen „inneren Ein-Stellung" schnell wieder gedanklich „nach außen" richten kann, um mit seinem Alltagshandeln fortzufahren.

a) Stopp: Denk- und Handlungsablauf durch die Selbstinstruktion „Stopp!" unterbrechen;
b) innehalten: Bewegungslos verharren und sich blitzschnell dem eigenen Körperempfinden zuwenden; Körpersignale wahrnehmen; spüren, wo Spannungen „sitzen";
c) runterschalten: Muskeln lockern, Spannungen lösen; sich im Stillen gezielt anweisen, die Körperspannung insgesamt zu senken; Signalwörter wie „Loslassen!", „Ruhe!", „Entspannen!" verwenden; neben der allgemeinen Selbstinstruktion zum Runterschalten sind auch gezielte Anweisungen für konkrete Veränderung hilfreich: „Sitzhaltung locker!" oder „Fußsohlen am Boden spüren!", „Stimme tiefer!", „Sprechtempo ruhiger!", „Stirnhaut locker!", „Bauch loslassen!"

Ergebnis: Da es sich nicht nur um ein leicht handhabbares, sondern auch ein sehr wirkungsvolles Selbstkontrollverfahren handelt, entstehen beim Anwender dieser Technik Selbstvertrauen und Zuversicht, mit Unsicherheiten und Ängsten in Belastungssituationen erfolgreich umgehen zu können.

Weitere Informationen zu den vier Trainingsbausteinen und Hinweise zur Anwendung von Entspannung im Alltag siehe: Wendlandt 2002 d.

Trainingsablauf

1. In-vivo-Sitzung/Erste Woche

- *PME im Sitzen, Augen zu – ruhige Orte, kaum Publikum*: Kurze Entspannungsphasen an unterschiedlichen Orten, Helfer instruiert, Betroffener verbalisiert im Stillen mit.
- *Sensibilisierungsübungen*: Zentrierung auf Körperwahrnehmung: Der Helfer instruiert unterschiedliche Handlungen, bei denen körperbezogene Erfahrungen an verschiedenen Orten und mit unterschiedlichen Sinnen möglich werden.
- *Spaziergang durch den Körper im Sitzen, wenig Störreize in der Umgebung*: Mehrmals und an unterschiedlichen Orten benennt Helfer verschiedene Muskelpartien/Körperteile, Betroffener versucht, diese Bereiche in seinem Körper zu lokalisieren und das Empfinden dort (beispielsweise Spannungszustand) wahrzunehmen.

2. In-vivo-Sitzung/Zweite Woche

- *PME im Sitzen, Augen auf – ruhige Orte, kaum Publikum:* kurze Entspannungsphasen an unterschiedlichen Orten, Helfer instruiert, Betroffener verbalisiert im Stillen mit.
- *PME im Stehen, Augen auf – ruhige Orte, kaum Publikum:* lockere Körperhaltung, entspanntes Austarieren von Kopf und Armen, Knie nicht durchdrücken, Kontakt zum Boden spüren; Helfer instruiert, Betroffener verbalisiert still mit.
- *Sensibilisierungsübungen* – Zentrierung auf Körperwahrnehmung: Der Betroffene instruiert sich selbst (klare Anweisungen erteilen!), unterschiedliche Handlungen auszuführen, bei denen körperbezogene Erfahrungen an wechselnden Orten und mit unterschiedlichen Sinnen möglich werden. Die Selbstinstruktionen sind flüsternd (für den Begleiter gerade noch hörbar) vorzunehmen.
- *Spaziergang durch den Körper im Sitzen, unruhige Umgebung:* Mehrmals und an unterschiedlichen Orten benennt der Helfer verschiedene Muskelpartien/Körperteile; Der Betroffene versucht, diese Bereiche in seinem Körper zu lokalisieren und das Empfinden dort (zum Beispiel Spannungszustand) wahrzunehmen.

3. In-vivo-Sitzung/Dritte Woche

- *PME im Sitzen, Augen auf – unruhige Umgebung:* einzelne Übungselemente in öffentlichen Verkehrsmitteln oder im Schalterraum von Post/Bank oder an „hektischen Orten" (Fußgängerzone, Bahnhof) durchführen; Achtung: Es geht noch nicht um das Trainingsziel „Entspannung", sondern – angesichts der Störreize – immer wieder nur um das gezielte Loslassen einzelner Muskelpartien! Fremd- und Selbstinstruktion.
- *PME im Stehen, Augen auf – belebte Umgebung:* kein Blickkontakt zu Passanten, sondern Blick auf Plakate bzw. in Schaufenster richten; Fremd- und Selbstinstruktion.

- *Sensibilisierungsübungen:* Zentrierung auf Körperwahrnehmung wie oben; Selbstinstruktionen erfolgen im Stillen, der Begleiter führt die Übungen ebenfalls aus.
- *Spaziergang durch den Körper im Laufen, unruhige Umgebung:* Wechsel von Fremd- zu Selbstinstruktion; sonst wie oben.

4. In-vivo-Sitzung/Vierte Woche

- *PME im Stehen als Selbstinstruktion, Augen auf*: Blick auf belebte Umgebung, noch kein Fixieren von Passanten.
- *PME im Laufen als Fremdinstruktion – ruhige Umgebung:* z.B. am Wasser, in grüner Vorstadtstrasse, in Parks.
- *Spaziergang durch den Körper in vereinfachter Ausführung*: Wechsel von Partie A (z.B. „rechte Hand") zur Partie B (z.B. „Fußsohle links"); dies beim Blickkontakt mit Passanten (z.B. bei deren Annäherung) durchführen oder im Gespräch mit Freunden und Bekannten.
- *Stopp-Innehalten-Runterschalten in ruhiger Umgebung:* Die Instruktion zum Innehalten (als Fremd- oder Selbstinstruktion) hat klar und eindeutig zu erfolgen; die Zeit zum Wahrnehmen (Selbstbeobachtung) sollte ausreichend lang sein; der Impuls zum Gegensteuern/Loslassen sollte deutlich erfolgen und von einer Selbstinstruktion begleitet sein. Der gesamte Vorgang dieser Selbststeuerung ist erst abgeschlossen, wenn tatsächlich ein Nachlassen von Spannungsempfindungen in einer oder mehreren Muskelpartien bzw. als zunehmende Lockerheit der Körperhaltung erlebt wird.

5. In-vivo-Sitzung/Fünfte Woche

- *PME im Laufen – unruhige Umgebung:* Fußgängerzone, Einkaufsstraße, Geschäfte, Kaufhaus; auch Aufenthalt in Verkehrsmitteln.
- *Spaziergang durch den Körper wie oben:* ggf. zwei andere Muskelpartien/Körperbereiche; beim Sitzen in gut besetzten Verkehrsmitteln; Durchführung auch in Gesprächen mit Fremden.
- *Stopp-Innehalten-Runterschalten als Selbstinstruktion, Umgebung etwas „belebter":* sonst s.o.

6. In-vivo-Sitzung/Sechste Woche

- *PME beim Einkaufen in Geschäften und Gesprächen mit Verkäufern:* jeweils Kurzanspannung einzelner Muskelpartien mit blitzschnellem anschließenden Loslassen vor der angstbesetzten Handlungssequenz, zum Beispiel vor Sprechbeginn.
- *Spaziergang durch den Körper wie oben:* nun allerdings drei oder vier Muskelpartien/Körperbereiche „innerlich abwandern".
- *Stopp-Innehalten-Runterschalten in unruhiger Umgebung als Selbstinstruktion:* gegebenenfalls durch Fremdinstruktionen immer wieder unterstützen.
- *Bilanz ziehen*: Was ist gelungen? Was steht noch aus? (Im Kap. 9 finden Sie eine Anleitung zum Bilanzziehen, s. S. 150f.) Ergebnisse der Bilanz bei der Planung der folgenden vier Wochen berücksichtigen; gegebenenfalls zusätzliche, individuell bedeutsame Trainingssituationen bearbeiten.

7. und 8. In-vivo-Sitzung/Woche

- *PME beim Einkaufen, Telefonieren, Erkundigungen bei Bank, Post und andern individuell bedeutsamen öffentlichen Situationen:* ggf. vor angstbesetzter Handlungssequenz (z.B. Sprechbeginn) jeweils die aus der PME bekannte Kurzgesamtanspannung durchführen, dann blitzschnelles gesamtkörperliches Lösen/Loslassen.
- *Spaziergang durch den Körper wie oben:* Individuell bedeutsame Muskelpartien/Körperbereiche, in denen typischerweise immer wieder Verspannungen auftreten, „innerlich abwandern".
- *Stopp-Innehalten-Runterschalten in hektischer Umgebung als Selbstinstruktion*: ggf. durch Fremdinstruktionen immer wieder einmal unterstützen; Training in typischen Stresssituationen;
- weitere individuell bedeutsame Übungen.

9. und 10. In-vivo-Sitzung/Woche

- *Wiederholen* und Vertiefen der bisher durchgeführten Übungen,
- Ergänzung durch weitere *individuell bedeutsame Übungen,*
- vor allem: *wiederholtes Training in sozialen Belastungssituationen.*

Selbstständige Weiterarbeit

Nach der achten Sitzung des Generalisierungsprogramms sollte (Bezug nehmend auf die Ergebnisse der Bilanz) begonnen werden, sich auf die Zeit nach Abschluss der zehnwöchigen Arbeit vorzubereiten: Welche Programmschritte sollten fortgeführt, welche zusätzlichen Übungsaufgaben bearbeitet werden, um eine Stabilisierung der erzielten Erfolge in Eigenregie sicherzustellen?

Aufgabe

Das *Stopp-Innehalten-Runterschalten* ist ein Verfahren, das in den unterschiedlichsten Alltagssituationen eingesetzt werden kann. Es ist schnell erlernbar, leicht anzuwenden und tut ausgesprochen gut. Erproben Sie es! Wenden Sie es im Auto an, bevor Sie starten oder bevor Sie den Wagen verlassen. Oder an roten Ampeln (die Zeit reicht dazu allemal!). Nutzen Sie es während einer Bahnfahrt oder in einer langweiligen Dienstbesprechung. Geben Sie sich die Instruktion beim Schlangestehen auf der Post. Später werden Sie es auch mit Vergnügen anwenden können, wenn Sie sich unterhalten, mit einer vertrauten Person oder in einer Auseinandersetzung mit einem Stinkstiefel. Legen Sie kleine Rituale fest: Den leckeren Capuccino erst dann an die Lippen setzen oder mit dem Zeitunglesen erst dann anfangen, wenn Sie vorher kurz das Stopp-Innehalten-Runterschalten vorgenommen haben. Es wird klappen – Sie gewinnen Einfluss auf Ihre Körperspannungen. Erschöpfungen können weichen. Ihr Kopf wird frei. Ein entspannter Geist wird leichter Lösungswege finden.

Teil III In-vivo-Praxis: Materialien für Helfer und Arbeitsbögen für Betroffene

9   Arbeitsschritte und Prinzipien des Vorgehens

Wo geht's heute hin?

Die **Orte des Trainings** lassen sich auch bei jüngeren Kindern spielerisch erarbeiten: „Du malst – ich rate!" Der Therapeut bittet das Kind, einen Gegenstand aufzumalen, der verrät, an welchen Ort es heute seine In-vivo-Übung durchführen möchte. Der Therapeut muss den gewünschten Ort und die gewünschte Übungsaufgabe/Handlung raten.

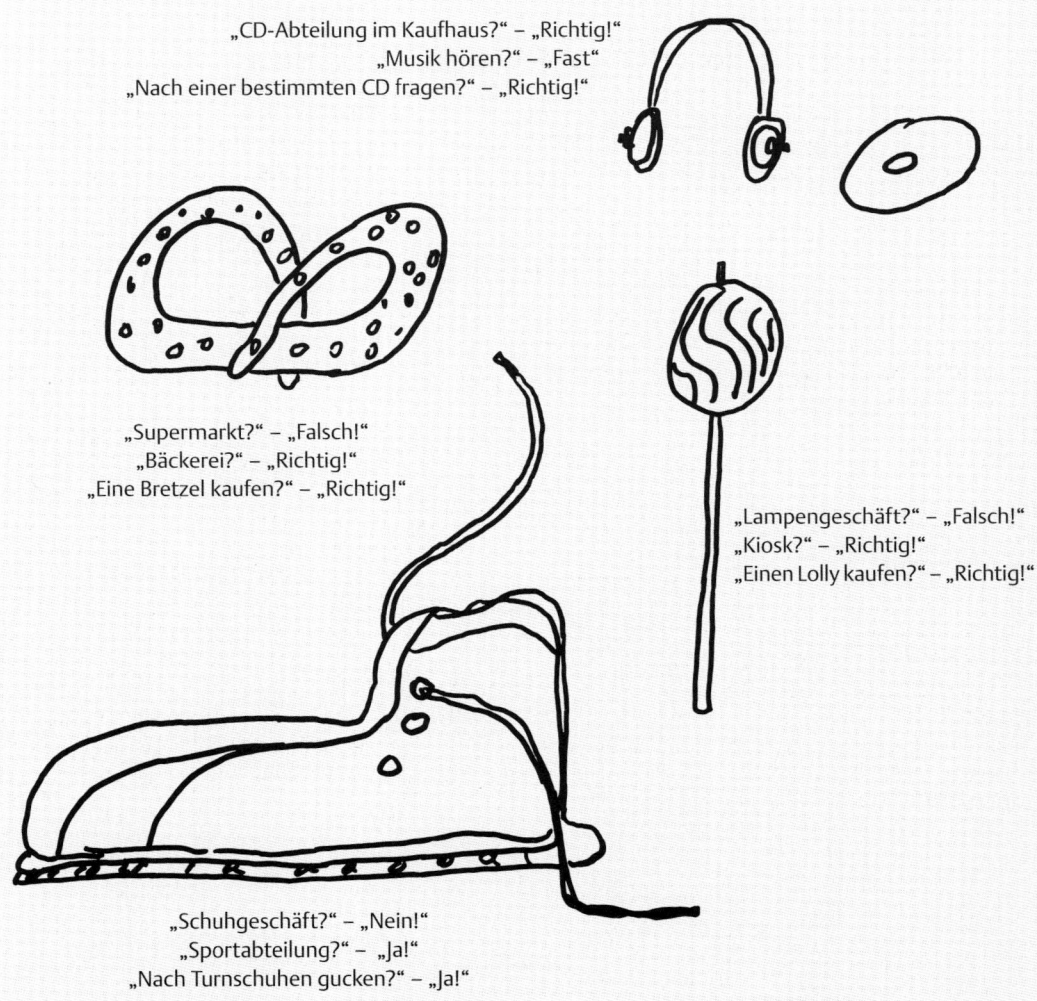

„CD-Abteilung im Kaufhaus?" – „Richtig!"
„Musik hören?" – „Fast"
„Nach einer bestimmten CD fragen?" – „Richtig!"

„Supermarkt?" – „Falsch!"
„Bäckerei?" – „Richtig!"
„Eine Bretzel kaufen?" – „Richtig!"

„Lampengeschäft?" – „Falsch!"
„Kiosk?" – „Richtig!"
„Einen Lolly kaufen?" – „Richtig!"

„Schuhgeschäft?" – „Nein!"
„Sportabteilung?" – „Ja!"
„Nach Turnschuhen gucken?" – „Ja!"

Wendlandt: Veränderungstraining im Alltag. Arbeitsbogen 11. Thieme 2003

9 Arbeitsschritte und Prinzipien des Vorgehens

Im Folgenden werden grundlegende Hinweise für die Praxis der In-vivo-Arbeit vermittelt. Es geht dabei sowohl um die Vorbereitung und Planung als auch um die Durchführung und Auswertung dieser Methode. Die Ausführungen beziehen sich dabei auf zweierlei:
▶ einerseits auf wichtige Arbeitsschritte, die bei jeder Art von In-vivo-Arbeit genutzt werden können,
▶ andererseits befassen sie sich mit ausgewählten Arbeitsprinzipien, die beachtet werden sollten, damit die In-vivo-Bemühungen erfolgreich werden können.

Jedes Unterkapitel informiert über ein neues Thema, das auf eine allgemeine Weise vorgestellt und dann in Form eines Arbeitsbogens veranschaulicht wird. Die Arbeitsbögen wurden für die Hand der Betroffenen geschrieben, um deren Eigenarbeit zu unterstützen. Die folgende Tabelle gibt einen Überblick zu den Themen/Arbeitsschritten und den ihnen zugeordneten Arbeitsbögen.

Mit den Ausführungen in diesem Kapitel wird ein Ablauf bzw. eine Struktur des In-vivo-Vorgehens vorgegeben. Dies soll allerdings nicht zu der Annahme verleiten, dass sich In-vivo-Arbeit immer nach einem festen Muster zu richten habe, so als sei für jeden Betroffenen der gleiche Ablauf sinnvoll. Vielmehr sollen Betroffene und Helfer ermutigt werden, bei der konkreten Ausgestaltung des Vorgehens die Bedürfnisse der betroffenen Personen, ihre gegenwärtigen Veränderungsziele und aktuellen Handlungsmöglichkeiten im Auge zu behalten und den hier vorgestellten Leitfaden immer wieder zu „individualisieren". Das bedeutet, Betroffene und Helfer sollten abwägen, ob
▶ einzelne der hier vorgestellten Arbeitsschritte übersprungen werden können,
▶ ob zusätzliche Handlungsschritte eingefügt werden sollten,
▶ oder ob die vorgegebenen Schritte bzw. Arbeitsprinzipien variiert bzw. verändert werden müssten, um die angestrebte Individualisierung des Vorgehens sicherzustellen.

Die 18 Arbeitsbögen dieses Kapitels sollen darüber hinaus als „ausgewählte Beispiele", als „exemplarische Vorlagen" verstanden werden, die zu „Eigenproduktionen" anregen sollen: Betroffene und Helfer sollten sich ermuntert fühlen, ihre eigenen Arbeitsbögen zu entwickeln, mit deren Hilfe sie zu einer systematischen und vertiefenden Vorbereitung und Nachbereitung der In-vivo-Stunden kommen können.

Materialien für Helfer, Arbeitsschritte/Themen der In-vivo-Praxis	Arbeitsbögen für Betroffene
1. Vorbereitung	Was ist In-vivo-Arbeit? (AB 12)
2. Entscheidung über den momentanen Aufgabenschwerpunkt treffen	Was steht an? (AB 13)
3. Spontanes Erproben	Sich Rechenschaft ablegen – Wahrnehmen und Klären (AB 14)
4. Handlungsziele und Trainingssituationen konkretisieren	Planen (AB 15)
5. Nach Schwierigkeitsgrad staffeln	Übungsbereiche festlegen und Rangreihen bilden (AB 16)
6. Handlungsbeginn vorverlegen – „Warmlaufen"	Aufwärmen und einstimmen (AB 17)
7. Systematisch üben	Weitere In-vivo-Aufgaben entwickeln (AB 18)
8. Wiederholen	Das Gleiche noch einmal (AB 19)
9. Herausforderungen riskieren	Auffallen – Beachtung riskieren (AB 20)
10. Geplant ungeplant: Improvisieren	Die Kunst des „ierens" (AB 21)
11. Begleiter sind Mitarbeiter	Registrieren: Die fünf „W's" (AB 22)
12. Der persönliche Maßstab gilt	Ich bin einmalig – ich bin ICH (AB 23)
13. Mit einem Erfolg abschließen	Ich kann ... Ich kann ... Ich kann ... (AB 24)
14. Auswerten	Auswertung meiner letzten In-vivo-Experimente (AB 25)
15. Zeitdauer, Abfolge und Häufigkeit der Sitzungen	Überblick zum Ablauf einzelner In-vivo-Aktivitäten und zur Abfolge mehrerer In-vivo-Stunden (AB 26)
16. Ein In-vivo-Journal führen	Mein In-vivo-Journal (AB 27)
17. Bilanz ziehen	Wie es bisher gelaufen ist ... (AB 28)
18. Analyse auftauchender Probleme	Problem-Check (AB 29)

9.1 Vorbereitung der In-vivo-Arbeit

Eine gründliche und ruhige Einführung in das Thema „In-vivo-Arbeit" ist unerlässlich. Dies sollte rechtzeitig geschehen, nicht erst an dem Tag, an dem es um das gemeinsame Aufsuchen einer solchen Alltagssituation geht. Bereits zu Anfang einer Beratung oder Therapie bzw. einer unterstützenden Betreuung kann hierüber informiert werden.

Helfer: „Unsere gemeinsamen Arbeitstermine werden nicht nur im Sitzen stattfinden (man spricht ja immer von ‚Sitzungen'). Wir werden nicht nur mit Hilfe von ‚Gesprächen' arbeiten. Wir werden auch ‚Aktionen' starten, kleine Übungen durchführen, Rollenspiele machen. Und wir werden ‚hinaus gehen', Spaziergänge in den Alltag unternehmen. Veränderungen finden nicht nur durch Gespräche statt (gewissermaßen in ‚Gedanken'). Sie finden insbesondere durch Handeln und Ausprobieren statt, spielerisch im Behandlungszimmer und real, ‚in echt', in der Lebenswirklichkeit, im wirklichen Leben – ‚in vivo' wie man dazu sagt. Wir werden also auch hinausgehen, Alltagssituationen aufsuchen und schauen, was Sie dort ‚in vivo' können, was Sie bereits beherrschen und was Sie dort noch erwerben möchten. Positive Erfahrungen im Lebensalltag sammeln – darum wird es uns gehen. Auf diese Weise können Veränderungen, die Sie anstreben, dauerhaft werden."

Bei der Vorbereitung auf die gemeinsame In-vivo-Arbeit sollte man sich zweierlei vergegenwärtigen, den Nutzen und die Bedeutsamkeit der In-vivo-Erfahrungen.

Nutzen: Für Betroffene ist es einsichtig, dass Veränderungen, die während der In-vivo-Arbeit unter Alltagsbedingungen zustande kommen, stabiler sind als Verhaltensänderungen, die sich nur im „Schonraum Beratungszimmer" zeigen – das, was neu gelernt wurde, ist bereits alltagstauglich. Das Gelernte lässt sich also vom Betroffenen auch gezielt unter den alltäglichen Anforderungen abrufen. Darüber hinaus spüren Betroffene sehr deutlich, dass nicht das Verhalten im Beratungsraum Auskunft darüber gibt, ob die gewünschten Veränderungen tatsächlich eingetreten sind, sondern nur das Verhalten vor Ort. Fortschritte und Erfolge werden unmittelbar da erkennbar, wo sich Alltag abspielt.

Bedeutsamkeit: Betroffene wissen genau, welche Inhalte und Themen für die Bearbeitung anstehen. In der Regel handelt es sich um Belastungssituationen, Situationen von großer Bedeutsamkeit, Situationen, an die ungute Gefühle oder Misserfolge, Probleme oder körperliche Ausnahmezustände geknüpft sind. Genau diese Situationen wollen die Betroffenen ohne viel Wenn und Aber bewältigen. Es handelt sich dabei um keine lebensfernen Schonraumsituationen, sondern um Alltagssituationen – die Arbeit in diesen Alltagssituationen, das ist In-vivo-Arbeit.

Helfer: „Welche Alltagssituationen machen Ihnen zu schaffen? Welche sind Ihnen ungemein wichtig – weil Sie sie endlich bewältigen möchten oder weil Sie nicht mehr unter ihnen leiden wollen oder weil Sie es ausgesprochen vernünftig finden, lockerer mit diesen Situationen umzugehen? Wofür könnte es sich lohnen, mit Leib und Seele zu kämpfen? Nicht die Handbremse anlegen, sondern loslegen, mit Feuereifer – genau da, wo es brenzlig ist."

Als Vorbereitung auf die In-vivo-Arbeit dient der Arbeitsbogen „Was ist In-vivo-Arbeit?", er kann mit Gewinn von Betroffenen gelesen werden.

▷ Michael W., Teilnehmer eines In-vivo-Seminars
„… Im Grunde genommen ist das ganze Leben eine „In-vivo-Übung". Es liegt an uns, was wir daraus machen. Und es liegt auch an uns, wie wir die Dinge sehen (wollen)."

In: Der Kieselstein, 2002, Heft 4, S. 34

Was ist „In-vivo-Arbeit"?

Veränderungsarbeit im wirklichen Leben – das meint „In-vivo-Arbeit". Nicht im Behandlungsraum, nicht in den vier Wänden des Beraters oder des Therapeuten, sondern unmittelbar in den Situationen, die zu Ihrem alltäglichen Leben gehören.

Es kann sich dabei um unterschiedliche Situationen handeln:

A *Situationen, die Sie kennen und öfter aufsuchen,*
die Ihnen vertraut sind und bei denen Sie sich wohl fühlen.

B *Situationen, in denen Sie sich Unterstützung wünschen,*
die Sie zurzeit zwar alleine durchstehen könnten, die Sie aber nicht wirklich zufrieden stellend bewältigen.

C *Situationen, die Sie nicht mehr aufsuchen,*
die Sie glauben vermeiden zu müssen, weil Ihnen dort „die Felle wegschwimmen", weil Sie sich dort körperlich und psychisch unwohl fühlen oder bestimmte körperliche Symptome auftreten, die Ihnen größeres Unbehagen bereiten.

Manche Menschen würden am liebsten in den Boden versinken, wenn sie von einer fremden Person auf der Straße angesprochen werden oder wenn Sie in einer fremden Gruppe auf eine Frage antworten sollen. Auch der Umtausch einer fehlerhaften Ware bereitet ihnen Kopfschmerzen. Die Situation fluchtartig verlassen ... sich im Bett verkriechen und die Decke über den Kopf ziehen ... den belastenden Situationen aus dem Weg gehen ...

In-vivo-Arbeit will Ihnen helfen, sich selbstsicher auf dem Straßenpflaster zu behaupten, dem fremden Frager in der Gruppe ruhig in die Augen zu schauen und gut vernehmlich zu antworten, den Geschäftsführer (wenn es denn nötig ist) rufen zu lassen, ihm aufrecht gegenüber zu treten und die Reklamation vorzutragen. Bei der In-vivo-Arbeit geht es also darum, wieder Freude und Zuversicht in allen alltäglichen Lebenssituationen erleben zu können. Neugierig zu sein auf bisher Unbekanntes: unbefangen in den Alltag hineinzuspazieren, die Straßen und Plätze zu nutzen ... die romantischen Wege zu entdecken ... sich den vielen kleinen unbekannten Pfaden anzuvertrauen, ohne zu wissen, wo die Reise hingeht.

In-vivo-Arbeit findet also während des Aufenthalts in der Drogerie statt, in der Post und Eisdiele, am Marktstand und im Park, in Straßenbahnen und auf Behörden. Neue Verhaltensweisen werden ausprobiert, eingeübte Fertigkeiten aus dem Behandlungsraum angewendet. Derartige Veränderungsschritte können in der Telefonzelle ebenso passieren wie in einem Restaurant. Anfangs ist immer Ihr Berater oder Therapeut dabei, ein Unterstützer aus der Selbsthilfegruppe oder ein anderer Helfer Ihrer Wahl. Gemeinsam suchen Sie Ihre A-Situationen auf – diejenigen, in denen Sie sich auskennen (s.o.). Aber wer A sagt kann bald auch B sagen. So wird es dann auch um diejenigen Situationen gehen, in denen Sie sich bisher unsicher gefühlt haben und in denen Sie nun lernen, sich wieder wohl zu fühlen und unbefangen bewegen zu können. Wer A und B sagen kann, der kann auch C sagen. So wird es möglich werden, dass Sie mit Hilfe von bestimmten Lernschritten und Übungstechniken auch den schwierigeren Alltagssituationen standhalten werden und sie bald auch bewältigen können.

Wendlandt: Veränderungstraining im Alltag. Arbeitsbogen 12. Thieme 2003

9.2 Entscheidung über den momentanen Aufgabenschwerpunkt treffen

Worum soll es bei der bevorstehenden In-vivo-Arbeit gehen? Welche Aufgabenstellung kommt der In-vivo-Arbeit im Rahmen des Gesamtablaufes aller Veränderungsmaßnahmen zu? Geht es dabei um eine der vier Aufgabenschwerpunkte, die im Theorieteil (siehe oben, S. 9ff) beschrieben wurden? Oder sollen mehrere dieser Aufgabenschwerpunkte gleichzeitig durch die In-vivo-Arbeit berücksichtigt werden?

Zur Erinnerung sei noch einmal zusammengefasst:
- Die In-vivo-Methode kann eingesetzt werden, um zusätzliche und aussagekräftige Informationen über das Erleben und Verhalten des Betroffenen zu sammeln sowie seine aktuelle Lebenssituation mit den dazugehörenden Problemen besser verstehen zu können (*Diagnostische Funktion*, s.o., S. 10).
- Sie kann jedoch auch eingesetzt werden, um zu einer wiederholten *Realitätsprüfung* zu kommen: Betroffene suchen mit ihren Helfern unterschiedliche Alltagssituationen auf, um zu prüfen, ob die eigenen Erwartungen an die Situation, an andere Menschen und an das eigene Verhalten zutreffen. Einstellungen und feste Überzeugungen können hier betrachtet, hinterfragt und – wenn notwendig – auch revidiert werden (s.o., S. 10f).
- Zentrale Aufgabe kann die wiederholte Auseinandersetzung mit ängstigenden Situationen und Handlungsabläufen sein – der Abbau von Angst und Unsicherheiten und die Ausschaltung von Flucht- und Vermeidungsreaktionen stehen im Mittelpunkt. In diesem Fall wäre ein gezieltes *Situationstraining* angezeigt (siehe oben, S. 11f).
- In-vivo-Arbeit kann auch im Sinne eines *Verhaltenstrainings* durchgeführt werden. Es geht dann vorrangig um die Stabilisierung bereits vorhandener Handlungsmöglichkeiten sowie um den Aufbau neuer Fähigkeiten. Vor allem werden die Verhaltensweisen gezielt trainiert, die der Bewältigung belastender Situationen und Alltagsanforderungen dienen (s.o., S. 12)

Für den Beginn der In-vivo-Arbeit ist es hilfreich, sich erst einmal für nur einen der beschriebenen Aufgabenschwerpunkte zu entscheiden (nicht gleich zu viel auf einmal vornehmen!) Mit ein bisschen Erfahrung lassen sich die Aufgabenschwerpunkte später auch kombinieren. Also: Die Entscheidung sollte getroffen sein, bevor es mit der Bearbeitung des nun folgenden Arbeitsbogens weitergeht.

Der Arbeitsbogen 13 unterstützt den Betroffenen dabei, einen Überblick über schwierige Alltagssituationen zu gewinnen, sich zu überlegen, welche Handlungsmöglichkeiten es zur Bewältigung dieser Alltagssituationen gäbe und den eigenen Vermeidungen auf die Spur zu kommen. Diese Aufgabenstellungen sind so abgefasst, dass sie den Klärungsprozess in allen vier oben angegebenen Arbeitsbereichen voranbringen.

▷ Hilka M., 44 J., ist mutig geworden, ihre Stimme lauter. Sie hält es aus, wenn andere ihr in die Augen schauen:

„Ideen, Strategien, Übungen, die ins Lebenskonzept der Person passen – die gilt es auszuprobieren! In verschiedenen Situationen: ‚drinnen' (im Kopf) und ‚draußen' im Alltagstrott. Fragen sind dabei hilfreich: Wie erreiche ich mein Ziel? Geht das auch anders? Mein eigenes Problem: Ich kann mich schlecht wehren und wütend sein. Da hat mich die Übung, auf der Straße vor mich hin zu schimpfen, einige Überwindung gekostet. Aus mir rausgehen, nicht zurückschrecken, darum ging es. Ich erinnere mich heute daran, wenn ich mit etwas konfrontiert werde. Ich vergleiche Situationen, die mir jetzt passieren, mit diesen „Spielsituationen", und ich bin stolz, wenn ich merke, nicht „es" regiert mich, die Unsicherheit und Angst, sondern ich bleibe stehen, ich mische mich ein, ich halte Disharmonie aus."

Was steht an?

Sie wissen bereits, was In-vivo-Arbeit ist. Sie können sich auch viele Situationen vergegenwärtigen, die Ihnen in Ihrem Leben zu schaffen machen, in denen Sie sich unwohl fühlen, die Sie liebend gerne mit einem leichteren Lebensgefühl bewältigen möchten. Vielleicht fragen sie sich: „Wie soll das aussehen, das Bewältigen? Was genau möchte ich eigentlich in diesen schwierigen Alltagssituationen tun?"

Aufgabe 1

Erst einmal geht es darum, alle diejenigen Situationen zu sammeln, die Sie als schwierig erleben, die Sie aber gerne bewältigen möchten. Nutzen Sie dazu das folgende Schema. Tragen Sie jeweils neben die einzelne Situation Ihr Zielverhalten ein, von dem Sie glauben, die Situation damit zufriedenstellend bewältigen zu können. Nehmen Sie sich für diese Aufzeichnungen in den folgenden Tagen immer wieder einmal Zeit. Sorgen Sie dafür, dass Sie das Schema griffbereit bei sich tragen.

Schwierige Situationen, die ich bewältigen möchte	Zielverhalten (Wie könnte ich auftreten? Welche unterschiedlichen Handlungsmöglichkeiten gibt es?)
1.	
2.	
3.	
4.	
5.	
6.	
7.	
8.	
9.	
10.	

Gehen Sie nach einer Woche Ihre Aufzeichnungen durch. Fehlen noch Situationen? Haben Sie etwas vergessen? Ergänzen Sie Ihre Eintragungen!

Aufgabe 2

Überlegen Sie sich nun, welche Situationen in Ihren Notizen nicht vorkommen, weil Sie gar nicht mehr dran glauben, diese Situationen bewältigen zu können. Derartige Situationen sind zu Vermeidungssituationen geworden – sie tauchen nicht mehr im eigenen Lebensalltag auf. Irgendwann haben Sie sich wahrscheinlich (mehr oder weniger bewusst) entschlossen, diese Situationen nicht mehr aufzusuchen. Was sind das für Situationen? Notieren Sie derartige Situationen unter der Rubrik „Vermeidungssituationen" und kreuzen Sie an, ob es wünschenswert wäre, diese Situationen wieder aufsuchen zu können (drei Wahlmöglichkeiten).

Meine Vermeidungssituationen	ich will sie wieder aufsuchen		
	eher nicht	eher ja	auf jeden Fall
1.			
2.			
3.			
4.			
5.			
6.			
7.			
8.			
9.			
10.			

Wendlandt: Veränderungstraining im Alltag. Arbeitsbogen 13. Thieme 2003

9.3 Spontanes Erproben

Oft bietet es sich an, vor jedem gezielten Üben und Ausprobieren, erst einmal einen „Ausflug" in die gewünschte Richtung zu unternehmen – noch nichts Bestimmtes leisten müssen, einfach mal „vorbeischauen", die Situationen und Alltagshandlungen in Augenschein nehmen! Nicht gleich die schwierigen, erst einmal die leichteren. Sich anfreunden mit der Atmosphäre. Die schwierigen Situationen vielleicht schon mal aus der Ferne betrachten. Oder ihnen nur eine kurze Stippvisite abstatten. Spontan gucken, was passiert, was da draußen (auf der Straße, im Geschäft oder sonst wo) und was da drinnen (im eigenen Kopf, im Körper, im Herzen) passiert, Tuchfühlung zu den eigenen Gefühlen und Gedanken aufnehmen und den Empfänger auf „Ich will alles neugierig aufnehmen" einstellen. Der folgende Arbeitsbogen leitet hierzu gezielt an.

Es geht nun also darum, dass sich Betroffene erst einmal spontan in eine Trainingssituation begeben, ohne vorher genau ein Lernziel oder einen Ablauf festlegen zu müssen und ohne sich auf mögliche Komplikationen vorzubereiten. Wer sich dies zugesteht, darf stolz auf sich sein: Er ist offen für alle möglichen Ergebnisse, auch für die Tatsache, dass etwas nicht ganz so läuft, wie er es sich eigentlich wünscht. Selbst ein „Misserfolg" wäre erlaubt, ohne dass man hinterher mit sich hadern müsste. Denn ein spontanes Erproben stellt immer ein Austesten aktueller Handlungsmöglichkeiten dar oder ein achtsames Registrieren, wie die jeweilige Situation beschaffen ist und welche Anforderungen mit ihr verbunden sind. Es kommt nicht auf einen irgendwie gearteten Erfolg an. Es kommt auf das Klären der Ausgangssituation an. Jede gewonnene Erfahrung ist wichtig: Sie verdeutlicht dem Betroffenen, worauf er sich einlässt. Im Anschluss kann es dann um eine genauere Bestimmung der Übungsaufgaben oder Lernziele gehen. Das „spontane Erproben" dient also als Voraussetzung für eine systematische Weiterarbeit und ist zudem ein leichter Start in die In-vivo-Arbeit.

Das spontane Ausprobieren ist insbesondere dann von Nöten, wenn Betroffene unsicher sind, ob ihnen überhaupt erwünschte Verhaltensweisen (und in welchem Ausmaß) für schwierige Alltagssituationen zur Verfügung stehen. Sie fragen sich, inwieweit sie die Existenz eigener positiver Fähigkeiten bisher beharrlich verleugnet haben oder aber ob sie sich – aus welchen Gründen auch immer – bisher nur nicht getrauten, das „bereits vorrätige" Verhalten zu zeigen. Klärung bringen hier keine langwierigen Erörterungen und Grübeleien, Klärung bringt meist nur das Handeln – der Ausflug ins Alltagsexperiment.

▷ Ulrich K., 36 Jahre, Kunstmaler, zu den eigenen In-vivo-Erfahrungen befragt:
> „… Es war einfacher als erwartet. Die beteiligten Personen reagierten relaxter als erwartet. Es hat Spaß gemacht. Manchmal war ich allerdings überrascht, wie stark die ‚alten Muster' noch funktionieren." Erstaunt stellt er fest: „Wie einfach es ist, Neues auszuprobieren. Wie leicht man bei einer In-vivo-Übung ins Gespräch kommt." Und sein Abschlusskommentar: „In vivo ist eine sehr spannende Methode, verschiedene eingespielte ‚Verhärtungen' aufzubrechen. Es macht auch Spaß und stärkt das Selbstbewusstsein, ab und zu aus der Rolle zu fallen. Es gibt im Alltag unzählige Möglichkeiten, Übungen einfließen zu lassen. In vivo ist für mich kein Fremdwort mehr, und ich merke, wie hilfreich es ist, im Alltag solche Übungen zu machen."

Der Arbeitsbogen „Sich Rechenschaft ablegen – Wahrnehmen und Klären", der sich für alle vier Aufgabenschwerpunkte der In- vivo-Arbeit eignet, verbessert die Selbstwahrnehmung und schärft das Bewusstsein, welche Punkte bei den eigenen Selbstveränderungsbemühungen von Bedeutung sind. Deshalb bietet es sich an, diesen Arbeitsbogen 14 auch zu späteren Zeitpunkten immer wieder mal einzusetzen.

Sich Rechenschaft ablegen – Wahrnehmen und Klären

Die Situationen, um die es Ihnen geht, sollen nun noch einmal genauer betrachtet werden. Lassen Sie sich auf die Situationen ein. Suchen Sie sie auf! Probieren Sie aus, mit den schwierigen Anforderungen dieser Situationen umzugehen, aber seien Sie offen für alle Ihre Reaktionsweisen, versuchen Sie nicht, in einer ganz bestimmten Weise zu reagieren. Das soll heißen: Bemühen Sie sich nicht, Ihr Zielverhalten einzusetzen, das Sie als gedankliche Vorstellung mit sich herumtragen (und das Sie vielleicht im vorherigen Arbeitsbogen bereits benannt haben)! Beobachten Sie erst einmal, was passiert, was Sie selbst spontan tun, wonach Ihnen zumute ist. Beobachten Sie Ihre Mitmenschen, was die machen und was sonst noch alles für Eindrücke auftauchen. Es ist gut, wenn vor jeder gezielten Veränderungsmaßnahme immer erst eine Phase der Orientierung steht, in der eine genaue Bilanz des Ist-Zustandes erfolgt, eine Auseinandersetzung mit den situativen Bedingungen und den eigenen Handlungsgewohnheiten. Erst dann, erst wenn Sie genau wissen, was tatsächlich passiert, ist es sinnvoll, gezielt Veränderungsschritte einzuleiten. Erfolgreiche Veränderungen basieren auf den Erkenntnissen einer vorurteilsfreien Wahrnehmung.

„Zum Wahrnehmen gehört das Beobachten, aber auch das Spüren und das Hören. Spüren, was die Zunge tut, wie der Bauch sich hebt und senkt, wie die Fußsohlen am Boden stehen. Spüren, wo der Ton vibriert und gleichzeitig den Klang der Stimme erfassen, den Worten nachlauschen, die Anspannungen der Schultern registrieren, die Sitzhaltung im Stuhl. Hinhören, was andere mitteilen wollen, nachempfinden, was sich hinter den Worten verbirgt und was durch die Art des Sprechens noch mit ausgedrückt wird" (Wendlandt 2002 a, S. 77). Die eigenen Gefühle zulassen, herausbekommen, wodurch heftige Empfindungen ausgelöst werden, die Turbulenzen im Denken registrieren, die Selbstvorwürfe und gedanklichen Verzagtheiten. Offen sein für den inneren Prozess des Erlebens …

Also:
- *Beobachten:*
  Ohren spitzen, aufmerksam hingucken, Fühler ausstrecken! Alles wahrnehmen, was passiert!

- *Beschreiben:*
  Innerlich (zu sich selbst) oder laut zum Begleiter sprechen. In Worte fassen, was passiert. Das kann unmittelbar während eines Situationsablaufes geschehen oder nach seinem Ende. Dabei immer auch das eigene Verhalten beschreiben und die eigenen Gedanken und Gefühle. Und nicht vergessen: Was haben die anderen getan? Und was ist mir sonst noch aufgefallen?

- *Bewerten:*
  Sind meine Erwartungen, die ich vor der Erprobung hatte, eingetroffen? Passiert wirklich das, was ich vermute? Was kann ich, was kann ich nicht? Hat mich etwas überrascht?

- *Loben:*
  Das Positive noch einmal deutlich hervorheben! Mich für das, was mir gelungen ist, loben! Dies durch ein Sprechen zu sich selbst (laut oder leise) tun.

- *Revidieren:*
  Welche Überzeugungen, die ich hatte, muss ich widerrufen? Welche Erwartungen waren unrealistisch, übertrieben? Wo hat mich meine Sorge, Angst, Unsicherheit auf die falsche Fährte gebracht?

- *Schriftlich zusammenfassen:*
  Die gewonnenen Erfahrungen notieren, wichtige Erkenntnisse als Merkpunkte aufschreiben. Was soll nicht verloren gehen?

Wendlandt: Veränderungstraining im Alltag. Arbeitsbogen 14. Thieme 2003

9.4 Handlungsziele und Trainingssituationen konkretisieren

Wenn wir ein bestimmtes Verhalten festigen oder ein neues Verhalten aufbauen wollen, dann wäre es gut, diesem Verhalten vor dem Beginn einer In-vivo-Übung einen Namen zu geben: Es sollte festgelegt werden, was genau wann, unter welchen Umständen bzw. bei welcher Person und auf welche Weise gemacht werden soll. Vor der Trainingsdurchführung findet also ein wenig Planungsarbeit statt: Der Arbeitsbogen 13 enthält erste Anregungen, um das Zielverhalten und auch die Situationen notieren zu können (s.o., S. 113). Nun werden darüber hinausgehende Hinweise vermittelt, wie sich sowohl das Zielverhalten noch genauer bestimmen lässt, als auch die Trainingssituationen ganz konkret festhalten lassen. Es geht also um Gesichtspunkte zur *Konkretisierung*.

▶ „Konkretisieren" von Verhalten: Die Verhaltensweise, die der Betroffene zeigen möchte, ist zu benennen. „Ich will selbstsicher auftreten" ist zwar ein durchaus vernünftiges Lernziel, aber es ist nicht *konkret*. Es bleibt unklar, wie das „*selbstsichere Auftreten*" aussehen soll? Was genau bedeutet es? Ist damit gemeint: „Ich spreche laut" oder „Ich stelle Blickkontakt her" oder „Ich stehe aufrecht, mit erhobenem Kopf"? Auch bei dem allgemeinen Vorsatz „Ich will angstfrei auftreten" (ein Lernziel, das viele Betroffene spontan notieren) bleibt völlig unklar, welche verschiedenen Verhaltensweisen sie ausführen möchten, d.h. an welchem konkreten Verhalten genau sie den Zustand „angstfrei" festmachen. Der Begriff „Zielverhalten" soll ab jetzt also als eine (oder mehrere) konkrete Verhaltensweise(n) verstanden werden. Das Verhalten muss eindeutig zu beobachten sein, wenn der Betroffene es ausführt.
▶ Für Betroffene, insbesondere für Kinder, kann es hilfreich sein, den Konkretisierungsprozess durch einen zeichnerischen Impuls einzuleiten (s. hierzu den Arbeitsbogen 30: „Was probieren wir aus?", S. 156).
▶ Ergänzend kann hinzugefügt werden, dass das Zielverhalten nicht nur konkret sein sollte, sondern auch „realistisch": Hierunter sind Handlungsweisen zu verstehen, die am momentanen Wissens- und Fähigkeitsstand des Betroffenen ausgerichtet sind und von denen wir erwarten können, dass sie – angesichts der situativen Bedingungen der jeweiligen Übungssituation – auch erreichbar sind. Zwar erscheint es selbstverständlich, sich „realistische Ziele" stecken zu wollen. Doch in der Praxis wird immer wieder deutlich, dass sich Betroffene vielfach an Wunschvorstellungen orientieren, das heißt an Handlungsmöglichkeiten, die sie gern besäßen, die jedoch völlig außerhalb ihres momentanen Verhaltensrepertoires liegen.

Abstrakte Lernzielformulierungen	Konkrete Lernzielformulierungen
Blickkontakt herstellen	entgegenkommende Passanten anschauen, Blickkontakt kurz halten
Körperwahrnehmung beachten	Fußsohlen beim Treppensteigen spüren, Gewichtsverlagerung beachten
Mundmotorik kontrollieren	Lippenbewegungen bei Begrüßung wahrnehmen
Beachtung ertragen	quer durch den vollen Seminarraum laufen, unmittelbar bevor der Dozent zu sprechen beginnt
Sich unbefangen in einer Angstsituation bewegen	alleine über die Brücke laufen, nicht am Geländer festhalten
Selbstsicher sprechen	in der Schlange am Wursttresen laut nach dem Fettgehalt der gewünschten Wurst fragen
Kommunikation wagen	beim Bezahlen die Kassiererin nach ihrem Befinden fragen (freundlich, zugewandt)
Sich angstfrei einer U-Bahn nähern	den U-Bahn-Eingang „Kaiserstraße" nehmen, Rolltreppe hinunter fahren, Bahnsteig entlang- und auf der anderen Seite wieder herauslaufen, konstantes zügiges Tempo, aufrechtes Laufen, Arme locker schwingen lassen
Sprechaktivität steigern	im Englischunterricht in den ersten 10 Minuten dreimal melden

▶ „Konkretisieren" der Situationen: Situationen, mit denen sich die Betroffenen im Rahmen ihrer In-vivo-Arbeit auseinandersetzen möchten, sollten ebenfalls als ganz konkrete Ereignisse festgehalten werden. Die Beschreibung „Ich fahre in der Straßenbahn" ist eine sehr allgemeine Beschreibung, die offen lässt, welche Merkmale der Situation Einfluss auf uns haben. Der *Ort* ist zwar bekannt, jedoch die *konkreten Umstände* bleiben offen: So kann es maßgeblich für die Art des persönlichen Befindens sein, ob wir sitzen oder stehen, ob die Bahn voll ist oder leer, ob ein hoher oder geringer Geräuschpegel herrscht, Sonne hereinfällt oder ein dämmriges Neonlicht die Szene bestimmt. Und natürlich ist auch die *Gegenwart anderer Personen* bedeutsam: Sitzt neben uns eine Person, die viel Platz beansprucht oder ist der Nebenplatz frei, hat jemand Blickkontakt zu uns aufgenommen, den wir ausgesprochen attraktiv finden oder fixiert uns jemand, der uns aggressiv oder sogar aufdringlich erscheint. Nicht immer sind uns alle äußeren Merkmale bewusst, die unser Erleben auf bedeutsame Weise prägen. Wollen wir uns jedoch „in der Straßenbahn nach dem Weg zu einer bestimmten Sehenswürdigkeit erkundigen", dann wäre es hilfreich, wenn wir uns eine ganz konkrete Situation vorstellen: Denn die Bewältigung einer solchen Aufgabenstellung hängt – wie deutlich geworden sein dürfte – nicht nur von unseren eigenen Fähigkeiten, sondern auch von den jeweiligen Bedingungen ab, die in der Situation herrschen. Die konkreten Umstände können unsere Handlungsmöglichkeiten begünstigen oder sie einengen.

Ein anderes Beispiel, bei dem versäumt wurde, die charakteristischen Merkmale der Situation zu benennen, lautet: „Ich sitze in der Kantine und esse zu Mittag". Für jeden von uns ergibt sich eine völlig andere Situation, je nachdem, ob wir uns zum Mittagessen einen leeren Tisch aussuchen oder uns zu zwei befreundeten Kollegen setzen, ob wir das Essen am Tisch mit zwei fremden Kollegen aus der Konkurrenzabteilung verspeisen oder ob wir uns gar an einen Vierertisch dazugesetzt haben, an dem bereits unser Chef mit zwei abweisend wirkenden Abteilungsleitern speist. Die Situationsbeschreibung „Ich sitze in der Kantine und esse zu Mittag" müsste also ausführlicher ausfallen, um das Charakteristische der Situation realistisch wiederzugeben. (Beispiel: „Ich komme mit meinem Tablett an den Tisch mir befreundeter Kollegen und frage, ob ich mich zum Essen dazusetzen darf. Die anderen gestatten. Ohne mich in deren Gespräch einzumischen, esse ich meinen Teller leer.")

9.4 Handlungziele und Trainingssituationen konkretisieren

Planen

Nehmen Sie bitte in den beiden Spalten dieses Arbeitsbogens Ihre Eintragungen vor. Tragen Sie links die konkreten Verhaltensweisen ein, über die Sie verfügen möchten. Und notieren Sie rechts diejenigen Alltagssituationen, in denen Sie diese beobachtbaren Verhaltensweisen erproben werden. Nutzen Sie diese Planungsmöglichkeit mehrmals in der nächsten Zeit! Sie werden staunen, auf wie viele Ideen Sie bei Ihren Überlegungen kommen werden.

Bedenken Sie, dass die gewünschten Verhaltensweisen unter Umständen nicht immer abrufbar sind. Sie können nicht erwarten, dass bei der Verschiedenartigkeit der Situationen mit ihren sehr unterschiedlichen Anforderungen und bei dem Wechsel Ihrer eigenen Tagesform und Ihres psychischen Befindens das Zielverhalten (Lernziel a) automatisch zur Verfügung steht. Deswegen ist es gut, sich eine zweite Alternative (Lernziel b) auszudenken (alternatives Lernziel). Und es bietet sich ebenfalls an, neben der geplanten Übungssituation (X) eine zweite Anwendungssituation (Y) parat zu haben, damit Sie nicht enttäuscht aus der ersten Situation herausgehen und unverrichteter Dinge Ihre Übungen beenden. Seien Sie flexibel, schaffen Sie sich Möglichkeiten zum Aussuchen und Weitermachen!

Lernziele (Verhalten, über das ich verfügen möchte)	Übungssituationen (Situationen, in denen ich trainieren werde)
a. Was genau nehme ich mir vor?	X. Welche Situation ist für die Realisierung des Lernziels gut geeignet?
b. Welche Alternative dazu gibt es?	Y. Welche zusätzliche Anwendungssituation gibt es noch?
Lernziel 1	Übungssituation 1
a.:	X.:
b.:	Y.:
Lernziel 2	Übungssituation 2
a.:	X.:
b.:	Y.:
Lernziel 3	Übungssituation 3
a.:	X.:
b.:	Y.:
Lernziel 4	Übungssituation 4
a.:	X.:
b.:	Y.:
Lernziel 5	Übungssituation 5
a.:	X.:
b.:	Y.:

Wendlandt: Veränderungstraining im Alltag. Arbeitsbogen 15. Thieme 2003

9.5 Den Schwierigkeitsgrad bestimmen

Mithilfe der bisherigen Arbeitsschritte konnten Verhaltensweisen erarbeitet werden, die Betroffene zu ihrer eignen Zufriedenheit beherrschen möchten. Es wurden außerdem problematische Alltagssituationen benannt, deren Bewältigung angestrebt wird. Damit liegen bereits alle Voraussetzungen vor, um die nun folgenden drei Arbeitsschritte vornehmen zu können:

1.) Die ermittelten Situationen mit dem dazugehörenden Zielverhalten (es können pro Situation auch mehrere Zielverhaltensweisen sein) sind zu „Übungen" zusammen zu stellen:
   - Übung = Situation + Zielverhalten
   - Eine Übung umfasst also das Zielverhalten (beispielsweise: Blickkontakt herstellen, nach Bäckerei fragen) in einer ganz konkreten Situation (beispielsweise: attraktiven Passanten in belebter Fußgängerzone ansprechen). „Situationen" und „Zielverhalten" stellen „Verhalten-in-Situations-Einheiten" dar.
2.) Diese „Einheiten" oder Übungen sollen nach dem subjektiv erlebten Schwierigkeitsgrad geordnet werden. Eine Anleitung dazu enthält der folgende Arbeitsbogen.
3.) Es ist zu überprüfen, ob die Übungen einfach genug gefasst sind: Komplexe Situationen bzw. zu anspruchsvolle Verhaltensziele sollen in weniger komplexe „Verhalten-in-Situations-Einheiten" umgewandelt werden. Eine Anleitung dazu wird im folgenden Kasten vorgestellt (vgl. hierzu auch den Arbeitsbogen 6: „Wohldosieren", S. 49).

Wer Erfolg bei der In-vivo-Arbeit haben möchte und den Spaß dabei nicht verlieren will, sollte mit den leichten Übungen anfangen. Der Schwierigkeitsgrad ergibt sich dabei zum einen aus der Art des Zielverhaltens (wie anspruchsvoll ist es?) und zum anderen aus den situativen Bedingungen (welche kommunikativen Anforderungen und spezifischen Belastungsfaktoren enthält die Situation?). Außerdem schätzt man häufig das als „schwer" ein, was bisher mit negativen Erfahrungen verknüpft war bzw. was vermieden wurde.

> **Wichtig**
>
> **Wie sich eine komplexe Übung in mehrere Einzelübungen unterteilen lässt**
>
> *Beispiel*: Eine junge Frau formuliert folgende Übung: „Einen etwa gleichaltrigen attraktiven Passanten in ein persönliches Gespräch verwickeln."
>
> **Variationsmöglichkeit A**
>
> Variiert wird die Situation, das bedeutet hier, dass bei unterschiedlichen Übungsdurchgängen der Grad der „Attraktivität" und das „Alter" des Passanten systematisch variiert werden – die junge Frau spricht also Passanten mit „unattraktivem" bis „sehr attraktivem" Äußeren an. Dabei beginnt sie anfangs bei „viel zu alten/zu jungen Personen", bis sie allmählich ihre Übungen auch bei „gleichaltrigen" jungen Männern durchführt.
>
> **Variationsmöglichkeit B**
>
> Nicht die Situation, sondern das Verhalten wird variiert. Das Zielverhalten („in ein persönliches Gespräch verwickeln") wird in eine ganze Reihe leichterer Teilhandlungen untergliedert (Sequenzierung) und in mehreren Übungsdurchgängen bearbeitet. In dem vorliegenden Beispiel könnte das (immer mit einem „attraktiven" und „etwa gleichaltrigen" Passanten) stattfinden:
> - dem Passanten zunicken,
> - dem Passanten zunicken und lächeln,
> - dem Passanten zunicken, lächeln und grüßen: „Hallo, guten Tag!",
> - dem Passanten zunicken, lächeln, grüßen (hallo, guten Tag), in dessen Laufrichtung stehen bleiben,
> - dem Passanten zunicken, lächeln, grüßen (hallo, guten Tag), in dessen Laufrichtung stehen bleiben und Gesprächsabsicht signalisieren: „Entschuldigung …"/„Verzeihung?",
> - Passanten zunicken, lächeln, grüßen („Hallo, guten Tag"), in dessen Laufrichtung stehen bleiben und Gesprächsabsicht signalisieren („Entschuldigung") und nach einem netten Lokal fragen: „Kennen Sie hier in der Nähe ein freundliches Speiselokal?",

Weitere Übungsschritte bei unterschiedlichen Passanten/Passantinnen lassen sich anschließen, bei denen es, zusätzlich zu den bereits oben aufgeführten Schritten, nun auch darum gehen könnte,
▶ schrittweise Informationen von sich mitzuteilen („Ich bin fremd hier."; „Ich bin auf der Durchreise."),
▶ Interesse am anderen zu signalisieren („Wo gehen Sie denn essen?"; „Leben Sie hier in dieser Stadt?"),
▶ Anknüpfungspunkte für ein Gespräch zu erproben („Ich komme aus München – waren Sie schon mal da?"; „Gibt es eine Veranstaltung, heute Abend, die Sie mir empfehlen können?"; „Wo gehen Sie abends hin?").

(Weitere Anregungen für eine systematische Variation der Übungsaufgaben finden sich in den Kapiteln 7 und 8, in denen einzelne In-vivo-Termine detailliert beschrieben werden)

Übungsbereiche festlegen und Rangreihen bilden

Welche Situationen möchten Sie demnächst bewältigen? Wie wollen Sie sich in diesen Situationen verhalten? Und das Wichtigste: Womit wollen Sie anfangen, was sollte lieber später kommen?

1. Trainingssituationen notieren

Schreiben Sie alle Situationen, die Sie in nächster Zeit als Trainingssituationen nutzen möchten, auf ein kleines Karteikärtchen. Benennen Sie den Ort (z.B.: Vierertisch in der Kantine), die anwesenden Personen (z.B.: Kollegin Neubert, Kollege Kröhner, Vorgesetzte Ziegert), ggf. den Handlungsablauf, der sich zwischen den Personen abspielt (z.B.: intensive Auseinandersetzung zwischen den dreien zum Thema gesunde Ernährung, hektischer Schlagabtausch) und die Umstände bzw. der äußere Rahmen der Situation (z.B.: Kolleginnen an den anderen Tischen ringsum hören aufmerksam zu; ich selbst will lieber das Thema Sport einbringen). Beschreiben Sie die Situation so, als ob sie sich gerade ereignen würden (Gegenwartsform verwenden!).

2. Zielverhaltensweisen für die einzelnen Situationen festlegen

Wie möchten Sie sich in diesen Situationen verhalten? Fügen Sie zu jeder Trainingssituation auf den Kärtchen nun mindestens ein oder zwei konkret beobachtbare Verhaltensweisen hinzu. Die Situationen sind nun mit Ihren Zielverhaltensweisen verknüpft – so ergeben sich praktikable „Übungseinheiten" (Übungseinheit = Situation + Zielverhalten).

3. Kärtchen zu Übungsbereichen ordnen

Welche Situationen sind ähnlich, welche gehören zusammen? Welche Verhaltensziele passen zueinander? Gehen Sie die einzelnen Kärtchen durch und gruppieren Sie sie zu kleinen Häufchen. Alle Karten eines Haufens gehören zu einem Übungsbereich. Wie könnten Sie diese einzelnen Bereiche nennen? Schreiben sie für jeden Übungsbereich einen Namen auf einen Zettel und legen sie den Zettel über die dazugehörenden Kärtchen. Nun liegen mehrere Übungsbereiche vor ihnen, deren Situationen und/oder Zielverhaltensweisen sich durch gemeinsame Merkmale auszeichnen. So könnte ein Übungsbereich lauten: „Gespräche am Telefon führen" oder „Ansprechen fremder Personen auf der Straße und auf öffentlichen Plätzen" oder „Einkaufen" oder „laut und deutlich sprechen" oder „Erkundigungen auf Behörden und Ämtern einholen".

4. Übungsbereiche vervollständigen

Jeder Übungsbereich sollte fünf bis zehn Alltagssituationen umfassen. Nur so wird ein variationsreiches und systematisches Training möglich. Überprüfen Sie, ob einzelne Übungsbereiche noch um zusätzliche Situationen ergänzt werden müssten. Und prüfen Sie, welche Zielverhaltensweisen, an denen Ihnen liegt, noch nicht auf Ihren Kärtchen untergebracht sind. Wenn Ihnen am Schreibtisch dazu nichts einfallen will, dann ist es gut, sich dazu noch einmal ein bisschen Beobachtungszeit während des Tagesablaufes zu gönnen.

5. Übungen zu Rangreihen ordnen

Bringen Sie nun alle Kärtchen eines Übungsbereiches in eine Rangreihe: das leichteste steht unten (versehen Sie es mit einer „1"), das schwierigste oben. Natürlich wollen Sie bei Ihrer In-vivo-Arbeit erfolgreich sein – deswegen ist es so wichtig, dass Sie in kleinen Schritten voranschreiten und erst mit der Bewältigung der nächst schwierigen Übung beginnen, wenn Sie die vorausgegangene Übung zufriedenstellend bewältigt haben.

Wenn Sie alle Kärtchen eines Übungsbereiches – entsprechend ihrer erwarteten Schwierigkeitsstufe – durchnummeriert haben, liegen nun mehrere Übungshierarchien vor.

6. Abfolge der Übungsbereiche vorläufig festlegen

Nummerieren Sie nun die Übungsbereiche durch: der leichteste, mit dem Sie beginnen wollen, wird zu „A", der zweite zu „B", der dritte zu „C" usw. Hier können sich während Ihrer In-vivo-Arbeit durchaus noch Veränderungen ergeben. Und es wird sich manchmal auch als sinnvoll erweisen, in einer In-vivo-Sitzung Übungen aus unterschiedlichen Bereichen zu bearbeiten.

9.6 Handlungsbeginn vorverlegen – „Warmlaufen"

Wer eine gute Leistung vollbringen möchte, begibt sich rechtzeitig in eine günstige Ausgangsposition: Die Sprinterin läuft sich warm, der Tennisspieler macht Dehnungsübungen, die Hochspringerin geht in Gedanken (neben der Anlaufbahn sitzend) die Schrittfolge und die Körperdrehungen nach dem Absprung durch. Und auch beim Flugzeug wird im Stand das Triebwerk auf Hochtouren gebracht oder beim Rennwagen der Motor im Leerlauf durchgestartet. Selbst Hobby-Biker prüfen vor Fahrtbeginn den Druck der Reifen und die Spannung der Kette.

Ohne angemessene Vorbereitung kann es keine gute Leistung geben – das weiß eigentlich jeder. Bei der In-vivo-Arbeit sollte diese Erkenntnis zu einem wesentlichen Arbeitsprinzip werden: Noch bevor die kritische Alltagssituation erreicht ist (z.B. ein Geschäft betreten wird, in dem eine schwierige Auskunft eingeholt werden soll), verwenden der Betroffene und der Helfer das Zielverhalten: sie schreiten erhobenen Hauptes nebeneinander her (Zielverhalten 1) und sprechen dabei bereits konsequent mit ruhiger und klangvoller Stimme (Zielverhalten 2). Bevor die Angst in Sichtweite kommt (z.B. die Menschenmenge am Marktplatz auftaucht), werden Schultern und Bauch gelockert, werden Entspannungsreaktionen im eigenen Körper gezielt eingeleitet (Zielverhalten). Noch bevor der Betroffene um die Ecke biegt, um die hohe Fußgängerbrücke zu überqueren (die den breiten Kanal überspannt), hat er mit den ermutigenden Selbstgesprächen und den positiven Selbstinstruktionen (Zielverhalten) begonnen.

Also: Wenn ein Betroffener In-vivo-Übungen alleine durchführt und ein ganz konkretes Lernziel zur Bewältigung seiner Symptomatik einsetzen will, dann sollte er mit diesem Zielverhalten schon vor Beginn der eigentlichen Übungsaufgabe beginnen. Er kann dies bei dem Herumlaufen bzw. Sich-Annähern an die Übungssituation tun, er kann auf eine bestimmte Weise gehen, er kann seine Bewegungsabläufe beispielsweise verlangsamen oder auch zügiger gestalten, kann auf eine bestimmte Weise vor sich hin sprechen oder sich ermutigende Handlungsanweisungen erteilen. Er kann Einfluss auf den Spannungsgrad seines Körpers nehmen, bestimmte Muskelpartien in eine lockere Handlungsbereitschaft bringen. Falls der Betroffene mit einem Begleiter arbeitet, können beide alle diese achtsamen „Ein-Stellungen" gemeinsam vornehmen. (Auch eine Uhr muss man vorher richtig einstellen, um sie sinnvoll nutzen zu können.) Die Vorabeinstellung auf das gewünschte Zielverhalten findet sowohl im Planungsgespräch statt als auch beim Herumlaufen auf der Straße oder beim Ausruhen auf einer Bank. Der Betroffene und sein Helfer trainieren auf diese Weise das Zielverhalten bereits *unmittelbar vor* der geplanten Anwendungssituation. Beide können während dieses Probehandelns ihr körperliches oder gedankliches Zielverhalten bzw. ihr Sprechverhalten optimieren: Sie hören/spüren, ob die Merkmale des Sprechens und der Stimme (oder andere körperliche Voraussetzungen, um die es geht) vorliegen oder nicht. Der Betroffene und der Helfer können rechtzeitig „nachbessern", noch einmal ihren „Anlauf" (wie bei der Hochspringerin) durchgehen oder noch einmal die überhöhte Spannung lösen (wie bei der zu stark gestrafften Kette). Und der Betroffene kann dann, und das ist besonders wichtig, sein stilles Erproben oder die Unterhaltung mit dem Begleiter nahtlos heranführen bis zum unmittelbaren Handlungsbeginn der Übungsaufgabe. Das hat den Vorteil, dass der Betroffene nicht „aus dem Stand heraus" das gewünschte Verhalten zeigen, nicht gleich von 0 auf 100 kommen muss. Er springt nicht in das Zielverhalten, er „verlängert" es gewissermaßen nur von der vorbereitenden Annäherungssituation in die Ernstsituation hinein – er nimmt seine Ruhe und Kontrollfähigkeit dort hinein mit.

Im nächsten Arbeitsbogen sind einzelne Schritte des Vorbereitens noch einmal aufgeführt.

Einstimmen und Aufwärmen

Bevor es so richtig los geht mit dem Ausprobieren in einer ganz konkreten In-vivo-Situation, können Sie sich in eine optimale Ausgangsposition bringen. Dazu berücksichtigen Sie am besten die folgenden Punkte:

▶ *Begleitperson – ja oder nein?*
  ▸ Klären Sie, ob Sie Ihre In-vivo-Übungen alleine machen möchten oder ob es ermutigender für Sie wäre, jemanden zur Mitarbeit zu gewinnen, der Sie unterstützen kann und der bestimmte Aufgaben bei der In-vivo-Arbeit übernimmt.

▶ *Eine verbindliche Entscheidung treffen:*
  ▸ Wollen Sie die Übung, auf die Sie zusteuern, tatsächlich aufsuchen, die Trainingssituation wirklich für eine Übung nutzen? Oder handelt es sich bei dieser Absicht eher um ein vages Vorhaben, einen guten Vorsatz, der schnell wieder beiseite gestellt wird, wenn der Mut abkühlt oder die Angst hervorlugt? Sie müssen sich entscheiden! Treffen Sie eine *Entscheidung* für oder gegen die Übungsaufgabe! Tun Sie das absichtsvoll – gewissermaßen bei klarem Verstand. Sie sind dann nicht mehr Spielball der Zufälligkeiten, abhängig von der Tagesform oder unklaren Empfindungen. Wie immer Sie sich auch entscheiden, ob mit „Ja" oder mit „Nein", Ihre Entscheidung führt Sie aus dem Gefühl der Unsicherheit und Unbestimmtheit heraus. Sie gewinnen Einfluss auf die eigenen Handlungsmöglichkeiten.

▶ *Sich auf die bevorstehende Situation in einer neuen Weise körperlich einstellen:*
  ▸ Bewegen Sie sich anders, gehen Sie aufrecht, den Kopf erhoben, die Kiefermuskeln locker, wachsen Sie um 10 Zentimeter. Und hören Sie auf, mit den Zähnen zu malmen oder den Hals vorzustrecken. Oder andere unnötige „Bewegungsnervositäten" auszuführen. Verändern Sie Ihre Körperhaltung und Ihre Körperspannung nicht erst in der Übungssituation, sondern bereits vorher – bei der Annäherung an diese Übung.

▶ *Sich auf eine neue Weise geistig auf die Aufgabe einstellen:*
  ▸ Ermuntern Sie sich innerlich! („Das schaffe ich!", „Ich habe schon viel schwierigere Situationen bewältigt.")
  ▸ Geben Sie sich selbst Handlungsanweisungen, d.h. sprechen Sie sich unmittelbar, bevor Sie in die Situation hineingehen, noch einmal das Handlungsziel vor, weisen Sie sich selbst an, dieses oder jenes Verhalten zu zeigen („Ich blicke meinem Vorgesetzen ruhig in die Augen").
  ▸ Vergegenwärtigen Sie sich das geplante Handlungsgeschehen auf eine positive Art und Weise: Stellen Sie sich vor, die Situation erfolgreich zu bewältigen. Malen Sie sich dabei Ihre eigenen Fähigkeiten positiv aus! (Das tun auch Leistungssportler, die die erforderlichen Bewegungsabläufe in ihrer Bestausführung mental durchgehen und dadurch alle ihre körperlichen und psychischen Reserven mobilisieren).
  Es wird nicht zugelassen, dass der Kopf sich mit zweiflerischen Erwartungen und dem möglichen eigenen Versagen beschäftigt.
  ▸ Probleme im Vorhinein gedanklich beantworten: Vergegenwärtigen Sie sich die eigenen *Bewältigungsmöglichkeiten*, die Ihnen zur Verfügung stehen. Malen Sie sich aus, was Sie tun könnten, wenn sich Komplikationen beim In-vivo-Training abzeichnen.

▶ *Das Zielverhalten zeigen, bevor es so richtig los geht:*
  Das Verhalten, das Sie gerne während einer Übung anwenden wollen (Zielverhalten), sollten Sie bereits in der Annäherungsphase zeigen, nicht erst in der Übungsphase.
  Oder, bildlich gesprochen: Wenn Sie den Übungsraum betreten, sollten Sie bereits mit dem Singen begonnen haben und nicht erst das Liedchen anstimmen, wenn Sie über die Schwelle treten. Es geht also darum, mit dem Zielverhalten schon in einer ruhigeren Situation zu starten, es in einem weniger belastenden (unruhigen/ängstigenden/gefährlichen) Rahmen zu beginnen, zu einem Zeitpunkt, wenn die Ernstsituation noch außerhalb des Gesichtsfeldes liegt. Manchmal kann oder will man das Zielverhalten vorher nicht laut zeigen (z.B. beim Sprechen), aber es lässt sich dann immer leise, im Stillen oder im Flüstern zeigen.

Fortsetzung

Annäherungsphase
(Hier erfolgt die Vorbereitung und Einstimmung;
hier wird bereits das Zielverhalten eingesetzt)
Bitte notieren Sie, was Sie hier tun können.

....
....
....
....
....

Übungsphase
(Hier geht es darum, eine bestimmte Situation
auszuhalten oder in einer bestimmten Situation
das Zielverhalten zu zeigen)

....
....
....
....
....

▶ Sich „Fehler" zugestehen:
Erwarten Sie das „Nicht-Perfekte"! Geben Sie sich vor der Übungssituation – trotz aller Vorbereitung – die Erlaubnis, dass alles schief laufen und krumm werden darf. Erlauben Sie sich, „unvollkommen" und „unfertig" zu reagieren. Oberstes Prinzip sollte sein: Schwierige Situationen sind dazu da, aufgesucht zu werden – nicht bewältigt zu werden. Es kommt darauf an, Erfahrungen zu sammeln – nicht Erfolge!

Wendlandt: Veränderungstraining im Alltag. Arbeitsbogen 17. Thieme 2003

9.7 Systematisch üben

Beispiel

Wenn wir ein dreieinhalbjähriges Kind vor einem Wirrwarr von farbigen Schnüren betrachten, das einzelne Schnurenden verzweifelt durch verschiedenfarbig markierte Öffnungen seines Holzspielzeugs fädeln möchte, wissen wir, dass es wenig hilfreich ist, die schwierige Aufgabe für das Kind zu erledigen. Es muss den feinmotorischen Vorgang des Einfädelns immer wieder selbst ausführen, um die Geschicklichkeit des Einfädelns erwerben zu können, es bedarf vieler wiederholter Übungen, bis die Koordinationsfähigkeit von Wahrnehmung und Motorik ausreichend ausgebildet ist. Dann kann es sich an die nächste Hürde wagen – zum Beispiel an das „Aufreihen von Perlen", eine neue Verhaltensfertigkeit, die es nach einiger Übung auch mit Bravour erlernen wird.

(„*Lernen*" wird übrigens definiert als relativ überdauernde Veränderung aufgrund von *Übung* und *Erfahrung*; vgl. Hilgard u. Bower 1970.)

„Von nix kommt nix" hat meine Großmutter gesagt. Sie war eine resolute Frau und wissenschaftliches Denken lag ihr fern. Sie ist schon lange tot. Doch die Überzeugung, dass Menschen neue Erfahrungen sammeln müssen, um neue Fähigkeiten erwerben zu können, gilt inzwischen in Pädagogik und Therapie als Binsenweisheit. Bei Beratung und Therapie handelt es sich ausdrücklich um Interventionsformen, bei denen Berater und Therapeuten in ihren Behandlungssitzungen neue „Erfahrungsräume" systematisch herstellen. Erfahrungsräume können Gespräche sein, z.B. gedankliche Reisen in die Vergangenheit oder in die Zukunft, durch die innere Räume erschlossen werden. Aber es kann sich dabei auch um Erfahrungsräume handeln, die sich in der Interaktion, in der Beziehung zwischen Betroffenem und Berater auftun oder die in der Rollenspielarbeit betreten werden. Lernprozesse bedürfen aber nicht nur der *Erfahrung*, sondern in vielen Fällen auch der systematischen *Übung*, will man sichergehen, dass die Veränderungen von Dauer sind.

„Systematisch" üben bedeutet, nach einem System üben, nach bestimmten Spielregeln, die sinnvoll sind. Das Üben soll Wirkung haben, soll nicht umsonst sein. Das Autofahren haben wir zum Beispiel nicht in Fahrstunden von 10 Minuten Länge gelernt, die von mehreren Wochen Zwischenraum unterbrochen waren. Intensität und Regelmäßigkeit sind wichtige Lernvoraussetzungen, die beim Erwerb komplexerer Aufgabenstellungen gegeben sein müssen. Und darum geht es ja meist bei der In-vivo-Arbeit! Also:

▶ Eine bestimmte Übungslänge ist erforderlich, während der sich Fortschritte im Lernprozess einstellen können.
▶ Die Übungsdauer darf anfangs nicht zu lang sein, um Ermüdungserscheinungen auszuschalten. Wir müssen über die Gesamtzeit konzentriert und aufmerksam dem Lernvorgang folgen können.
▶ Die Übungszeit sollte – anfangs bei konstanten Lernanforderungen – schrittweise verlängert werden, sodass wir bei der Ausführung des neuen Verhaltens Sicherheit und Erfolgsgewissheit erleben können.
▶ Der Abstand zwischen den Übungsphasen sollte so beschaffen sein, dass sichergestellt ist, an den erworbenen Erfahrungen der vorausgegangenen Lernsituation gut anknüpfen zu können (nicht zu große Pausen zwischen den Sitzungen machen!).
▶ Die Aufgabenstellungen sind so zu ordnen, dass von leichteren hin zu schwierigen Lernphasen fortgeschritten werden kann (z.B. mithilfe einer Rangreihe; s.o.).
▶ Ein Wechsel der Lernformen und Lerninhalte ist notwendig, damit die Lernsituation für den Betroffenen nicht monoton oder gar langweilig wird.

Dies alles ist nur dann realisierbar, wenn die gewünschten Verhaltensweisen immer wieder und in unterschiedlichen Situationszusammenhängen eingesetzt werden. Nur so lassen sich neue Verhaltensweisen festigen und – wie es so schön heißt – „über-lernen". Das Prinzip Wiederholung gehört also unwiderruflich zum systematischen Üben dazu (s. ausführlicher unten, S. 128f)

Abschließend soll hier noch auf einen kleinen Widerspruch verwiesen werden, der manchmal bei der In-vivo-Arbeit auftaucht: Eine Übung, die unerwartet erfolgreich verläuft, führt trotz dieses positiven Ergebnisses zu einer negativen Wirkung. Das ist dann der Fall, wenn der Übende zu dem Anspruch gelangt, „Wenn es einmal geklappt hat, muss es doch immer klappen". Diese Einstellung provoziert geradezu Misserfolge: Denn vielfach unterbleibt dann das systematische Weiterüben, obwohl das infrage stehende Verhalten noch gar nicht stabil vorliegt. Es wären eigentlich weitere Übungsdurchgänge erforderlich, damit sich das neue Verhalten festigen kann und zunehmend unabhängig von den jeweiligen situativen Bedingungen wird. Ein „Können" entwickelt sich erst mit anhaltender Übung – es tritt dann spontan und automatisch auf. Wie oft mussten Sie als Schulkind das „o" schreiben, bis es nicht mehr unter die Zeile geriet, sondern schön rund auf der Zeile stand?

Der folgende Arbeitsbogen unterstützt den Prozess des Übens, indem er einen breiten Fächer unterschiedlicher Situationen mit dazugehörenden Aufgabenstellungen bereithält. Die Detailliertheit und Unterschiedlichkeit der Angaben regt dazu an, sich die eigenen Alltagssituationen, um die es bei der In-vivo-Arbeit geht, noch einmal genauer zu vergegenwärtigen, sie Revue passieren zu lassen und daran anknüpfend – in Ergänzung zu den bisher erarbeiteten Übungen – neue Aufgabenstellungen von persönlicher Bedeutung zu erarbeiten.

Weitere In-vivo-Aufgaben entwickeln

Es gibt unendlich viele Alltagssituationen, in denen Sie Ihre In-vivo-Übungen durchführen könnten. Sie haben eine große Auswahl! Da kann es einem schon manchmal richtig schwer fallen, eine Entscheidung zu treffen. Welche Trainingssituationen sollte ich im Einzelnen auswählen? Für diesen Klärungsprozess ist es ausgesprochen hilfreich, sich Aufgabenstellungen anzuschauen, die andere Menschen für ihr Training als nützlich betrachtet haben. Im Folgenden finden Sie eine Aufstellung solcher kleiner Übungen (vgl. „Therapeutische Hausaufgaben", Wendlandt 2002 a, S. 97 ff.).

Aufgabe:
Es werden allgemeine Aufgabenstellungen für die In-vivo-Arbeit benannt (1. Spalte), die vier verschiedenen Übungsbereichen angehören. Sie finden Ideen zur Variation der jeweiligen Aufgabe in der 2. Spalte. Die 3. Spalte ist frei gelassen: Hier können Sie Ihre persönlichen, konkreten Lernziele für die jeweilige Übung eintragen. Gehen Sie den Arbeitsbogen anschließend noch einmal durch und tragen Sie nun in die 4. Spalte den Schwierigkeitsgrad der jeweiligen Übung ein, 1 bedeutet „leicht", 2 bedeutet „mittel" und 3 bedeutet „schwer". Wenn Sie das getan haben, halten Sie bereits ein ansehnliches Übungspaket für Ihre In-vivo-Arbeit in der Hand. Sie können mit den als „leicht" eingeschätzten Übungen beginnen.

Aufgabenstellung	Variationsmöglichkeit	eigene Lernziele	Schweregrad 1 2 3
Straße, öffentliche Plätze, Park, Fußgängerzone			
Passanten zunicken	freundlich/ernst/lächeln		☐ ☐ ☐
Passanten begrüßen	nicht vertraute Begrüßungsfloskeln und unterschiedliche körpersprachliche Ausdrucksformen einsetzen		☐ ☐ ☐
Passanten ansprechen und Auskunft einholen	nach dem Weg fragen, der Uhrzeit, Verkehrsmitteln, Kinos, Sehenswürdigkeiten, Lokalen, Discos usw.		☐ ☐ ☐
Fremde in ein Gespräch verwickeln	Musikanten, Bettler, Polizisten, Eisverkäufer usw.		☐ ☐ ☐
Person des anderen/bevorzugten Geschlechts ansprechen	mit besonders attraktiver Person Kontakt aufnehmen		☐ ☐ ☐
über mehr oder weniger große Distanz auf sich aufmerksam machen	Person auf der anderen Straßenseite laut zurufen		☐ ☐ ☐
Volle Räume, Menschengedränge, Enge			
Im Fahrstuhl nach Abteilung X fragen	„Smalltalk" mit Unbekannten beginnen		☐ ☐ ☐
Kontakt zu Nachbar in einer Schlange bei der Bank/Post herstellen	über gestiegene Preise, lange Wartezeiten reden		☐ ☐ ☐
Kontakt herstellen in der Mensa, Cafeteria	Küchenfrau ansprechen; sich an fast vollbesetzten Tisch dazusetzen		☐ ☐ ☐
Am Stehtisch fremde Person bei Tchibo/Eduscho ansprechen	Fragen: nach Hobby, Einkauf; Selbsteinbringung: Ich komme vom Sport; bin Teetrinker		☐ ☐ ☐
Im Wartezimmer des Arztes laut sein	Husten; Zeitung auffällig blättern; „Wie ist denn der Doktor?"		☐ ☐ ☐

Wendlandt: Veränderungstraining im Alltag. Arbeitsbogen 18. Thieme 2003

9.7 Systematisch üben

Fortsetzung

Aufgabenstellung	Variationsmöglichkeit	eigene Lernziele	Schweregrad 1	2	3
Wochenmarkt, Geschäfte, Kaufhaus					
Gespräch an der Kasse führen	mit Kassiererin über das Wetter, den Trubel usw. reden		☐	☐	☐
Erkundigungen bei Verkäuferin einholen	über Preise, Haltbarkeit, Zutaten, Angebote anderer Firmen		☐	☐	☐
längeres Verkaufsgespräch führen	sich beraten lassen, immer wieder nachfragen		☐	☐	☐
Reklamieren, umtauschen	mit und ohne Kassenbon		☐	☐	☐
Preisverhandlungen führen	ggf. gehen, ohne etwas zu kaufen		☐	☐	☐
sich beschweren	den Vorgesetzten kommen lassen		☐	☐	☐
nach Artikeln fragen, die es nicht geben kann	z.B. nach Parfüm-Pröbchen in der Apotheke		☐	☐	☐
ausgefallene Wünsche vortragen, „Peinliches"	Ölgemälde im Papierwarenladen, Präservative in Drogerie erbitten		☐	☐	☐
Unentschiedenheit zeigen, sie sich zugestehen	Kaufentschluss rückgängig machen		☐	☐	☐
persönliches Gespräch an Fachgespräch koppeln	Verkäuferin in Musikabteilung fragen, wo sie tanzen geht		☐	☐	☐
Kostenlose Ware erbitten	beim Bäcker Kuchen von gestern		☐	☐	☐
Im Verkaufsraum herumlaufen, nichts kaufen	sich viele Waren zeigen und Kaufalternativen vorlegen lassen		☐	☐	☐
Öffentliche Verkehrsmittel					
Erkundigungen auf dem Bahnsteig, an der Haltestelle einholen	bei Bahnhofspersonal, bei ausländischen Touristen		☐	☐	☐
den Busfahrer nach Verkehrsverbindung fragen	draußen stehen bleiben und dann fragen, sich komplizierte Strecke erklären lassen		☐	☐	☐
Gespräch mit Mitreisenden beginnen	bewusst über Banalitäten sprechen		☐	☐	☐
sich im Bahnabteil in ein laufendes Gespräch einmischen	andere Person wiederholt unterbrechen		☐	☐	☐
in der leeren U-Bahn flüsternd Zeitung vor sich hin lesen	dies in vollbesetztem Abteil, dies mit lauter Stimme tun		☐	☐	☐
auf dem Bahnsteig Selbstgespräche führen	stehend in einem Abteil		☐	☐	☐

Wendlandt: Veränderungstraining im Alltag. Arbeitsbogen 18. Thieme 2003

9.8 Wiederholen

„Einmal ist keinmal!" Übungssituationen sollten mehrmals hintereinander wiederholt werden. Das wurde bereits in dem Kapitel „Systematisch üben" (s.o., S. 124) angesprochen. Erst wenn ähnliche Situationen wiederholt aufgesucht werden und dort das gewünschte Verhalten immer wieder eingesetzt wird, können wir erwarten, dass ein positives Übungsergebnis nun nicht mehr zufällig ist: Wir kommen in die Lage, das gewünschte Verhalten gezielt zu produzieren und es willentlich steuern zu können. Auch unter zunehmend schwierigen Bedingungen stabilisiert sich nun das Verhalten und wird zu einem festen Bestandteil des individuellen Handlungsrepertoires. Und was noch wichtiger ist: Erst mit der mehrmaligen Wiederholung können wir erwarten, dass Gefühle von Unbehagen und Anspannung, Nervosität und Angst, die bisher mit den entsprechenden Situationen verbunden waren, abnehmen. Durch Wiederholung gewöhnen sich Menschen an unbehagliche Situationen und es gelingt ihnen nun immer besser, mit den unangenehmen Gefühlen umzugehen und ihnen gezielt entgegenzuwirken. Wir lächeln dann tatsächlich eine fremde Person freundlich an und verfallen nicht mehr in ein verkrampftes Breitziehen der Mundwinkel. Wir gehen dann zügig und doch ruhig und innerlich gelassen durch ein Spalier neugieriger Beobachter und müssen nicht mehr die brüchige Maske einer zur Schau gestellten Lässigkeit aufsetzen.

Beispiel
Wussten Sie zum Beispiel,
▶ dass Kleinkinder mindestens 50-mal eine neues Wort vorgesprochen bekommen müssen, bis sie verstehen, was dieses Wort bedeutet (passiver Wortschatz). Und dass sie dann selbst dieses Wort ca. 50-mal aussprechen müssen, bevor sie über dieses Wort sicher verfügen können (aktiver Wortschatz)?
▶ dass auch Erwachsene ein neues Fremdwort erst dann sicher verwenden, wenn sie es ca. 50-mal in unterschiedlichen Kommunikationssituationen laut ausgesprochen haben?
▶ dass das flüssige Abspielen einer Melodie vom Notenblatt voraussetzt, dass vorher für jede einzelne Note bereits weit über 100-mal der spezielle Bewegungsauflauf auf dem Instrument ausgeführt wurde?

Und noch etwas gilt es zu beachten: Mit dem Wiederholen bestimmter Übungsaufgaben sollte nicht aufgehört werden, wenn sich die ersten Erfolge einstellen oder wenn die Angst nicht mehr wahrnehmbar ist. Neues Verhalten muss „über-lernt" werden, muss durch Wiederholungen zu einem automatisierten Ablauf werden. Das leuchtet ein, wenn man beispielsweise an den komplexen Bewegungsablauf beim Rückhandspiel im Tennis denkt – aber auch an die Vielzahl sozialer Fähigkeiten. Aber das Über-Lernen ist noch aus einem anderen Grund ein Gebot der Vernunft: Vielfach sind unsere negativen Gefühle oder Vermeidungstendenzen, die jahrelang an bestimmte Situationen geknüpft waren, noch vorhanden, obwohl wir sie nicht mehr direkt registrieren. In verkleideter Form können sie sich allerdings als Angespanntheit und Nervosität zeigen, als Unlustgefühle oder Erschöpfung. Wir sollten also sicherstellen, dass noch ein paar wiederholende Übungsdurchgänge in die Eigenarbeit aufgenommen werden – damit lassen sich die Erfolge sichern und es können sich bei den Betroffenen die Fähigkeiten zur Angstbewältigung stabilisieren! (Der folgende Arbeitsbogen leitet hierzu ausführlich an.)

▷ Renate Sch., 45 Jahre, schreibt als Therapeutin über ihre In-vivo-Erfahrungen:
„… Die Situation brauchte Überwindung. Vor allem der Blickkontakt war schwierig. Beim zweiten Mal ging es schon leichter. Die Unterstützung des Partners und Modells war wichtig, um durchzuhalten. Ich erlebte beim dritten Mal eine Erleichterung, hatte das Gefühl über der Sache zu stehen – keine Angst zu haben. Diese Erfahrung war sehr wichtig, um die Scheu zu überwinden aufzufallen."

Das Gleiche noch einmal …

Es gab Zeiten ohne Anrufbeantworter. Das ist gar nicht so lange her. Viele Menschen zucken noch immer zusammen, wenn sie ihr Anliegen nach dem Signalton aufsprechen sollen … Manchen Menschen bereitet es Qualen, wenn sie bei einem Volkshochschulkurs in der Runde der Fremden das Wort ergreifen sollen … Wer noch nie eine Motorsäge im verwilderten Gelände eingesetzt hat, befürchtet, die eigenen Gliedmaßen könnten unversehens in Berührung mit dem Sägeblatt kommen …

Wenn die Freundin, mit der man häufig telefonieren möchte, nun einen Anrufbeantworter hat? Wenn man nun ein begeisterter Italien-Fan ist und schon den dritten Italienischkurs in der Volkshochschule belegt hat? Wenn man im verwilderten Terrain drei Wochen zubringt und sich eine verwunschene Lichtung frei sägt und eine kleine Holzhütte errichtet?

Ja, was ursprünglich ein Problem war, verschwindet! Aber nicht nach dem Motto: „Kommt Zeit, kommt Rat", sondern nach der Erkenntnis: „Kommt Wiederholung, kommt Rat". Je öfter Sie das tun, was Sie noch nicht so recht beherrschen oder wovor Sie Angst haben, desto sicherer werden Sie: Wenn Sie es schaffen, nicht mehr panisch aufzulegen, sobald sich ein Anrufbeantworter einschaltet, wenn Sie es schaffen, trotz Ihrer unangenehmen Gefühle nach dem Signalton irgendwie und irgendetwas aufzusprechen und wenn Sie diese Erfahrung mehrfach hintereinander machen, dann wird Ihnen diese Maschine keine Kopfschmerzen mehr bereiten – Sie sprechen einfach drauf los. *Wiederholung ist die beste Medizin*. Die Wiederholung macht alles leichter. Die Wiederholung ist Ihre Verbündete für Ihre Selbsttrainingsaufgaben.

Bleiben wir noch einmal beim Beispiel Telefon: Manche Menschen mit Kommunikationsstörungen haben große Probleme mit dem Telefonieren. (Nicht der Anrufbeantworter ist das Problem, sondern die Telefonsituation als solche.) Die Symptome sind am Telefon besonders heftig, die Betroffenen beginnen zu schwitzen, das Herz schlägt bis zum Halse, die Hände zittern, die Stimme wird immer brüchiger. Kann sich eine Person, der es so ergeht, berechtigte Hoffnungen machen, ihre Lernziele aus der Therapie in einem häuslichen Übungstelefonat korrekt anwenden zu können? Nein, erst einmal nicht! Vorerst kann berechtigterweise erwartet werden, dass trotz aller Entspannungsbemühungen, Atemübungen und Sprechtechniken die Aufregung wieder da ist, das Schwitzen beginnt und die Stimme zittert. Allerdings wird dies nicht von langer Dauer sein – es wird aufhören! Es wird vielleicht beim dritten Telefonat schon geringer werden, vielleicht aber auch erst nach dem fünften Versuch. Dann wird die Person in die Lage kommen, genauer wahrzunehmen, was der Gesprächspartner (oder der Anrufbeantworter) sagt. Und vielleicht braucht es dann noch einmal zwei Übungsdurchgänge, bis die Person so ruhig geworden ist, dass sie wahrnehmen kann, was sie eigentlich selbst genau tut in dieser anfänglichen Phase des Wählens, Abwartens und Lossprechens. Jetzt hat sich die Wiederholung gelohnt und es beginnen diejenigen Übungsversuche, die Erfolge mit sich bringen. Erst jetzt ist zu erwarten, dass mit jedem weiteren Telefonat die gewünschten Lernziele eingesetzt werden können, dass sie präziser ausgeführt und auch bis zum Ende eines Gespräches durchgehalten werden. *Die Wiederholung ist Ihre Verbündete.* Das heißt also: Nehmen Sie sich nie vor, eine schwierige Übungsaufgabe nur einmal erproben oder jeden Tag wieder aufs Neue einen Versuch starten zu wollen. Es besteht die Gefahr, dass die Unsicherheit jedes Mal wieder in gleicher Heftigkeit aufflackert. *Die Wiederholungen müssen sich die Hand geben*, müssen in kurzer Abfolge hintereinander liegen – nur so können Sie Ihr Vorhaben bewältigen!

Ihre Ziele haben Erfolge verdient! Wiederholung ist die beste Medizin!

Wendlandt: Veränderungstraining im Alltag. Arbeitsbogen 19. Thieme 2003

9.9 Herausforderungen riskieren

Bisher ist vielleicht der Eindruck entstanden, In-vivo-Arbeit sei immer ein systematisches und planvolles Vorgehen. Es wurde von der Arbeit in kleinen Schritten gesprochen und von einem nach Schwierigkeitsgrad abgestuften Ablauf. Alle Übungssituationen, die im Alltag durchgeführt werden, sollten erfolgreich bewältigt werden können, um Zuversicht und Mut für zukünftige Herausforderungen wachsen zu lassen. Aber nicht selten gibt es Menschen, die sich an Schwierigkeiten messen wollen, die den „Kitzel" der Herausforderung lieben, die nicht lange vorbereiten und planen möchten, die gerne riskieren, dass eine Situation auch einmal „in die Hose geht", die nicht wirklich zutiefst betroffen sind, wenn sie „auf den Bauch fallen" oder ihr „Mütchen gekühlt wird" und die eigene Sicherheit „den Bach runter geht". Was macht es schon, wenn einem „die Felle davon schwimmen" – das lockt erst recht die Experimentierfreude hervor, das reizt zur Wiederholung. Noch einmal von vorne! Mal sehen, wie es dann läuft. Nur Mut – das schaffen wir!

Bei der In-vivo-Arbeit kommen häufig ganz unterschiedliche Temperamente zum Tragen, sowohl bei den Betroffenen als auch bei den Begleitern. Das In-vivo-Vorgehen fördert die Kreativität und die Improvisationslust (s.u. S. 132ff). Was passiert, wenn ...? Die Freude am Unvorhergesehen entsteht. Was kommt auf mich zu? Wie werden die Mitmenschen reagieren? Erinnerungen an die Kindheit steigen auf, an Mutproben, an Streiche, die man gespielt, an Klingeln, auf die man gedrückt hat, um eilig dann davon zu rennen.

Bei Jugendlichen konnte ich immer wieder feststellen, dass die Vorhaben spannend sein mussten, der Übermut sollte sich an ihnen laben und der Abenteuergeist an ihnen sättigen können. Ausgefallen und wild sollte es für den einen sein, frech und laut für den anderen. Manch einer wollte es exponiert, manch einer still. Doch immer sollten die Aufgaben mit Bravur – auch vom Zögerer – zu bewältigen sein. Wenn es „puppe" (sprich leicht) zu erledigen war, sollte es dennoch mächtig schwer erscheinen. Aber so richtig überfordern sollte es keinen.

In-vivo-Aufgaben müssen also nicht immer vorbereitet und nach einem hierarchischen Ablauf bearbeitet werden. Nicht nur für Mutige, sondern auch für Vorsichtige ist das Prinzip „Herausforderung" hilfreich: Betroffene begreifen, dass sie an ungewöhnlichen Aufgaben wachsen, sie spüren die anregende Neugier auf das Fremde. Gerade wenn es ein bisschen brenzlig wird, ist der Genuss, die Aufgabe dann doch in Angriff genommen zu haben, besonders groß.

Und dann gibt es noch einen weiteren Grund, warum es günstig ist, Herausforderungen immer wieder in den systematischen Trainingsablauf einzustreuen: Die In-vivo-Arbeit, die sich in der Regel über einen längeren Zeitraum erstreckt, wird dadurch abwechslungsreicher. Ermüdungserscheinungen und Motivationsschwächen kann damit entgegengewirkt werden.

> **Wichtig**
>
> „Ja, es ist gut, wenn Therapeuten, die mit ihrer freundlichen und verständnisvollen Art dazu neigen, die Therapiestunden zu liebevollen (und mitunter kuschlig-warmen) Zusammenkünften zu gestalten, in der Lage sind, Stress und Unbehagen in die Therapie einzubringen und auch nicht vor Alltagssituationen zurückschrecken, die bei den Klienten Angst auslösen. Therapeuten sollten die Fähigkeit besitzen, ihre Klienten herauszufordern, Ansprüche zu stellen und Unvorhergesehenes zu tun. Sie sollten dies auf eine freundliche und zugewandte Weise beherrschen. Das würde bedeuten, dass sie gleichzeitig in der Lage sein müssen zu entscheiden, wann Behutsamkeit ansteht (und damit z.B. das Prinzip der „Kleinen Schritte") und wann das Prinzip „Herausforderungen" das sinnvollere Vorgehen darstellt. Alles zu seiner Zeit" (Wendlandt 2002 a, S. 69).

Auffallen – Beachtung riskieren

Ist es wirklich so, dass Sie auffallen, wenn Ihre Haare ungekämmt sind? Wenn Sie zwei verschiedene Schuhe tragen? Wenn Sie im Hochsommer ein Kopftuch tragen? Wird jemand gucken? Und vor allem: Was wird passieren?

Was ist der Unterschied zwischen den Gefühlen, die Sie erleben, wenn Sie vor einer schwiergen Situation stehen, und den Gefühlen, die in der tatsächlich stattfindenden Situation herrschen? Haben Sie auch die Erfahrung gemacht, dass die Erwartungsangst ganz schnell verfliegen kann, wenn Sie in eine Situation hineingehen und dort aktiv geworden sind? Und dass dann auch die Gefühle ganz andere sind, als Sie angenommen hatten? Vor allem in Vermeidungssituationen, denen man beharrlich aus dem Weg gegangen ist, stimmen die Erwartungen oft nicht mit der Realität überein. Das glauben Sie nicht?

Im Folgenden finden Sie eine Reihe an Handlungsvorschlägen, bei denen Sie überprüfen können, wie es mit Ihrer Angst aufzufallen bestellt ist. Es wird eine ganze Reihe an „Abweichungen" aufgeführt. Was passiert, wenn Sie sie testen? Glauben Sie wirklich, sich das nicht leisten zu dürfen? Wie eng sind Ihre Grenzen? Wie angepasst glauben Sie sein zu müssen? Leiden Sie nicht manchmal selbst unter beengenden sozialen Normen, denen Sie sich ausgeliefert fühlen und die vorschreiben, was zu tun (angepasst sein!) und was zu lassen sei (unangepasst sein). Sich nicht konform verhalten, nicht immer nach der Wohlanständigkeit schielen, sich unabhängiger von den Meinungen anderer fühlen – das sind Wünsche, die gut tun. Die eigenen Grenzen erweitern! Dies ist vor allem dann wichtig, wenn man immer wieder befürchtet, wegen eigener Unsicherheiten, Ängste oder sonstiger Symptome Missachtung durch andere Menschen zu erfahren.

Beispiele zum Abbau sozialer Besorgnis (aus Wendlandt 2002 a, S. 117 f.)

Riskieren Sie Überraschungen – Vieles entpuppt sich als einfacher als vorher erwartet. Und ergänzen Sie die Beispiele um eigene Ideen!

Abweichungen bzgl. des kommunikativen Verhaltens bzw. der sozialen Kontaktaufnahme
▶ Blickkontakt meiden: wiederholt den Gesprächspartner nur sehr kurz anschauen und ganz schnell wieder wegblicken, auf den Boden, an die Decke.
▶ Im Satz mehrmals mit dem Finger schnipsen, so als ob einem das Wort nicht einfalle.
▶ Gähnen: immer wieder, ohne die Hand vor den Mund zu nehmen.
▶ Übermäßig häufiges, zustimmendes Nicken mit dem Kopf.
▶ ....
▶ ....

Abweichungen bzgl. der eigenen Bewegungen und der Körperhaltung
▶ Sich kratzen, an mehreren/vielen unterschiedlichen Stellen.
▶ Motorische Unruhe zeigen: hin und her schaukeln, mit den Fingern trommeln, ständig Sitzposition ändern, nervöse Arm- oder Fußbewegungen machen.
▶ Blinzeln jeweils bei Satzanfang, mit beiden Augen gleichzeitig.
▶ Mit der Hand den Rhythmus des eigenen Sprechens auf dem Oberschenkel mitklopfen.
▶ ....
▶ ....

Ungewöhnliches Aussehen, „gestörtes" Sozialverhalten
▶ Stehend, im Gespräch, sich ab und zu um die eigene Achse drehen.
▶ Sich fröhlich hüpfend auf einen Passanten zu bewegen und ihn ansprechen.
▶ Am Ende jeder Äußerung kichern und albern das Gesicht verziehen.
▶ Schnürsenkel sind auf. Oder: Hemd/Bluse hängt aus der Hose/dem Rock.
▶ ....
▶ ....

Wendlandt: Veränderungstraining im Alltag. Arbeitsbogen 20. Thieme 2003

9.10 Geplant ungeplant: Improvisieren

Nun ist die Spontaneität gefragt, nicht die Systematik. Ungeplant – ohne Konzept – einfach drauf los – sich überraschen lassen – mal sehen, was passiert – Kontrolle beiseite stellen – das Fremde und Unerwartete riskieren – in Erfahrung bringen, welche Spielräume des eigenen Reagierens sich auftun – den eigenen Mut herauskitzeln – den Ernst hinter sich lassen – das Kind wach küssen – spielerisch werden – wieder hüpfen – sich das Frechsein erlauben – Neugier spüren – eigene Impulse begrüßen.

Nun geht es darum, gezielt neue Erfahrungsräume aufzusuchen: Das bisher Nichtgeprobte zu erproben, das Gefürchtete in Augenschein zu nehmen, der Phantasie und Experimentierfreude eine Spielwiese zu eröffnen, auf der sichtbar werden kann, wer ich bin, was ich kann, was ich will.

Nun geht es darum, eine neue Form der Sicherheit zu erwerben: Das Wissen, wo es lang zu gehen habe, wird beiseite gelegt. Dazu gehören die guten Ratschläge der Eltern, die oft im eigenen Kopf herumschwirren und sich zu eigenen Leitlinien (besser „Leid"-Linien?) auswachsen. Dazu gehören aber auch all die klugen therapeutischen Strategien, die systematisch gelernten und mühselig erworbenen Techniken zur Bewältigung schwieriger Alltagssituationen. All das darf nun getrost in einen großen Koffer gepackt, sicher verschlossen und behutsam beiseite gestellt werden.

Wenn all die vielen Vorgaben anderer Menschen nicht mehr vor unseren Augen liegen, wenn dieses Sicherheitsgerüst fehlt, beginnen wir mit einer neue Suche, beginnen zu spüren, was unsere eigenen Sicherheiten sind, nehmen die Stärken wahr, die schon vorhanden sind, und tasten in neue Richtungen, wenn wir zu wenig Brauchbares in den Händen halten. Wir beginnen zu spielen, begrüßen neue Erfahrungen, lassen uns auf uns selbst ein und auf das, was wir selbst zu entwickeln vermögen. Die Sicherheit des eigenen Selbst entsteht.

Kinder lassen sich gerne auf Improvisationsübungen ein. Ohne viel Vorbereitung springen sie in vorgegebene Rollen, verstellen ihre Stimmen, ihren Gang, den Bewegungsablauf und fühlen sich wohl im Ausgestalten der „Rollenidentität". Batz u. Schroth (1993, S. 24) schreiben: „Kinder haben keine Schwierigkeiten, anzufangen. Es genügt, ... einfach nur spielen zu wollen ... Den Erwachsenen ist dieses selbstverständliche, unmittelbare Spielen ausgetrieben, abhanden gekommen und abgestorben, bis auf ein anerkanntes Spiel: ein erfolgreicher, normaler Erwachsener zu sein." Jugendliche und Erwachsene haben es also oft schwerer, sich auf eine Spielhandlung, eine Rolle einzulassen. Aber ihre Bereitschaft lässt sich unterstützen:

▸ Es können Beispiele von In-vivo-Improvisationen als Anschauungsmaterial zur Verfügung gestellt und besprochen werden (s. Beispiele in diesem Buch: S. 37, 63, 64f).
▸ Es kann eine Einstimmung auf die Improvisationsarbeit erfolgen, in der abgeklärt wird, was überhaupt die Voraussetzungen sein müssen, damit sich jemand verändern kann. Was kann er beitragen, damit „Bewegung" (Veränderung) zustande kommt? Eine Antwort gibt der nächste Arbeitsbogen mit einer Zusammenstellung von „ieren"-Verben; bei ihnen geht es um
  ▸ die eigene *Aktivität* (z.B. trainieren, ausprobieren, variieren),
  ▸ eine *innere Haltung*, ein Offensein für die aktuellen Bedingungen der Übungssituation (z.B. akzeptieren, riskieren),
  ▸ eine systematische und ausdauernde *Vorgehensweise* (z.B. experimentieren, insistieren) oder
  ▸ die *Auswertung und Weiterplanung* der In-vivo-Improvisationen (z.B. reflektieren, analysieren, projektieren).
  Auch das oben wiedergegebene Gedicht zu dem Thema „ieren" lässt sich in diesem Zusammenhang einsetzen (s. S. 67).
▸ Es können kleine Themenimprovisationen für „zwischendurch" stattfinden, die verspielt und witzig sind, die den Ernst beiseite lassen und das Quatschmachen erlauben (siehe hierzu den nächsten Arbeitsbogen).
▸ Es können unterschiedliche Wahlmöglichkeiten aus einer Liste von Rollen angeboten und Hilfestellungen bei der Ausgestaltung dieser Rollen gegeben werden (s. hierzu den Arbeitsbogen 10, S. 73).

Manchmal kann es sehr produktiv sein, keinen Spielimpuls vorzugeben, sondern den Betroffenen die Erfahrung machen zu lassen, dass er selbst in der Lage ist, den freien Raum ohne jede Hilfestellung für sich zu nutzen.

9.10 Geplant ungeplant: Improvisieren

Die Kunst des IERENS

Es gibt eine ganze Reihe an „ieren-Wörtern", die zu Ihrer In-vivo-Arbeit passen: *variieren – experimentieren – riskieren – ausprobieren – improvisieren – trainieren – konzentrieren – organisieren – interagieren – notieren – zentrieren – reflektieren – intervenieren – insistieren – interpretieren – analysieren ...*

Welche zusätzlichen ieren-Wörter kennen Sie noch? Bitte tragen Sie Ihre Ergänzungen ein:
....
....
....

Aufgabe:
Schreiben Sie nun einen Text und verwenden Sie dabei in jeder Zeile ein ieren-Wort! Die beiden folgenden Beispiele können Ihnen als Anregung dienen.

Beispiel A:
Ausprobieren – ich gestalte gerne
Experimentieren – ich öffne bisher verschlossene Türen
Inszenieren – ich zeige mich, wage das Ungewöhnliche
Variieren – ich verlasse den festen Rahmen meiner Gewohnheiten
Riskieren – Misserfolge führen mich auf den richtigen Weg
Interagieren – ich pflege meine Kontakte
Jubilieren – ich genieße das Leben

Beispiel B:
Leben heißt verlieren
kaum Zeit zum Vegetieren
sich ständig echauffieren
und heftig transpirieren
Kollegen, die intrigieren
Banken, die dich ruinieren
Vieren, die dein Glück dezimieren
Was soll ich lamentieren:
Leben heißt verlieren

Mein ieren-Text:
....
....
....
....
....
....
....

In-vivo-Arbeit bedeutet in vielen Fällen, dass Sie mit unvorhergesehenen Ereignissen fertig werden müssen. Sie können nicht erwarten, dass Ihre Übungssituationen tatsächlich so ablaufen, wie Sie es sich wünschen. Ihre Improvisationsfähigkeit ist ständig gefragt: Aus dem hohlen Bauch müssen Sie reagieren, spontan eine Entscheidung fällen, etwas sagen, was Sie so nicht vorbereiten konnten, einen Weg einschlagen, der in eine unbekannte Richtung führt. Schlagfertig werden – das will jeder. Sich nicht mehr vom Leben schlagen lassen. Ein erster Schritt in diese Richtung kann die verbale Improvisation sein: eine kleine Rede, die Sie sich gewissermaßen für „zwischendurch" ausdenken – zum laut oder leise vortragen. Das eigene Spiegelbild kann Ihr Gegenüber sein oder der Partner, der Helfer oder die Gruppe. Ein Vortrag wie eine „Fingerübung" – zum Geschmeidigwerden der Lippen, zum Loslegen, ohne dass ständig die eigene Zensur im Nacken sitzt! Es können alltagsnahe Themen sein („meine Küche", „spielende Katzen") oder gefühlsbesetzte Wörter („Trauer", „Sehnsucht", „Leidenschaft"), kleine Episoden aus dem Alltag („Spaziergang am Meer", „Besuch des Zoos"), technische Beschreibungen („Funktionsweise des Fahrrads"), gesellschaftliche Vorgänge („Bürgerbewegung", „Lohnsteuer"), Absurdes und Lustiges („der fliegende Rollmops", „Winnetou im Fitness-Studio").

Wendlandt: Veränderungstraining im Alltag. Arbeitsbogen 21. Thieme 2003

Fortsetzung

Aufgabe:
Schreiben Sie selbst ein paar Themen auf Karteikärtchen. Sorgen sie dafür, dass Sie öfter ein Kärtchen ziehen und Ihre „Fingerübung" machen. Und haben Sie immer ein paar leere Kärtchen dabei, damit auch andere Personen für Sie Überraschungsthemen notieren und ungesehen in Ihren Kärtchenpacken stecken können.

Themenvorschläge zum Improvisieren: Ernstes und Besinnliches, Phantasie und Quatsch

- Mein Karrierekostüm: Was ich brauche, wie ich wirke
- Schönheitspflege für Männer
- Die Nachtigall, der Frosch und der Hund
- Heck-Meck: Angst weg
- Schlaraffenland – von morgens bis abends
- Die Angst des Eichhörnchens vor dem Sprung
- Am Horizont ein Lächeln
- Über die Höflichkeit
- Das Kind mit den 3 goldenen Nasen
- In der Stille der Nacht
- Die Angst des Pullovers vor dem Weichspüler
- Das Alphabet der Gefühle
- Die Poesie des Sommerregens
- Mein Unbewusstes, das unbekannte Wesen
- Der faule Zauberer und die fleißige Liese
- Von der Weisheit der Kinder
- Die Fata Morgana – am Horizont bereit
- Ohne Netz und doppelten Boden – ein Lebensmotto

Meine eigenen Themenideen:
....
....
....
....
....

Wendlandt: Veränderungstraining im Alltag. Arbeitsbogen 21. Thieme 2003

9.11 Begleiter sind Mit-Arbeiter

In-vivo-Aktivitäten können vom Betroffenen alleine durchgeführt werden – leichter fallen sie allerdings, wenn der Betroffene einen Begleiter oder eine Begleiterin zum Mitmachen findet. Egal, ob es der Berater oder Therapeut ist, ein Freund oder Arbeitskollege, ein Familienmitglied oder jemand aus der Selbsthilfegruppe – es wäre hilfreich, wenn nicht der eine zuschaut, während der andere ins Schwitzen kommt. Es sollten keine guten Ratschläge erteilt werden, die der eine gibt und die der andere zu erledigen hat. Der Begleiter macht mit! Er macht so gut mit, wie er eben kann. Oder er macht einzelne Übungen vor, der Betroffene schaut zu und startet dann seinerseits mit der Situationsbewältigung. Mal kann der eine, mal der andere beginnen. Doch aufgepasst: Das Können und die Ansprüche der beiden Menschen, die da In-vivo-Arbeit durchführen, sind jeweils sehr unterschiedlich. Als Zielverhalten sollte daher immer erst nur jenes Verhalten gelten, das der Betroffene realisieren möchte (und sich zutraut!) und nicht das Wunschverhalten des Begleiters. Später können dann die Ansprüche in Absprache miteinander ansteigen.

Beispiel

Wie genau weiß der Begleiter/Helfer/Therapeut überhaupt über die Vorlieben des Betroffenen Bescheid?
- Welche Orte in der Stadt sind für den Betroffenen besonders interessant?
- Wo sitzt er am liebsten, um anderen Menschen zuzuschauen?
- Hat er ein Lieblingscafé?
- Welche Geschäfte reizen ihn? Welche Waren locken?
- Welche Eissorten mag er gar nicht?
- Welche Autos würde er am liebsten fahren?
- Was bedeuten Reisebüros für ihn?
- Welche Gefühle lösen Brunnen, Teiche, Seen oder Flüsse aus?
- Welche Pflanzen liebt, welche Vögel kennt er?
- Wie steht es mit Haustieren, Topfpflanzen und Aquarien?

Welche Vorlieben, welche Eigenheiten sollte der Begleiter kennen, um die In-vivo-Arbeit nicht an den eigenen, sondern an den individuellen Besonderheiten des Betroffenen ausrichten zu können?

Bei der gemeinsamen In-vivo-Arbeit kann es durchaus sinnvoll sein, dass auch die Betroffenen in die Rolle des Modells schlüpfen und für ihre Begleiter nachahmenswerte Vorgaben demonstrieren – auch die Begleiter sind nicht immer unbefangen, auch sie können Anregungen gebrauchen und Neues durch die In-vivo-Arbeit lernen.

Manchmal bietet es sich an, die Auswertung der In-vivo-Erfahrungen nicht getrennt voneinander vorzunehmen. Sie kann stattdessen für beide gemeinsam stattfinden (z.B. anhand des folgenden Arbeitsbogens). Auf diese Weise können Betroffene das nachträgliche Reflektieren „üben" – und gelangen somit insgesamt zu einer größeren Sicherheit bei der Auswertung.

▷ Almut K., 42 J., freut sich über die positiven Erfahrungen, die sie aus ihren In-vivo-Übungen ziehen konnte:

„Bei den vielen Kontaktübungen wird die einzelne Begegnung, die mir bisher immer so schrecklich lange nachgegangen ist, bedeutungsloser. In vivo macht das Standhalten einfacher. Aufgestautes fließt ab. Meine Mitmenschen sind nicht mehr meine Feinde, wir sind alles Suchende und sitzen in einem Boot. In vivo macht süchtig."

Registrieren: Die fünf „W's"

Halten Sie in Stichworten fest, wie Ihre In-vivo-Arbeit verlaufen ist! Tun Sie das jeweils nach einer Übung. Setzen Sie sich mit Ihrem In-vivo-Journal auf eine Bank, in ein Café, irgendwo hin, wo Sie Ruhe haben. Nehmen Sie sich ein paar Minuten Zeit für die Auswertung, bevor Sie zur nächsten Trainingsaktivität aufbrechen. Aufzeichnungen zu Hause, im Nachhinein, sind meist weniger ergiebig.

Bei der Auswertung Ihrer eigenen Erfahrungen ist es hilfreich, sich noch einmal die folgenden Punkte zu vergegenwärtigen, die hier als die „Fünf W's" bezeichnet werden:

▶ **Wer**: Wer hat die Übung gemacht? (Name)

▶ **Wo**: Wo hat sie stattgefunden? (Situation, Ort)

▶ **Was**: Was war die Aufgabe? (vorgenommene Handlung)

▶ **Wie**: Wie sollte das eigene Verhalten aussehen? (Lernziel)

▶ **Wozu:** Wozu dient mir die Übung? (Welche Bedeutung hat sie für meinen Alltag? Welchen Nutzen kann ich aus der Übung ziehen?)

Beim Durchgehen dieser fünf Punkte werden Sie sich noch einmal Ihren Handlungsablauf vergegenwärtigen können und Klarheit darüber gewinnen, was sich bei einer Situationsbewältigung eigentlich als günstig und was sich als weniger günstig erweist.

Die Bearbeitung der fünf „W's" kann auch anhand des folgenden Schemas stattfinden: Hier können Eintragungen nicht nur für den Betroffenen, sondern auch für den Helfer (hier im Beispiel: Frau L.) erfolgen. Und die Auswertung kann von beiden gemeinsam vorgenommen werden:

Wer? Person	Wo? Situation	Was? Übungsaufgabe/ Handlung	Wie? Lernziel(e)	Wozu? Bedeutung/Nutzen
(zwei Beispiele)				
Kai	Postamt, Schlange	Kunden vor mir ansprechen	Blickkontakt, laute Stimme	Will lernen, Arbeitskollegin M. in ein Gespräch verwickeln zu können
Frau L.	5-stöckige Stadtvilla, alter Fahrstuhl	2 Stock hochfahren, in Begleitung	Schultern, Bauch locker, ruhiges Atmen	Will wieder alleine Fahrstuhl der Dienststelle nutzen
Kai	....	....	....	....
Kai	....	....	....	....
Frau L.	....	....	....	....
Kai	....	....	....	....

Wendlandt: Veränderungstraining im Alltag. Arbeitsbogen 22. Thieme 2003

9.12 Der persönliche Maßstab gilt

■ Beispiel

„Am Hofe gab es starke Leute und gescheite Leute, der König war ein König, die Frauen waren schön und die Männer mutig, der Pfarrer war fromm und die Küchenmagd fleißig – nur Colombin war nichts.

Wenn jemand sagte: ‚Komm, Colombin, kämpfe mit mir', sagte Colombin: ‚Ich bin schwächer als du.'

Wenn jemand sagte: ‚Wie viel gibt zwei mal sieben?', sagte Colombin: ‚Ich bin dümmer als du.'

Wenn jemand sagte: ‚Getraust du dich, über den Bach zu springen?', sagte Colombin: ‚Nein, ich getraue mich nicht.'

Und wenn der König fragte: ‚Colombin, was willst du werden?', antwortete Colombin: ‚Ich will nichts werden, ich bin schon etwas, ich bin Colombin.'"

(Text von Peter Bichsel)

Bei all der Aufregung, die mit der In-vivo-Arbeit verbunden sein kann, kommt es nicht selten zu heftigen Gefühlen, zu (selbstabwertenden) Vergleichen mit anderen Menschen, zu Unzufriedenheiten wegen noch vorhandener eigener Unsicherheiten. Gerade deswegen ist es besonders wichtig, dass sich Betroffene bei der Gestaltung einer In-vivo-Sitzung und bei der Festlegung der Aufgabenstellungen an ihrem eigenen persönlichen Erleben orientieren. Die Begleiter (Helfer oder Bekannte gleichermaßen) sind gefühlsmäßig auch in das In-vivo-Geschehen eingebunden, ihre persönlichen Empfindungen werden auf vielfältige Weise angesprochen und auch bei ihnen lösen manche In-vivo-Aktivitäten Unsicherheiten aus. Oder sie lassen sich – ohne es zu bemerken – von Wünschen und Ansprüchen leiten, der Betroffene möge „besser funktionieren", sollte flotter voranschreiten und aktiver mitarbeiten. Bei der In-vivo-Arbeit gilt aber der persönliche Maßstab des Betroffenen: sein Tempo, sein Temperament, seine Einschätzungen zählen. Er sorgt dafür, dass seine individuellen Gefühle und Gedanken berücksichtigt werden. Der Helfer unterstützt dies. Maßstab ist stets erst einmal der Betroffene selbst, nicht der Anspruch, den andere formulieren. Auch nicht das Verhalten, das andere Betroffene evtl. schon erreicht haben und dem man nun glaubt, selbst schnell entsprechen zu müssen (nach dem Motto: Was der kann, wirst Du doch auch schaffen!). Nein! Und es kann erst recht nicht um Vermutungen gehen, was andere (zum Beispiel Eltern oder Partner) von dem Betroffenen wohl erwarten würden, wenn sie zugegen wären.

Ein hilfreiches Motto könnte lauten: „Ich tue das, was ich will, was ich brauche, was mir gut tut." Und: „Es gilt nur das, was ich persönlich will!" Dieses Motto erscheint einleuchtend – und doch, oft wissen wir ja gar nicht, was wir wollen, was uns gut täte. Daher ist es hilfreich, sich immer wieder einmal zwischen all den Übungen und In-vivo-Aktivitäten Zeit fürs Besinnen zu lassen. Der folgende Arbeitsbogen will dazu anregen.

▷ Ines P., die bereits viele In-vivo-Erfahrungen hinter sich hat, meint:

„... *Ich* beeinflusse die Situation. *Ich* entscheide, was ich tue. *Ich* entscheide, was ich nicht tue. Die kleinen Erfolge einer Übung kann ich heute gut in den Vordergrund stellen." Sie arbeitet gemeinsam mit anderen Betroffenen, aber bleibt bei den Aufgabenstellungen ganz bei sich. Sie hat die Konsequenz gezogen, „die Chance des gemeinsamen Übens zu nutzen. Dort anzusetzen, wo *ich* ein Vermeidungsverhalten verspüre, wo es *mir* schwer fällt."

Ich bin einmalig – ich bin ICH

Bitte die angefangenen Sätze vervollständigen!

Ich will ....

Ich will ....

Ich will ....

Ich brauche ....

Ich brauche ....

Ich brauche ....

Ich mag ....

Ich mag ....

Ich mag ....

Ich ....

Ich ....

Ich ....

Und nun fügen Sie bitte noch einen kleinen Text zum Thema „Wer bin ich?" an. Schreiben Sie spontan drauf los. Sie können auch die Form eines Zehnzeilers wählen, den Sie als Annoncentext formulieren und in dem Sie sich vorstellen. (Geben Sie ruhig ein bisschen an!)

Ich bin ... Ja, wer bin ich eigentlich?

....
....
....
....
....
....
....
....
....
....

Wendlandt: Veränderungstraining im Alltag. Arbeitsbogen 23. Thieme 2003

9.13 Mit einem Erfolg abschließen

In-vivo-Arbeit braucht Ausdauer und Zuversicht, die Zuversicht, dass all die vielen Bemühungen von Erfolg gekrönt sein werden. Dazu ist es notwendig, dass Erfolg nicht zu einem Ereignis wird, das irgendwann in der Zukunft stattfindet, sondern das gegenwärtig ist, das heute stattfindet, das sich immer wieder von uns selbst organisieren lässt. Auf die Bedeutung des Erfolges bei unseren Veränderungsbemühungen ist bereits wiederholt hingewiesen worden. Diese Bedeutung ernst nehmen heißt, eine In-vivo-Stunde nicht „irgendwie" zu beenden, sondern sich eine letzte Aufgabe so zu stellen, dass sie tatsächlich erfolgreich bewältigt werden kann. Für das Sitzungsende sollte also genügend Zeit eingeplant werden, sodass ein positiver Abschluss, wie ein immer wieder gleiches Ritual, gezielt möglich wird. Am Ende der Alltagserprobungen steht somit die innere Gewissheit: Ja, ich kann die anstehenden Situationen bewältigen. Ein gutes Gefühl bleibt, eine positive Erinnerung, die über den Tag hinaus wirken kann: Ja, mir gelingt es, bisher vermiedene Handlungen auszuführen. Ich gestalte Alltag! Und selbst sehr schwierige Situationen kann ich überstehen, ohne weglaufen zu müssen. Und wenn es nur erst einmal das „Ich halte aus" ist. Auch das ist schon ein großer Erfolg.

Die Gestaltung derartiger „Plus-Erfahrungen" will gelernt sein. Es bedarf eines positiven Blickes (Was ist mir heute gelungen?) sowie einer guten Selbsteinschätzung (Welche kleine Aufgabe könnte ich gezielt als Abschluss wählen, die mich zufrieden macht?) Eintragungen hierzu, beispielsweise im folgenden Arbeitsbogen, stärken die Fähigkeiten des Betroffenen, sich selbst positive Gestimmtheiten zu verschaffen: ich übernehme die Verantwortung, dass es mir gut geht, ich sorge für mich, ich lasse es mir gut gehen.

Eine In-vivo-Arbeit, bei der die Freude an den Erfolgen sichtbar wird und Stolz auf das eigene Handeln entsteht (im Gegensatz zu der demotivierenden Mahnung aus der Kinderstube: „Eigenlob stinkt!"), stärkt zudem das Erleben der Eigenverantwortung. Es kann eine Haltung entstehen, bei der sich die Betroffenen selbst als Verursacher für das Handlungsergebnis begreifen: Ich bin für das erzielte Handlungsergebnis verantwortlich, ich habe es bewirkt. Ich habe es selbst hergestellt, auf Grund meiner eigenen Fähigkeiten und meiner Anstrengungen, die ich mobilisiert habe. Das Gefühl, selbst wirksam sein und Verantwortung für die Veränderungsschritte übernehmen zu können, bringt jede In-vivo-Arbeit ein enormes Stück voran.

> **Wichtig**
>
> Wie wichtig es ist, erzielte Erfolge sich selbst zuschreiben zu können, belegen die höchst interessanten Ergebnisse der Attributionsforschung (vgl. Krech et al. 1992): Es zeigt sich, dass manche Menschen das Ergebnis eigenen Handelns sich selbst attribuieren, d.h. zuschreiben (Selbstattribuierung), andere hingegen das Handlungsergebnis äußeren Umständen zuschreiben (Fremdattribuierung). Es ist offensichtlich, dass die Wirkung von positiven Handlungsergebnissen (die andere als Erfolg erleben) bei jenen Menschen ausbleibt, die immer wieder dazu neigen, die positiven Ergebnisse nicht den eigenen Bemühungen zuzuschreiben, sondern äußeren Faktoren: Sie sagen dann: „Das war Zufall" oder „Die Umstände waren günstig" oder „Die Aufgabe war zu leicht" oder „Eigentlich liegt es ja sowieso nur am Therapeuten, dass mir so etwas gelingen kann". Erfolg ist erst dann ein hilfreicher Verbündeter, wenn er als Ergebnis eines selbst verursachten und damit eigenverantwortlichen Handelns angesehen wird. Diesen kognitiven Mechanismus gilt es, in der Therapie zu vermitteln. Dazu gehört auch, dass die Ursache von Misserfolgen nicht vorschnell bei sich selbst gesucht werden darf, sondern der Blick offen gehalten werden muss für ungünstige äußere Bedingungen, die dafür verantwortlich sein können. Davison u. Neal (1996, S. 678) bringen es auf den Punkt, indem sie empfehlen „Probleme dadurch (zu) behandeln, dass man die Patienten dazu bringt, sich eingetretene Verbesserungen selbst zu attribuieren."

Ich kann … Ich kann … Ich kann … Ich kann … Ich kann …

1. Einen positiven Abschluss für jede In-vivo-Arbeit herstellen

Tun Sie sich immer den Gefallen, jede In-vivo-Sitzung mit einer positiven Erfahrung abzuschließen. Fliehen Sie nicht aus einer unangenehmen Situation – wandeln Sie sie lieber zu einer leichteren ab. Ansonsten tragen Sie das unangenehme Gefühl unnötigerweise mit sich weiter herum. Es kann zu einer Plage heranwachsen, die Ihnen den Einstieg in die nächste In-vivo-Sitzung erschwert. Wenn Sie am Ende einer Sitzung unzufrieden sind mit dem gegenwärtigen Arbeitsergebnis, dann wiederholen Sie getrost eine bereits bewältigte Aufgabenstellung aus der aktuellen Sitzung oder aus früheren Sitzungen. Vergegenwärtigen Sie sich die bereits erzielten Fortschritte, die Sie dank Ihrer eigenen Bemühungen erreicht haben.

2. Ein positives Bekenntnis formulieren

Formulieren Sie am Ende einer jeder In-vivo-Stunde ein positives Bekenntnis zu Ihrer eigenen In-vivo-Arbeit, zu eigenen Fähigkeiten, zu neu entdeckten Kräften, die Sie in sich spüren konnten. Formulieren Sie dies klar und eindeutig, nicht halbherzig, nicht mit Einschränkungen. Sie sollten also etwas finden, zu dem Sie tatsächlich stehen können, auf das Sie stolz sein können. Nehmen Sie diese Formulierung mit nach Hause, als markanten Satz in Ihrem Kopf oder schwarz auf weiß auf einem Blatt Papier bzw. als Eintragung in der folgenden Tabelle! Vielleicht ergeben sich daraus Ideen für Ihre weitere In-vivo-Arbeit – dann halten Sie auch das fest!

Datum	Mein positives Bekenntnis (Ich kann …)	Ideen für die Weiterarbeit
………	……………………………………	……………………………………
………	……………………………………	……………………………………
………	……………………………………	……………………………………
………	……………………………………	……………………………………

3. Sich mit dem Begriff „Erfolg" auseinander setzen

Nehmen Sie sich in regelmäßigen Abständen diesen dritten Punkt vor und beantworten Sie, von Ihrem jeweils aktuellen Stand aus, die folgenden Fragen: Sind Sie in Ihrer bisherigen In-vivo-Arbeit schon erfolgreich gewesen? Schon ein bisschen wenigstens? Oder erscheint Ihnen dieser Begriff zu anspruchsvoll? Was bedeutet eigentlich für Sie ganz persönlich das Wort „Erfolg"? Wenn Sie „positive Erfahrungen" machen, ist das gleichbedeutend mit „Erfolg haben"? Versuchen Sie spontan zu notieren, was Sie bei der In-vivo-Arbeit unter „Erfolg" verstehen! Drei Beispiele sind vorgegeben:

Erfolg ist – *wenn ich ein gutes Gefühl hinterher habe.*
Erfolg ist – *wenn ich das erreiche, was ich mir vorher vorgenommen habe.*
Erfolg ist – *wenn ich keine Angst habe.*
Erfolg ist………………………………………………………………………………………
Erfolg ist………………………………………………………………………………………
Erfolg ist………………………………………………………………………………………
Erfolg ist………………………………………………………………………………………
Erfolg ist………………………………………………………………………………………

Wendlandt: Veränderungstraining im Alltag. Arbeitsbogen 24. Thieme 2003

9.14 Auswerten

Erprobungen, Experimente, Alltagsspaziergänge und Trainingsaktivitäten, Erkundungen und stille Beobachtungen – alle In-vivo-Aktivitäten können für die eigene Weiterentwicklung genutzt werden, wenn man sie auf eine produktive Weise auswertet. Auswerten heißt, sich mit den Erfahrungen beschäftigen, die gerade gemacht wurden. Auswerten heißt, den vorschnellen Gewohnheiten der Selbstabwertung zu widerstehen, es heißt, genauer hinzuschauen und Unterscheidungen zu treffen (War denn wirklich alles schlecht?), sich nicht sofort wieder am Symptom zu orientieren (z.B. am Schweißausbruch, der aufgetreten ist), sondern wahrzunehmen, dass man die schwierige Situation z.B. ohne Umwege aufgesucht hat und in ihr bereits länger verweilen konnte. Auswerten heißt, Erfahrungen ernst nehmen und sich die Zuversicht erlauben, aus allen Erfahrungen lernen zu können. Auswerten heißt, Schlussfolgerungen ziehen, die Erfahrungen nicht unbeachtet liegen zu lassen, sondern sie zu nutzen, um Wiederholungen zu planen, sich Veränderungen auszudenken und andere Wege der Aktivität einzuschlagen. Die Auswertung der eigenen In-vivo-Aktivitäten ist also genauso wichtig wie deren Durchführung.

Wer seine Alltagserfahrungen immer wieder nur als unvollkommen betrachtet, wie ein zur Hälfte gefülltes Glas, das doch „halb *leer*" sei, der wird auch seine In-vivo-Bemühungen als unvollkommen erleben. Er beurteilt seine Veränderungsschritte damit ständig von einer ungünstigen Position aus. Wer in seinem Alltag das gleiche Glas als „halb voll" bezeichnet, wird auch seine In-vivo-Aktivitäten mit mehr Zuversicht betrachten können – er erlebt seine Stärken deutlicher und kann damit auch erfolgreicher in seinen Übungen voranschreiten. Derartige innere Haltungen werden in unseren Gedanken sichtbar und als „Selbstgespräche" in unseren Köpfen laut. Aus der Psychologie wissen wir, dass diese inneren Sprechhandlungen („Selbstverbalisationen") unser Verhalten steuern: Wir haben die Wahl, „positive Selbstgespräche" zu führen und uns, z.B. in Form „gedanklicher Selbstinstruktionen", dazu zu bringen, unseren Körper zu lockern, wenn wir panisch werden, und unsere Fußsohlen am Boden zu spüren. Wir können uns anweisen, unsere Atmung zu verändern und unsere Stimme klangvoller zu gestalten. Wir können durch die Art, wie wir mit uns selbst reden (d.h. über uns denken), unsere In-vivo-Aktivitäten unterstützen. Andererseits haben wir auch die Wahl, uns selbst zu behindern, uns Knüppel zwischen die Füße zu werfen: In der In-vivo-Situation führen wir dann destruktive Selbstgespräche: „Das schaffe ich ja doch nicht!", „Keiner kann mich leiden!", „Bloß schnell verschwinden!", „Ja nicht auffallen!" Und nachher, bei der Auswertung unserer Handlungen, erlauben wir uns nörgelnde Sätze wie: „Das ist ja alles ganz mies gelaufen", „Hat ja doch keinen Zweck". Wir haben also die Wahl, destruktiv oder konstruktiv mit uns umzugehen, uns unterstützend anzuleiten und uns liebevoller zu betrachten oder uns von vielversprechenden Handlungsmöglichkeiten fern zu halten und uns klein zu zeichnen (vgl. auch die nächste Tabelle).

Weitere Auswertungshinweise

Bei der Auswertung der In-vivo-Arbeit sind besonders die folgenden drei Gesichtspunkte zu berücksichtigen:

Liegen günstige Bedingungen für eine Auswertung vor?

Nehmen wir uns nach einer Übung überhaupt die Zeit, über das Erfahrene nachzudenken? Geben wir uns dabei die Chance, Gedanken und Gefühle in Ruhe zu betrachten – beispielsweise indem wir uns ein paar Notizen zum Ablauf der In-vivo-Arbeit aufschreiben? Tun wir das sofort, unmittelbar nach der Übung, oder später, im Nachhinein? Nutzen wir Gespräche mit anderen, um unsere Beobachtungen noch einmal zu vergegenwärtigen oder um Fragen und Unsicherheiten zu klären?

Verläuft die Auswertung konstruktiv?

▶ Bezieht sich die Auswertung wirklich auf das vorher festgelegte Zielverhalten und darauf, ob es gezeigt werden konnte? Oder gewinnen andere Aspekte Überhand?
▶ Ist der Auswertungsvorgang eher durch selbstverstärkende oder eher durch selbstabwertende Beschreibungen gekennzeichnet? (s. Kasten)
▶ Schreiben wir das, was wir erreicht haben, auch wirklich unseren eigenen Aktivitäten zu (und damit unseren Fähigkeiten!) oder machen wir dafür eher den Zufall verantwortlich oder die Unterstützung durch den Helfer? (siehe 9.13; S. 139)

Jedes gute Handlungsergebnis kann man sich selbst zunichte machen – wir werden gleich noch einmal darauf zurückkommen (s.a. die folgende Tabelle).

Wird die Auswertung für Planungsschritte genutzt, die die Weiterarbeit fördern?

Welche Überlegungen können angestellt werden, um neuerliche In-vivo-Erprobungen voranzubringen? Kann das Vorgehen beibehalten oder muss es variiert werden? Sind andere Lernziele zu wählen? Welche günstigen, welche ungünstigen Bedingungen herrschen in den Trainingssituationen, die Einfluss auf die Bewältigung der Situation haben? Sollte hierauf genauer geachtet werden? Welche Überzeugungen, die wir vor der Übung hatten, müssten eigentlich revidiert werden? Worin sehen wir uns nach einer In-vivo-Stunde bestätigt?

Handlungsorientierte, praktische Anweisungen statt negative Selbstaussagen

Vertiefen wir noch einmal den Gesichtspunkt „konstruktive Auswertung". Ob ein Betroffener mit seinen In-vivo-Erfahrungen konstruktiv oder destruktiv umgeht, hängt maßgeblich von seiner allgemeinen Haltung zu sich selbst ab. Diese ist keine feste Größe, die unveränderbar bleiben muss. So zeigen beispielsweise Wohlfahrt u. Schneider (1999, S. 93), wie sich *negative Selbstaussagen* in *positive Selbstverbalisierungen* verändern lassen. Dadurch können Selbstentwertungen aufgehoben und das eigene Verhalten positiv beeinflusst werden. Sie raten den Betroffenen zweierlei:
▶ „.... sich selbst aufzufordern, stressauslösende Bedingungen zu verändern, also sich z.B. nicht zu sorgen, wie unsicher man seine Aussagen formuliert, sondern sich zu instruieren, ruhig und gelassen mit fester Stimme die Erklärung vorzutragen."
▶ „Man fordert sich auf, stressbewältigende Handlungen einzusetzen, wie ‚Entspanne dich'; ‚Atme langsam aus und pruste die Nervosität weg' oder ‚Sprich langsam und deutlich'."

Die Autoren betonen, dass es zahlreiche Möglichkeiten gibt, sich durch Selbstgespräche zu stärken, nicht zu schwächen: „Ich habe die Situation in der Hand; ich werde es schaffen; ich bin gut vorbereitet." Und sie verdeutlichen, dass die Umwandlung negativer in realitätsnahe, positive Selbstgespräche sowohl *vor*, als auch *während* und *nach* einer Aufgabe bzw. Situation stattfinden kann (s. folgende Tabelle aus: Wohlfahrt u. Schneider 1999, S. 93).

Der Arbeitsbogen 25 stellt ein Schema zur Verfügung, anhand dessen die Auswertung *mehrerer* In-vivo-Sitzungen vorgenommen werden kann. Hier sind Kategorien berücksichtigt, die auch im Arbeitsbogen 28 vorkommen („Wie es bisher gelaufen ist..."; s. S. 151).

Negative Selbstaussagen	Positive Selbstgespräche
Vor der Situation	**Vor der Situation**
Das wird völlig schief gehen!	Erst einmal probieren!
Ich weiß nicht, wie ich das schaffen soll!	Ich beginne langsam und deutlich zu sprechen!
Ich weiß nicht mehr, was ich sagen will!	Mache dir nochmals deine gelernten Sätze klar!
In der Situation	**In der Situation**
Ich rede viel zu schnell!	Nur ruhig, entspanne dich!
Mein Herz schlägt ganz wild!	Ich kann nicht verhindern, dass ich nervös werde, aber ich kann die Nervosität steuern!
Ich werde viel zu aufgeregt!	Eine gewisse Aufregung ist nicht schlimm.
Nach der Situation	**Nach der Situation**
Ich habe total versagt!	Es war besser, als ich gedacht habe.
Das war ganz schlecht!	Es war schon ganz gut, das nächste Mal wird es noch besser werden.

Auswertung meiner letzten In-vivo-Experimente

Gesamteinschätzung:
....
....
....
....

Ideen für die Weiterarbeit:

	Nein	Ja	Was genau?
Änderungen im Zielverhalten?	....	....	....
Neues/anderes Zielverhalten?	....	....	....
Änderungen im Vorgehen?	....	....	....
Andere Übungssituation?	....	....	....
	....	....	....
Sonstiges?	....	....	....
	....	....	....

Meine gedankliche Vorbereitung:
Durch welche Sätze, die ich innerlich zu mir spreche, stimme ich mich zukünftig auf die bevorstehende Erprobung ein? (s. Hinweise oben: Umwandlung negativer Selbstaussagen in positive Selbstgespräche und die folgenden Ausführungen).
....
....
....
....

Die Kraft der Imagination ist eindrucksvoll

Leistungssportler stimmen sich auf die bevorstehenden Höchstleistungen durch gezielte gedankliche Vorbereitungen ein:
1. Sie stellen sich ihr gewünschtes Verhalten in seinem richtigen Ablauf genau vor, z.B. die Schrittfolge beim Anlauf, den Absprung und die Drehung des Körpers. Wie in einem Film wird der positive Handlungsablauf vor dem inneren Auge visualisiert und mit einem Erfolg abgeschlossen. Die „gedankliche Vorabbewältigung" ist die beste Voraussetzung dafür, dass die Handlungsausführung dann auch tatsächlich erfolgreich stattfinden kann.
2. Außerdem sind Leistungssportler Weltmeister im Mutzusprechen. Sie tun das nicht ihrem Gegner gegenüber, sondern sich selbst gegenüber. Und sie tun das in Form eines „Ich-kann-Satzes", in dem das Zielverhalten benannt ist.

Was der Sportprofi kann, können wir In-vivo-Amateure allemal: Wir müssen nicht zulassen, dass sich unser Kopf mit zweiflerischen Erwartungen und dem möglichen eigenen Versagen beschäftigt. Wir stellen uns vor, wie wir eine Situation bewältigen. Und wir ermutigen uns: „Ich kann ihm in die Augen schauen!", „Ich kann ruhig und laut sprechen!", „Ich kann nein sagen!".

Wendlandt: Veränderungstraining im Alltag. Arbeitsbogen 25. Thieme 2003

9.15 Zeitdauer, Abfolge und Häufigkeit der Sitzungen

Es erscheint nicht sinnvoll, einheitliche Regeln für die Länge von In-vivo-Stitzungen festzulegen. Das gilt auch für den Wechsel, wann innerhalb des Beratungszimmers und wann besser außerhalb gearbeitet werden sollte. Und auch über die Gesamtanzahl der In-vivo-Sitzungen, die bei einer Person zum Einsatz kommen sollten, können keine allgemein gültigen Empfehlungen ausgesprochen werden. Es ist stets erforderlich, das In-vivo-Vorgehen sehr genau auf die jeweils vorliegenden individuellen Bedingungen abzustimmen: Da sind die aktuelle Problemlage des Betroffenen, seine Bedürfnisse und Motivationslage ebenso zu berücksichtigen wie seine Vorerfahrungen mit Veränderungsmaßnahmen, seine aktuellen Handlungsmöglichkeiten und die Art der zu bearbeitenden Lernziele.

Trotz dieser grundsätzlichen Einschränkungen soll hier der Versuch gemacht werden, ein paar Leitideen für die Organisation der In-vivo-Arbeit zu benennen. Sie sollen eine Orientierung geben, um im Einzelfall angemessene Entscheidungen über Zeitdauer, Abfolge und Häufigkeit der In-vivo-Maßnahmen treffen zu können.

▶ Der Zeitrahmen für eine In-vivo-Sitzung ist so zu wählen, dass die Beteiligten über die Gesamtdauer wach und konzentriert teilnehmen können. Die Übungsdichte sowie die Schwere der Aufgabenstellungen dürfen nicht zu Ermüdungserscheinungen führen, die bewirken, dass der Sitzungsabschluss herbeigewünscht wird. Nicht überfordern! Erschöpfung ist die denkbar schlechteste Voraussetzung, um sich freudig und energievoll mit dem Einsammeln neuer Erfahrungen zu beschäftigen. Gegebenenfalls sind wiederholt Pausen einzulegen.
▶ Ermüdungserscheinungen und Motivationsproblemen kann entgegengewirkt werden, indem eine größere Variabilität des Vorgehens bzw. der Aufgabenstellungen erfolgt. Immer wieder gleichartige Übungen durchführen zu wollen, bei denen es um eine immer bessere Ausführung des Zielerhaltens geht, ist oft kontraproduktiv (vgl. „Systematisch üben", S. 124ff).
▶ Andererseits sollte lange genug in den einzelnen Übungssituationen verweilt werden, damit Lampenfieber und Aufgeregtheiten abklingen können und die Betroffenen deutlich spüren, wie das Ausmaß ihrer Angst und Erregung sinkt (s. hierzu auch: „Wiederholen", S. 128f). Das verlangt manches Mal, dass eine In-vivo-Sitzung doppelt so lange dauert (ggf. auch länger) wie eine Sitzung im Beratungszimmer.
▶ Der Abschluss einer In-vivo-Stunde ist positiv zu gestalten (s. oben: Plus-Erfahrungen, S. 139f). Hierfür muss ausreichend Zeit zur Verfügung stehen. Wiederkehrende Rituale sind hier sehr hilfreich.

> **Wichtig**
>
> Die Ausbildung einer „Erfolgsgewissheit" kann nicht ernst genug genommen werden: Sie ist wesentlicher Motor für die Eigenarbeit. Erfolgsgewissheit lässt sich also lernen. Sie setzt voraus, dass der Betroffene an die Wirksamkeit seines eigenen Handelns glaubt. Bandura's „Konzept der Selbstwirksamkeit" (1994) erklärt diesen Sachverhalt. Jungert et al. (2001, S. 35) schreiben dazu: „Das Erleben eigener Wirksamkeit bildet die Vorbedingung für ein kompetentes, zielorientiertes Verhalten. Zweifel an den eigenen Fähigkeiten, fehlende Überzeugung, das eigene Leben gestalten und Einfluss nehmen zu können, führen zu sinkendem Selbstvertrauen. Personen mit niedrigen Selbstwirksamkeitserwartungen denken weniger über Problemlösestrategien nach und entwickeln signifikant häufiger Stresssymptome."

▶ Ängste und Vermeidungstendenzen, die bereits eine lange Geschichte besitzen, können sich auch nach einer erfolgreichen In-vivo-Sitzung wieder aufbauen. Alte eingeschliffene Gewohnheiten überwiegen – sie „verschlingen" gewissermaßen die positiven Erfahrungen der Gegenwart. Deswegen ist es wichtig, keine zu großen Pausen zwischen den In-vivo-Sitzungen einzulegen: Warten Sie nach einer Sitzung also nicht zu lange, bis Sie wieder zur nächsten In-vivo-Reise aufbrechen. Reisen Sie öfter! Sie haben einen Gratis-Fahrschein – Sie dürfen ihn täglich einlösen!
▶ Gelingt es Betroffenen, die Erfahrungen aus den In-vivo-Sitzungen alleine zu wiederholen und das Selbsttraining auch in schwierigen Alltagssituationen zunehmend mutiger voranzubringen, wird das Auswirkungen auf das Verhältnis von behandlungsrauminternen und -externen Sitzungen haben: Es ist vorstellbar, dass sich dadurch Therapien und Beratungen in ihrem Gesamtumfang verkürzen. Eine regelmäßige In-vivo-Arbeit, die als Eigenarbeit bzw. im Rah-

men von therapeutischen Hausaufgaben stattfindet – ohne Gegenwart eines Helfers –, ist eine wesentliche Voraussetzung, um Rückfällen vorzubeugen (Rückfallprophylaxe; siehe oben „Therapeutische Hausaufgaben, S. 29ff)
▶ Andererseits können sich durch eine verstärkte Eigenarbeit manchmal auch zusätzliche Themen ergeben, die vorher nicht zur Bearbeitung anstanden. Betroffene und Helfer spüren dann – anhand spezifischer Alltagsanforderungen – dass ein zusätzlicher Veränderungsbedarf besteht, der vorher gar nicht so erkennbar war. Hieraus können sich zusätzliche Sitzungen im Beratungsraum ergeben. Es kann jedoch auch notwendig werden, zusätzliche In-vivo-Maßnahmen durchzuführen. Bei ausreichender Veränderungsmotivation des Betroffenen und ausreichend vorhandenen Ressourcen (Zeit und Geld) kann es so unter Umständen zu einer Erhöhung der Sitzungsanzahl kommen.

▶ Immer erscheint es ratsam, eine ausreichende Anzahl von In-vivo-Sitzungen (parallel zu den Sitzungen im Beratungszimmer) beizubehalten, bis es zu einer relativ stabilen Eigenarbeit beim Betroffenen gekommen ist.

Betroffene und Helfer sollten, wenn sie bereits einige In-vivo-Sitzungen miteinander durchlebt haben, die hier aufgeführten acht Organisationspunkte diskutieren: Welche Leitideen können übernommen, welche müssen abgewandelt werden, welche Punkte fehlen hier, die für die eigene In-vivo-Arbeit zusätzlich sinnvoll wären?

Mit dem folgenden Arbeitsbogen 26 lässt sich ein Überblick gewinnen
▶ über den Ablauf der einzelnen In-vivo-Stunden und
▶ über die Abfolge mehrer In-vivo-Treffen.

Außerdem wird im Arbeitsbogen die Zufriedenheit mit den bisher erzielten Arbeitsergebnissen abgefragt und eine Besinnung auf mögliche Kurskorrekturen angeregt.

Überblick zum Ablauf einzelner In-vivo-Aktivitäten und zur Abfolge mehrerer In-vivo-Stunden

Mit Hilfe des folgenden Protokollblattes können Sie Ihre In-vivo-Arbeit dokumentieren und auswerten. Pro In-vivo-Sitzung ist ein Protokollblatt auszufüllen. Die Eintragungen in das Protokoll sollten noch im Laufe der In-vivo-Sitzung erfolgen und nicht erst im Nachhinein stattfinden.

Bei der späteren Durchsicht der ausgefüllten Protokollblätter ergibt sich sehr deutlich, welche Lernziele bzw. Trainingssituationen bisher zu kurz kamen, ob Anzahl und Schwierigkeitsgrad der Übungen pro Termin angemessen waren und ob die Stunde abwechslungsreich gestaltet wurde. Deutlich wird auch, wie zufrieden Sie mit der In-vivo-Arbeit sind, ob sich hier Verbesserungen oder Verschlechterungen abzeichnen. Und vor allem erweisen sich die Eintragungen der letzten Spalte oft als Fundgrube für die Planung einer positiven Weiterarbeit bzw. für die Analyse auftauchender Probleme.

Vorname: … Alter: … Problem/Diagnose: …

Woran wird gerade gearbeitet (im Rahmen der Eigenarbeit/der Beratung bzw. Therapie/der Arbeit der Selbsthilfegruppe)?
....
....

Wie oft im Monat finden In-vivo-Sitzungen statt? ....

Heute ist die wievielte In-vivo-Stunde? ....

Worum geht es heute bei der In-vivo-Arbeit? ....
....
....

Uhrzeit (von … bis)	In-vivo-Situation: Ort, Personen, Umstände, kommunikative Herausforderungen, Besonderheiten	Lernziel/Lernziele, konkretes Verhalten; worum geht es genau?	Zufriedenheit mit Sitzung 1–5	Auswertung: Beobachtungen, positive Erfahrungen; Ideen für die Weiterarbeit, Beachtenswertes; offene Fragen
…..	…………	…………	…..	…………
…..	…………	…………	…..	…………
…..	…………	…………	…..	…………
…..	…………	…………	…..	…………

Zusätzliche Aufgabe:
Entwerfen Sie selbst ein Protokollblatt, das für Ihr momentanes Veränderungsvorhaben geeignet ist und entsprechende Kategorien für die Registrierung enthält. Das Protokollschema sollte Eintragungen nicht für nur einen In-vivo-Termin, sondern für eine größere Spanne von Terminen ermöglichen (z.B. Wochen- oder Monatsprotokoll). Die Häufigkeit der In-vivo-Sitzungen und der Verlauf Ihrer In-vivo-Arbeit können auf diese Weise noch besser ausgewertet werden und dabei sehr persönliche Gesichtspunkte berücksichtigen.

Wendlandt: Veränderungstraining im Alltag. Arbeitsbogen 26. Thieme 2003

9.16 Ein In-vivo-Journal führen

Betroffene, die ein Trainingstagebuch für ihre In-vivo-Arbeit anlegen und regelmäßig Eintragungen vornehmen, profitieren daraus in ganz besonderer Weise: Ihre Veränderungsvorhaben bleiben gegenwärtig, sie können nicht in den Bereich des Vergessens sinken und das Bewusstsein gelangt in einen Zustand größerer Achtsamkeit: Wie geht es mir? Was will ich? Was liegt vor mir? Was ist mir bei meiner Eigenarbeit gelungen? Die Selbstwahrnehmung wird präziser sowie das Feedback umfassender. Mit dem Journal schaffen sich Betroffene ein „Instrument zur Selbstreflexion", eine „Spielwiese für Ideen", aber auch eine „geistige Handlungsplattform", von der aus – wie auf einer „inneren Probebühne" die Aktionen in die Alltagswirklichkeit entworfen werden.

Im Journal kann alles aufgeschrieben und festgehalten werden, was sich die Betroffenen vornehmen: Übungsideen, konkrete Ziele, jedoch auch gesammelte Eindrücke aus der In-vivo-Praxis sowie Handlungsabläufe, die sie unbedingt noch einmal wiederholen möchten, Besinnliches und Banales. Alles darf notiert werden. Die positiven Erfahrungen, die bei den bisherigen Veränderungsbemühungen erzielt werden konnten, sollten dabei nicht zu kurz kommen. Wer seine Eintragungen nicht mit Worten vornehmen möchte, kann wichtige Stationen im Bilde festhalten – das machen nicht nur Kinder gern.

Neben den konkreten Aktionen und Handlungen, die in vivo stattfinden, neben den mehr oder weniger aufregenden, z.T. auch belastenden Übungen in Alltagssituationen, öffnet sich mit einem In-vivo-Journal ein alternativer Raum der Stille, in dem die gelebte Wirklichkeit „zur Ruhe kommt", sich setzt, betrachtet werden kann und ihre Bedeutung entfaltet. Diffuse Eindrücke aus schwierigen In-vivo-Situationen klären sich, aus vagen Empfindungen werden greifbare Bedürfnisse, Absichten wandeln sich in konkrete Vornahmen, die Motivation, etwas ganz konkret tun zu wollen, wächst. In diesem Sinne steht mit dem Journal einen Reflexions- und Planungsraum im Stillen bereit: Durch das Schreiben und Gestalten findet der Betroffene Zugang zu inneren Prozessen – das Veränderungsprojekt bleibt am „Köcheln", gart auf der Flamme der Achtsamkeit heran.

Manchmal sind einige Anregungen nötig, um in den Schreibprozess zu gelangen. Wie haben andere Menschen Ihre In-vivo-Journale geführt? Gibt es Betroffene in ähnlichen Lebenslagen und mit ähnlichen Problemen, mit denen ein Gedankenaustausch möglich wäre? Was hält die Kunst und Literatur bereit bezüglich Tagebüchern von Malern und Dichtern? Haben nicht auch Abenteurer, Weltumsegler und Polarforscher sowie Himalayabesteiger über ihren täglichen In-vivo-Kampf berichtet und den Umgang mit ihren konkreten Ängsten geschildert? Häufig entstand erst mit dem Aufschreiben und Dokumentieren die Kraft zum Weitermachen ... Es ist immer wieder eindrucksvoll, wie mit dem Schreiben ein Fluss von Bildern und Gedanken beginnen kann und sich der Kontakt zu den eigenen Ressourcen einstellt. Kreative Prozesse bringen die Selbstveränderung voran und führen zu einer größeren persönlichen Freiheit. (Anregende Veröffentlichungen hierzu finden sich in Arbeitsgebiet „Kreatives Schreiben"; vgl. Rico 1984; von Werder 1990; Selling 1996; Böttcher 1999).

Die Registrierung des In-vivo-Geschehens kann auf vielfältige Art und Weise geschehen, wie anhand der unterschiedlichen Arbeitsbögen, die in diesem Buch bisher vorgestellt wurden, festzustellen ist. Manch einer bevorzugt systematische Formen des Notierens, beispielsweise die Protokollierung der In-vivo-Ereignisse anhand von Protokollblättern. Hier sind Eintragungen in freier Form oder nach vorgegebenen Kategorien oder das Ankreuzen festgelegter Antwortmöglichkeiten möglich, vielleicht auch das Eintragen von Häufigkeitsangaben, Punktwerten oder Noten. Für Neugierige lohnt es sich allerdings, sich auf das Abenteuer In-vivo-Journal einzulassen. Es ermöglicht dem Betroffenen, mit ihm ein Stück des eigenen Lebensweges zu teilen.

Die Ausführungen zum In-vivo-Journal greifen auf die Gedanken einer früheren Veröffentlichung zurück (Wendlandt, 2002 a, S. 79 f, „Therapeutisches Tagebuch").

▷ Martina Th., 26 J., zieht folgende Konsequenzen aus ihrer In-vivo-Arbeit:

> „Mir steht ein breites Handlungsspektrum zur Verfügung! Es besteht weder ein Zwang noch die Notwendigkeit, immer gemäß meiner bestehenden Muster zu handeln. Ich kann/muss/werde immer wieder etwas Neues ausprobieren und hoffe dabei, meinen Spielraum zu erweitern."

Mein In-vivo-Journal

Spielwiese – Versuchsballon – Traumfabrik – Abenteuerspielplatz

Bitte legen Sie sich ein In-vivo-Journal zu, ein dickes Heft, ein Ringbuch, eine Kladde, ein Ordner, ein Tagebuch oder eine Datei auf der Festplatte. Hier hinein können Sie alles eintragen, was Ihnen in nächster Zeit zum Thema „Selbstveränderung" über den Weg läuft, was mit Ihren In-vivo-Aktivitäten zu tun hat, mit der Eigenarbeit, mit der Therapie oder der Selbsthilfegruppe. Da gibt es vieles, was einem durch den Kopf geht, über die Leber läuft, im Geiste auftaucht, in Träumen erscheint, in Nebeln zu versinken droht, in Visionen aufbricht oder im Tagesgeschäft beobachtet wird. Ein In-vivo-Journal ist wie „… ein Schatzhaus, ein Lager, eine Sammlung, ein Fotoalbum mit Schnappschüssen, ein Laboratorium für Experimente, ein Schrank, eine Pinnwand, eine psychoanalytische Couch, ein Tonband, ein unabgeschickter Brief, ein Brief an sich selbst, ein Stück Autobiographie, ein Reiseführer und ein Buch über die eigenen Krisen" (Rehork 1997, S. 19).

Im In-vivo-Journal ist das ICH groß geschrieben, die eigenen Beobachtungen und Eindrücke können sich hier niederschlagen, eigene Erinnerungen und beunruhigende Ereignisse, Ideen für Problemlösungen, unbeantwortete Fragen, vage Vermutungen und knallharte Fakten, der Tagesplan für heute oder die Wochenpläne für den Monat. Auch ein Bild, eine Zeichnung, ein Witz und ein Foto, Cartoons und Zeitungsausschnitte passen hier hinein. Aber auch das DU hat hier Raum: Beobachtungen über Mitmenschen, die Ihnen bei Ihrer In-vivo-Arbeit begegnet sind, Dialoge mit Fremden, Begebenheiten beim Warten, Aussprüche von anderen. Vielleicht wollen Sie andere Zeitgenossen befragen, ein Interview durchführen zu dem Problem, mit dem Sie sich gerade beschäftigen. Meist weiß man noch gar nicht, was für Eintragungen sich ergeben werden, was da alles zu Tage tritt und auf dem Papier erscheint. Aber darauf kommt es nicht an. Sie werden später aus dem Vollen schöpfen können, werden die gesammelten geistigen Erfahrungen stolz unter Ihr Kopfkissen legen oder das Journal ab und zu durchblättern. Sie werden hier und da Neues anfügen, sich in einzelne Punkte vertiefen, sich freuen an dem, was entstanden ist, es auswerten und Schlussfolgerungen für Ihre aktuellen Veränderungsvorhaben ziehen.

Zu einem In-vivo-Journal, das bedeutsam werden soll, gehört ein schöner Umschlag, ein symbolträchtiges Bild, eine Zeichnung aus tausend und einer Nacht, ein Foto zum Träumen, ein Motto zum Strahlen. Verzieren Sie Ihr Journal liebevoll! Und noch etwas ist wichtig: ein schöner Stift zum Eintragen. Gönnen Sie sich einen Luxusliner, einen Schwebekuli, einen Tintenroller, der wie von selbst über die Seiten gleitet. Es muss eine Wohltat sein, ihn in der Hand ruhen und zwischen den Fingern spüren zu können, ein entzückender Blickfang, eine wahre Augenweide. Buch und Stift gehören zusammen. Der spezielle Stift erinnert Sie ans Journal und das Journal erinnert Sie ans Schreiben. Das Schreiben beflügelt Ihren Geist, der Geist geht auf die Suche, die Gedanken kommen in Bewegung, Ahnungen steigen auf, Worte beginnen zu fließen, kreisen um Ihre Veränderungswünsche, setzen zur Landung an und kommen zu Lösungen, Ideen werden ausgebrütet.

Ein In-vivo-Journal kann linierte oder karierte Blätter haben, farbige oder gemusterte. Es gibt nichts Falsches auf den Linien oder in den Zeilen, alles ist erlaubt, alles darf festgehalten werden, nichts muss „schön" werden, ordentlich geschrieben sein, Krikel und Krakel sind erwünscht, Tintenkleckse beleben das Outfit, Eselsohren verschaffen Gemütlichkeit. Ein Journal ist ein Gebrauchsgegenstand, kann als Tablett dienen oder zum Glätten der Herbstblätter, als Sitzpolster für Steinstufen oder als Schutzschild gegen Unverschämtheiten. Sie tragen schwarz auf weiß nach Hause, was bisher nur zwischen den Zeilen spürbar war. Ein Gesundbrunnen der gesund macht, ein Klärungshelfer, der Klarheit bringt …

Aufgaben:

1. Losziehen – Buch oder Heft suchen – anfassen – kaufen!
2. Das In-vivo-Journal verzieren und dann einen guten Platz finden, wo es zu Hause seinen Platz hat und gut ins Auge fällt. Aber wo es auch geschützt ist vor fremden Blicken.

Wendlandt: Veränderungstraining im Alltag. Arbeitsbogen 27. Thieme 2003

Fortsetzung

3. Mitnehmen – es in der Weltgeschichte spazieren tragen: mit dem Journal in den Alltag gehen, nicht nur, wenn Sie In-vivo-Aufgaben erledigen. Immer mitnehmen! Es draußen öfter in die Hand nehmen. Es auf Tische legen, den Umschlag betrachten, die Seiten durchblättern. Den Stift ergreifen, ihn daneben legen. Offen sein für Eindrücke. Mal sehen, was kommt … Sie werden staunen: Bald können Sie gar nicht mehr ohne Journal und Stift aus dem Haus gehen – zwei liebe Begleiter.
4. Die ersten Eintragungen machen! Hier gibt es mehrere Startmöglichkeiten:
   - Morgens beim Frühstück, Stichworte: „Ein Vorhaben für den Tag".
   - „3 Schluck – ein Satz": Immer wenn Sie im Laufe des Tages ein Getränk zu sich nehmen, machen Sie hinterher eine Kurzeintragung. Ein Satz nach vorne. Ein Satz ins Journal. „Einen Satz machen", vorwärts kommen!
   - Abends: Eine „Plus-Erfahrungen" täglich eintragen: Was mir an mir gefällt, was ich gut gemacht habe …
   - Vor dem Einschlafen „Gedanken zum Tag" notieren: Ohne nachzudenken mit der linken Hand (Linkshänder bitte mit der rechten!) drauflos schreiben. Das funktioniert – Sie werden staunen.
5. Später, wenn Ihnen das Journal bereits vertraut ist, könnten Sie damit beginnen, gezielt über Ihre In-vivo-Arbeit zu schreiben: Notizen über Beobachtungen, über Selbsttrainingsaufgaben, Reflexionen zu absolvierten Übungen, Nachbetrachtungen zu ungeklärten Fragen oder einfach nur Gedankensplitter, die Sie später vertiefen möchten. Tagespläne und Entwürfe von Protokollbögen gehören hier ebenso dazu wie Ideen zu neuen Lernzielen und Anlässe, die sich für neue Erprobungen eignen.
6. Irgendwann wird auch das Einkleben beginnen, das Einsammeln von „Fundstücken" und die Anreicherung mit Farben und Bildern. Vielleicht nehmen Sie ja auch einen Pinsel in die Hand, Aquarellstifte oder bunte Filzer und illustrieren eine paar In-vivo-Situationen. Oder Sie bitten Ihren Begleiter, ein paar Fotos zum Einkleben zu machen.
7. Das Blättern nicht vergessen: Rückschau halten! Was habe ich in der letzten Woche notiert, was war vor einem Monat? Was füllt sich so alles in mein Journal – was füllt sich so in mein Leben? Und auswerten: Was darf sich noch tun? Wo stehe ich heute mit meinem Veränderungsvorhaben?

Wendlandt: Veränderungstraining im Alltag. Arbeitsbogen 27. Thieme 2003

9.17 Bilanz ziehen

Innezuhalten – Abstand gewinnen – sich zurücklehnen – betrachten – nicht herumrennen, nicht wirbeln – in die Stille gehen und Nachdenken.

Es ist gut, öfter einmal Bilanz zu ziehen und die Veränderungsaktivitäten außerhalb des Beratungszimmers aus der Distanz zu betrachten – einfach so, ohne dass ein aktueller Grund vorliegen muss. Die Gedanken ordnen sich neu, Einzelheiten, die im Tagesgeschehen untergehen, werden bewusst. Manches gewinnt nun erst an Bedeutsamkeit und setzt neue Ideen für das weitere Vorgehen frei. Will ich etwas ändern? Was fehlt in unserer Arbeit? Was hat mir gut getan?

Betroffene und Helfer müssen mit einer Bilanzierung nicht warten, bis ihnen der Stoff für ihre In-vivo-Arbeit ausgeht oder es zu Stagnationen oder Schwierigkeiten bei den Treffen kommt. Das Bilanzziehen sollte keine Reaktion auf Probleme sein, sondern vielmehr zu einem positiven Ritual werden, das kontinuierlich stattfinden darf: Wir überprüfen in regelmäßigen Abständen, ob der eingeschlagene Weg der richtige ist. Wir nehmen unsere eigenen Wünsche ernst, unsere Lernziele, die wir erarbeitet haben, all unser Bemühen um Veränderung. Indem wir auf unsere bisherige In-vivo-Arbeit zurückblicken, gehen wir sorgsam mit unseren Kräften um, mit unserem Engagement und auch mit den zur Verfügung stehenden zeitlichen und finanziellen Ressourcen. Eine Bilanz bringt Bedeutsames in den Blick.

Oft ist es ratsam, wenn Betroffene und Helfer gemeinsam das Bilanzziehen organisieren, das auf sehr verschiedene Weise vorbereitet werden kann. Dabei lassen sich unterschiedliche Fragestellungen finden (s. Themen im folgenden Kasten). Der Helfer wird teilweise ganz andere Gesichtspunkte berücksichtigen wollen als der Betroffene. Beide könnten einen eigenen Arbeitsbogen für ihre erste Bilanz entwerfen, die einzelnen Punkte miteinander diskutieren sowie abschließend evtl. einen gemeinsamen Arbeitsbogen für die zweite Bilanz entwickeln ...

Aufgabe

Die folgenden Themen können entweder in der Sitzung oder als therapeutische Hausaufgabe bearbeitet werden. Sie eignen sich auch als Gesprächsimpulse. Betroffene, die nicht mit einem Helfer zusammen arbeiten, können die Themen selbständig bearbeiten bzw. in einer Selbsthilfegruppe besprechen.
- Neues: Was habe ich erfahren?
- Rückwärts? – vorwärts? – stehen bleiben? Meine In-vivo-Erfahrungen auf der Straße.
- Was ich mich gerne trauen würde ...
- Wenn die Angst mich einholt ...
- Veränderungen, die andere bereits bei mir feststellen können ...
- Mein Vermeidungsverhalten – weglaufen oder standhalten?
- Veränderungsprinzipien: Was wäre gut zu tun, um voranzukommen? (bitte aufzählen!)
- Andere Menschen ansprechen: Gefühle in mir – sinnvolles Vorgehen – die Situation des Gegenübers.
- In vivo: *Wie* und *wo*?
- Was mir gut tut: eher das „Ackern" oder das „Besinnen".
- Mein Begleiter: mein Freund und Helfer – jemand, der mich schützt – mich antreibt – mich ...
- Spielen – ausgelassen sein – über die Stränge schlagen: Das Kind in mir hat sich gemeldet.

Der nachfolgende Arbeitsbogen greift einige der oben genannten Punkte für eine Bilanzierung auf. Fast alle seine Fragen sind so formuliert, dass sie auch den Helfer anregen, sich selbst und seine bisherigen Bemühungen im Rahmen der In-vivo-Arbeit zu betrachten und zu bewerten.

Wie es bisher gelaufen ist …

Die folgenden Fragen helfen Ihnen, eine Bilanz Ihrer bisherigen In-vivo-Arbeit zu ziehen:

1. Wie ging es mir jeweils vor den Übungen?
   ....
   ....

2. Was ist anders gelaufen als erwartet?
   ....
   ....

3. Was hat mich berührt, beeindruckt?
   ....
   ....

4. Wenn ich mit anderen Personen zusammen gearbeitet habe, was ist mir an ihrer In-vivo-Arbeit aufgefallen? Kann ich etwas von ihnen lernen?
   ....
   ....

5. Was ist mir richtig gut gelungen?
   ....
   ....

6. Womit kann ich eigentlich zusätzlich noch zufrieden sein?
   ....
   ....

7. Welche Verhaltensweisen tun mir gut? Was an meinem eigenen Handeln gibt mir eine neue Art von Sicherheit?
   ....
   ....

8. Welche Schlussfolgerungen ziehe ich aus den bisherigen Übungserfahrungen? Welche Konsequenzen wären bei meiner weiteren In-vivo-Arbeit zu berücksichtigen?
   ....
   ....

9. Sonstige Bemerkungen:
   ....
   ....
   ....
   ....

Wendlandt: Veränderungstraining im Alltag. Arbeitsbogen 28. Thieme 2003

9.18 Analyse auftauchender Probleme

Kommt es zu Schwierigkeiten in der Zusammenarbeit zwischen dem Betroffenen und seinem Helfer und tauchen wiederholt Probleme in der Bearbeitung der In-vivo-Aufgaben auf, so kann sich das auf den gesamten Veränderungsprozess auswirken: Die Motivation sinkt, die Mitarbeitsbereitschaft nimmt ab, die Treffen verlieren ihre Lebendigkeit, Befangenheit schleicht sich in die Kommunikation zwischen Betroffenem und Helfer. Eine solche Ver-Stimmung fördert die Widerstände, die dem Helfer und seinen Aufgabenstellungen entgegen gebracht werden. Kein Wunder, dass In-vivo-Arbeit dann keinen Spaß mehr macht und zu einer Belastung wird – dann wird es höchste Zeit, den Gründen dafür auf die Spur zu kommen. Wenn wir in einer Gruppe In-vivo-Arbeit durchführen, ergibt sich natürlich noch eine ganze Reihe zusätzlicher Konfliktfelder für Stagnationen und Verstimmungen.

Helfer und Betroffene ahnen meist, womit die Schwierigkeiten zusammen hängen. Jedoch sollten wir auf der Hut sein vor vorschnellen Erklärungen! Eine gründliche Analyse ist unumgänglich, will man nicht den Erfolg der begonnenen In-vivo-Arbeit gefährden. Gespräche zwischen den Beteiligten sind erforderlich und sollten nicht länger aufgeschoben werden. Denn Probleme, die bewusst geworden sind, sind Signale, die auf eine Kursänderung verweisen. Sie sind in diesem Sinne unsere Verbündeten, die uns rechtzeitig vor einem Schiffbruch schützen. Also: Nichts wie ran an die Buletten! (So sagt man in Berlin, was soviel bedeuten soll wie: Nur zu – packen wir's an!) Wir können neben den Klärungsgesprächen, die auch bei dem Arbeitsschritt „Bilanz ziehen" anstanden (s.o.), kleine Themen als Schreibimpulse bearbeiten, wobei das nicht nur für die Betroffenen hilfreich ist, sondern auch für den Helfer/Therapeuten (Themenvorschläge im Kasten unten). Verbündete – das können andere Betroffene sein, Helferkollegen oder Supervisoren – erleichtern es, zu einer größeren Distanz den Problemen gegenüber zu kommen und sich auf eine offene Reflexion einzulassen. Nun sind Lösungsideen nicht mehr weit.

Aufgabe

Die folgenden Themen können entweder in der Sitzung oder als therapeutische Hausaufgabe bearbeitet werden. Sie eignen sich auch als Gesprächsimpulse. Betroffene, die nicht mit einem Helfer zusammenarbeiten, können die Themen selbständig bearbeiten bzw. in einer Selbsthilfegruppe besprechen.
- Wie bin ich in der letzten Zeit mit unserer Arbeit/Beratung/Therapie klar gekommen?
- Was erwarte ich von einer hilfreichen In-vivo-Arbeit?
- Welche heiklen Themen spreche ich noch nicht an?
- Veränderungen – wie funktionieren die?
- Woran haben wir noch nicht gearbeitet?
- Lässt sich die Zusammenarbeit (mit dem Helfer) verbessern?
- Wie könnte ich mein Verhältnis zu anderen Gruppenmitgliedern verbessern?
- Bin ich am Ball? Mache ich mit? Habe ich Bock auf das Ganze?
- Was läuft doof?
- Entscheidungen, die anstehen ...
- Peinlich – peinlicher – am peinlichsten ...
- Woran will ich verstärkt arbeiten?
- Was ist an unserer Zusammenarbeit ungünstig gelaufen/ganz und gar nicht in Ordnung?
- Womit bin ich unzufrieden?
- Was hätte ich mir anders gewünscht?

Eine dauerhafte Problembewältigung setzt voraus, dass die Ursachen der Probleme richtig erkannt wurden. Der folgende Fragebogen (Arbeitsbogen 29) wird hierzu eine Unterstützung sein. Seine Fragen berücksichtigen ein relativ breites Spektrum an Schwierigkeiten, die im Rahmen der In-vivo-Praxis auftauchen können. Und er regt zur Reflexion über spezifische Abläufe und innerer Prozesse an, die während der In-vivo-Treffen stattfinden. Die Fragen sind als offene Impulse formuliert – sie sind vom Betroffenen frei zu beantworten und können schriftlich festgehalten werden.

Im letzten Buchteil werden noch einmal die Ursachen möglicher Probleme zusammenfassend herausgearbeitet, und es wird beschrieben, wie ein produktiver Umgang mit diesen Problemen aussehen kann. Dort wird auch ein zusätzlicher Arbeitsbogen vorgestellt, der als Fragebogen für Betroffene konzipiert ist und die Analyse möglicher Probleme erleichtert (s. S. 160).

Problem-Check

Es geht in diesem Arbeitsbogen darum, Problemen bei der In-vivo-Arbeit genauer auf die Spur zu kommen. Was sich genauer fassen lässt, lässt sich leichter lösen. Denken Sie an jene In-vivo-Übungen, die Ihnen Unbehagen bereitet haben. Oder denken Sie an eine Stunde, einen ganz bestimmten Termin, ab dem Sie anfingen, der Zusammenarbeit skeptisch gegenüber zu stehen. Vielleicht gibt es konkrete, vielleicht eher nur vage Probleme mit der In-vivo-Arbeit. Wie dem auch sei: Ziehen Sie Bilanz – die 20 Themen, zu denen unten Fragen formuliert sind, helfen Ihnen dabei. Vergegenwärtigen Sie sich jeweils einzelne Situationen oder Aufgabenstellungen, die Sie bearbeitet haben! Machen Sie sich zu Ihren Antworten ein paar Notizen. Versuchen Sie, so offen wie möglich zu sein.

▶ Waren meine Ziele realistisch? Verfüge ich bereits mit ausreichender Sicherheit über das gewünschte *Verhalten* bzw. über die gewünschten *Fähigkeiten*, sodass ich mit dem Gelingen meiner In-vivo-Handlungen fest rechnen konnte?

▶ War die Situation, in der ich meine Ziele umsetzen wollte, angemessen ausgesucht? Das heißt, habe ich mir die richtigen Bedingungen gegönnt, um erfolgreich sein zu können? Waren die äußeren Anforderungen von ihrem Schwierigkeitsgrad her angemessen? Oder habe ich diesen Gesichtspunkt außer Acht gelassen?

▶ Habe ich mir zugestanden (schon im Vorhinein), dass Schwierigkeiten auftreten können? Habe ich sie mir wirklich *zugestanden*, das bedeutet, habe ich sie als ein mögliches Ergebnis meiner Erprobungen akzeptierend angenommen? Und mir dann ausphantasiert, wie ich mit dieser Variante umgehen könnte?

▶ Gestehe ich mir prinzipiell zu, eine Übungssituation aktuell zu verändern, wenn unvorhergesehene Bedingungen auftauchen? Oder neige ich eher dazu, das, was ich mir vorgenommen habe, auch auf die festgelegte Weise erledigen zu wollen?

▶ Ist es mir in einer In-vivo-Situation, in der ich gar nicht mit mir zufrieden war, gelungen, von dem geplanten Zielverhalten oder Situationsablauf Abstand zu nehmen und flexibel mit den Anforderungen umzugehen, die Aufgabenstellung z.B. abzuwandeln, sie zu verkürzen oder sie lieber leichter zu machen?

▶ Wie steht es mit dem Vermeiden? Muss ich überhaupt noch Situationen vermeiden? Wie könnte ich in den Situationen verweilen, ohne besondere Leistungen vollbringen zu müssen?

▶ Habe ich meinen Mut wahrgenommen? Bin ich stolz, das Lampenfieber schon vorher als dazugehörig akzeptiert zu haben? Habe ich mich innerlich positiv bewertet, dass es mir gelungen ist, die belastenden Situationen überhaupt aufzusuchen?

▶ Oder bin ich bei meiner Auswertung zu stark an einem Teilaspekt kleben geblieben, z.B. am Auftreten bestimmter Symptome?

▶ Glaube ich überhaupt, dass ich Einfluss auf die äußere Welt nehmen kann, auf Situationen und Menschen? Oder fühle ich mich eher als Opfer, das einer Situation ausgeliefert ist und mehr oder weniger passiv die Umstände zu erdulden hat?

▶ Wie wäre es eigentlich, wenn ich mich selbst als treibende Kraft begreifen würde, die den Situationsablauf beeinflussen kann, ja, die in der Lage ist ihn zu steuern? Wie fühlt es sich an, wenn ich mich auf diese Phantasie einlasse? Welche Ideen entstehen?

▶ Könnten die Probleme bei der In-vivo-Arbeit mit Sachverhalten zusammenhängen, die ganz anderer Herkunft sind, z.B. mit Belastungen im familiären Bereich, in der Schule, in der Ausbildung oder im Beruf?

Wendlandt: Veränderungstraining im Alltag. Arbeitsbogen 29. Thieme 2003

Fortsetzung

▶ Stimmt für mich die Häufigkeit der In-vivo-Sitzungen? Sollten es mehr sein oder lieber weniger, sind die Pausen dazwischen angemessen?

▶ Wenn ich die einzelnen Sitzungen betrachte: Sind sie zu „voll gestopft", zu ermüdend, zu langweilig, zu kurz, zu lang, zu unbedeutend, zu nervig, zu anspruchsvoll oder einfach viel zu ängstigend?

▶ (Wenn Sie mit einem Helfer arbeiten:) Was sollte er noch wissen? Was würde ich ihm gerne sagen? Was sollte er tun? Vielleicht etwas anders tun als er bisher getan hat? Womit sollte er aufhören? Was statt dessen machen?

▶ Vielleicht gibt es noch etwas am Helfer zu kritisieren, das sich nicht nur auf die In-vivo-Arbeit bezieht? Vielleicht gibt es einen liegen gebliebenen Konflikt, den ich ansprechen sollte? Oder sind die Bedingungen, unter denen der Helfer die In-vivo-Arbeit durchführt, zu kritisieren?

▶ Vielleicht ist der Helfer okay, vielleicht stimmt ja auch alles mit der In-vivo-Arbeit, und doch könnte ich mir vorstellen, dass es gut für mich wäre, mit jemandem anderen zusammenzuarbeiten.

▶ (Wenn ich in einer Gruppe arbeite:) Fühle ich mich vielleicht belastet durch die Art der Beziehungen, die innerhalb der Gruppe gepflegt werden? Was sollte anders laufen?

▶ Zu welchen Gruppenmitgliedern sollte ich eigentlich ein besseres Verhältnis entwickeln? Wie kann ich das von meiner Seite aus erreichen?

▶ Gibt es eine Person meines Vertrauens (im Familien- oder Freundeskreis), die meine In-vivo-Arbeit unterstützt und mich auch bei auftauchenden Belastungen ermutigt?

▶ Habe ich mir Zeit genommen, um über mich und meine In-vivo-Arbeit nachzudenken? Sich nicht gleich wieder in die Alltagsroutine begeben, vorher noch einmal für sich im Stillen die In-vivo-Aktivitäten auftauchen lassen, sich Ruhe gönnen? Vielleicht etwas notieren? Was ist eigentlich gewesen?

> Harald: *„Eines ist klar.*
> *Ich kann besser für mich sorgen,*
> *wenn ich zu meinen Erkenntnissen stehe,*
> *meine Bedürfnisse formuliere*
> *und meine Interessen klar vertrete!"*

Bemerkung:

Wenn Sie sich als Betroffener in einer Beratung, Therapie oder psychosozialen Betreuung befinden, können Sie diesen Arbeitsbogen auch erst einmal alleine für sich bearbeiten, bevor das gemeinsame Gespräch mit Ihrem Helfer über die bisherigen Probleme der In-vivo-Arbeit stattfindet. Besonders spannend wäre es, wenn der Helfer seinerseits die Fragen des Arbeitsbogens vorab beantworten würde: Er kann dies einmal in der Rolle des Betroffenen tun (Vermutungen, wie dieser antworten wird). Und er kann die Fragen auf sich selbst beziehen und sie aus seiner Sicht beantworten.

Wendlandt: Veränderungstraining im Alltag. Arbeitsbogen 29. Thieme 2003

Teil IV Ausklang

10 Zum Umgang mit Schwierigkeiten und Problemen bei der In-vivo-Arbeit

11 Zu guter Letzt

Was probieren wir aus?

„Du malst und ich rate!" Der Helfer bittet das Kind, in die drei leeren Felder des Arbeitsblattes einzuzeichnen, was es heute üben möchte, aber nicht zu sagen, worum es sich handelt. Der Helfer versucht dann, das entsprechende Lernziel zu benennen.

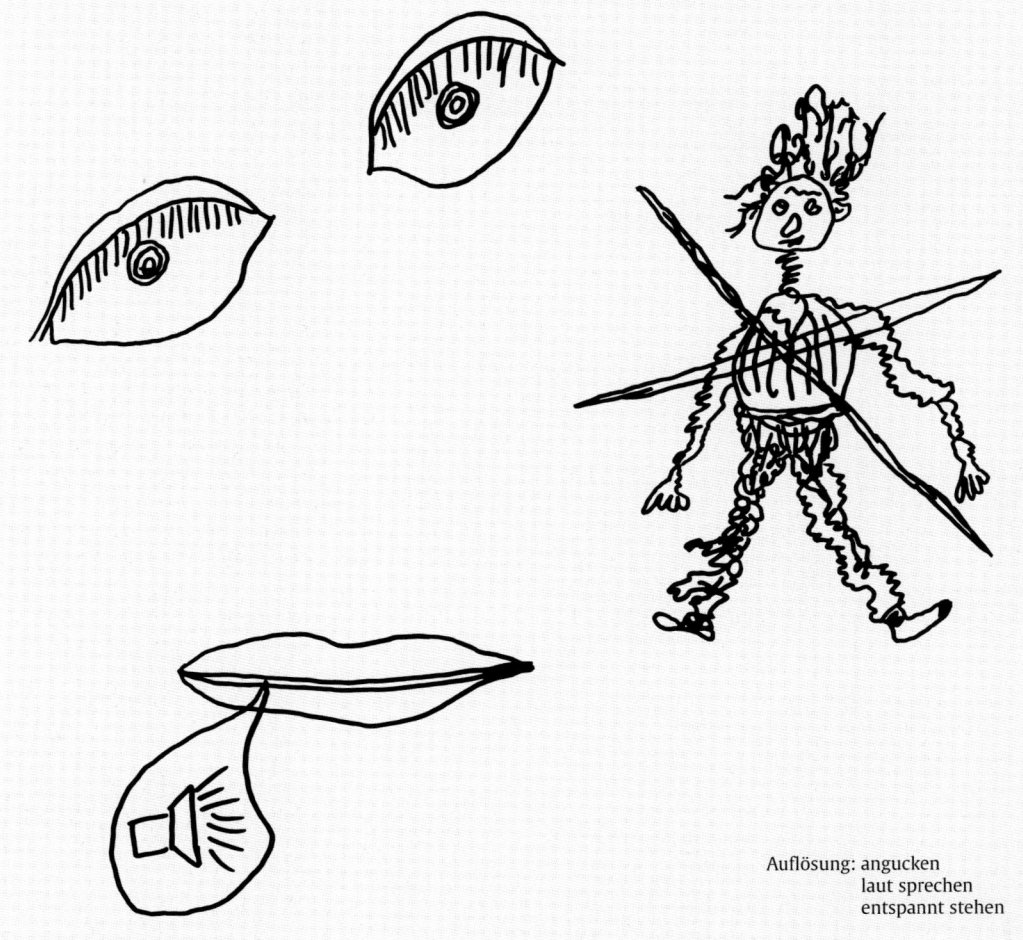

Auflösung: angucken
laut sprechen
entspannt stehen

Wendlandt: Veränderungstraining im Alltag. Arbeitsbogen 30. Thieme 2003

10 Zum Umgang mit Schwierigkeiten und Problemen bei der In-vivo-Arbeit

Das Buch versammelt eine ganze Reihe an Informationen zum Thema In-vivo-Arbeit. An unterschiedlichen Stellen ist deutlich geworden, dass diese Arbeit – für Betroffene und psychosoziale Helfer in gleichem Maße – als Herausforderung erlebt wird. Neben all den positiven Erfahrungen, die in der Auseinandersetzung mit neuen Alltagsräumen und unerwarteten Begegnungen gesammelt werden, kommt es natürlich auch bei In-vivo-Aktivitäten zu Schwierigkeiten und Problemen. Teilnehmerinnen und Teilnehmer aus meinen Supervisionsgruppen berichten ab und zu, dass die In-vivo-Arbeit dann zu einer „richtig schwierigen Angelegenheit" werden könne: Manche Klientinnen und Klienten „machen nicht so recht mit", verhielten sich „zögerlich", „Angst tritt auf". Die gemeinsame Kommunikation würde zäh werden, und der Spaß an der Zusammenarbeit ginge verloren. Die Hoffnungen, die die Helfer in eine Arbeit außerhalb des Behandlungsraumes gesetzt haben, schwinden. Folglich kann es im Beratungs- oder Therapieverlauf bzw. im Rahmen der psychosozialen Betreuung insgesamt zu Stagnationen kommen. Die Mitarbeitsbereitschaft der Betroffenen beginnt nachzulassen, ihre Veränderungsmotivation scheint zu sinken. Und aufseiten der Helfer stellen sich auch Enttäuschungen ein, die die gemeinsame Zusammenarbeit belasten.

Neben solchen Problemen, gibt es ein weiteres Problemfeld: Manche Kolleginnen und Kollegen berichten, dass sie zum Ende einer Behandlung gerne noch In-vivo-Sitzungen durchführen würden, dass sie diese sogar für unbedingt notwendig erachten, um zu einem guten Abschluss der beraterischen oder therapeutischen Interventionen zu kommen. Die Zeit reiche allerdings dafür nicht mehr aus – zum Beispiel, weil keine weiteren Sitzungen mehr finanziert würden. Hier wird deutlich, dass die Kolleginnen und Kollegen den Einsatz der In-vivo-Arbeit durchaus als sinnvoll erachten, ihre Wichtigkeit allerdings hinter anderen, behandlungsrauminternen Vorgehensweisen zurückzustellen scheinen.

Ein weiterer Problemkreis tut sich auf, wenn psychosoziale Helfer mit Bedauern feststellen, dass Klienten mit Behandlungsende eigentlich noch gar nicht über die Fähigkeiten zu einer systematischen Eigenarbeit verfügen, um die erzielten Erfolge aus dem Beratungszimmer durch weiterführende In-vivo-Übungen zu stabilisieren. Hier scheint das Gesamtkonzept der Interventionsmaßnahmen doch eher für eine andere Zielgruppe gedacht zu sein – eben für diejenigen, die von vornherein über breitere Selbststeuerungsfähigkeiten verfügen.

Warum sind derartige Probleme immer wieder mit dem Einsatz der In-vivo-Methode verknüpft? In der deutschsprachigen Fachliteratur sucht man vergeblich nach Klärungshilfen – es fehlt eben, wie oben bereits festgestellt wurde, an einer wissenschaftlichen Auseinandersetzung über die In-vivo-Methode. Handelt es sich bei dieser Methode um ein „ungeliebtes Kind", über das nicht gesprochen wird? Liegt dies an den oben beschriebenen Problemen? Oder daran, dass eine Arbeit außerhalb der vier Wände des Behandlungszimmers für Berater und Therapeuten mit ihrer vertrauten Expertenrolle zu kollidieren scheint, dass sie ggf. mehr Zeit in Anspruch nimmt (Anfahrt und Abfahrt), versicherungsrechtliche Probleme aufwirft („Wenn sich der Klient nun draußen den Fuß verstaucht?"), ungemütlich bei Regen und Kälte ist oder mit weniger Distanz zu dem Betroffenen verbunden ist (dieser nimmt die Eigenheiten und Stimmungen der Therapeutin bzw. des Therapeuten „ungeschminkter" wahr). Oder hängt die mangelnde fachwissenschaftliche Beachtung mit der relativen Neuheit dieses Behandlungsbausteins zusammen und – in der Folge – mit der Tatsache, dass viel zu wenig ausgewertetes Wissen über den Umgang mit der In-vivo-Methode zur Verfügung steht? Oder liegt es daran, dass für Helfer keine ermutigenden Vorbilder existieren? Wo lernt man schon in seiner Ausbildung eine behandlungsraumexterne Arbeit kennen, die in gleicher Weise lustvoll und methodisch systematisch durchgeführt wird?

10.1 Alternative Sichtweisen

Bevor das Thema „Probleme" vertieft werden soll, wollen wir noch einmal in eine andere Richtung schauen:

Was dürfen Sie überhaupt von der In-vivo-Arbeit erwarten?

Es war einmal eine bildhübsche Prinzessin. Sie stand am Ufer und blickte sehnsüchtig über das Wasser. Auf der anderen Seite erkannte sie wunderschöne Blumen und Bäume und seltsame Tiere und eine schattige Laube, aus der eine liebliche Melodie herüberwehte. Ihre Sehnsucht war groß. Aber das Wasser war feucht und sie wollte nicht nass werden ...

Wer ins Wasser steigt, darf sich nicht wundern, wenn er nass wird. Die Entscheidung, den Fuß ins feuchte Element zu setzen, beinhaltet zwangsläufig, Abschied vom Trockenen zu nehmen – nicht für immer, jedoch erst einmal für ein Weilchen. Danach steht man wieder trockenen Fußes am Land. Neues und Spannendes hat sich jenseits des Wassers aufgetan ... So ist es auch bei der In-vivo-Arbeit: Wer sich mutig in schwierige Situationen begibt, d.h. mit Verhaltensweisen experimentiert, die kaum bewältigbar erscheinen, der setzt seinen Fuß in ein ungewohntes Element – er macht sich nass. Auch wenn das Wasser warm ist, auch wenn es nur seicht ist, feucht ist es auf jeden Fall, damit muss gerechnet werden. Der feste Halt der Gewohnheiten ist verloren, und es kann erwartet werden, dass Probleme auftauchen, die sich bei jedem Experimentieren auf einem neuen und ungewohnten Terrain einstellen: Ich darf mit ungewohnten Gefühlen rechnen, mit Ängsten, die sich melden, mit Unsicherheiten und Unlustgefühlen. Ich gestehe mir das von vornherein zu, so wie ich akzeptieren muss, dass das Wasser nass ist. Und auf der anderen Seite tönt die liebliche Melodie, und die Blumen locken und die Laube ... Also: Probleme dürfen auftreten. Probleme an sich sind noch kein Drama. Aber, mal ehrlich, gab es bei der bisherigen In-vivo-Arbeit wirklich nur „Probleme"?

Was konnte bei der bisherigen In-vivo-Arbeit erreicht werden?

Wenn sich Probleme abzeichnen, besteht die Gefahr, mit einem negativen Blick auf die Gesamtheit der bisherigen In-vivo-Arbeit zurückzuschauen. Dabei wäre es gut, gerade jetzt Distanz zu den aktuellen Beeinträchtigungen einnehmen zu können und eine sachliche Bilanz zu ziehen. Welche Erfahrungen konnten bei der In-vivo-Arbeit gemacht werden, welche Erkenntnisse hat der Betroffene über sich und seine Umwelt gewinnen können? Was ist bereits „erreicht" worden? War es nicht ein großer Schritt, sich überhaupt an neue Aufgabenstellungen heranzuwagen? Zeugt das nicht bereits von einer großen Offenheit und Experimentierbereitschaft beim Betroffenen? Ist ihm das (und dem Helfer) bewusst?

Helfer und Betroffene gestehen sich manchmal gar nicht zu, stolz darüber sein zu dürfen, dass sie auf dem Veränderungsweg bereits ein Stückchen vorangekommen sind! Sie haben durchgehalten, obwohl es immer wieder schwer war, eine Belastungssituation erneut aufzusuchen, bei der sich die Angst plötzlich und vehement meldet sowie mit einem Schlag alle Unbefangenheit zunichte macht. Um zu klären, inwieweit die bisherige In-vivo-Arbeit tatsächlich hilfreich war, ist es also erforderlich, gemeinsame Gespräche zu führen und Fragen aneinander zu stellen. Eine Anleitung hierzu findet sich in den Materialeinheiten (s. „Bilanz ziehen" sowie Arbeitsbogen 28, S. 150f). Hilfreich für eine gründliche Bilanz kann auch die Durchsicht der Aufzeichnungen sein, die als Auswertungen zur In-vivo-Arbeit vorliegen, als Eintragungen im In-vivo-Journal (s. Arbeitsbogen 27, S. 148f) sowie ein Gedankenaustausch mit anderen Betroffenen über deren In-vivo-Erfahrungen. Helfer haben zusätzlich die Möglichkeit, klärende Gespräche mit Kollegen zu führen oder Probleme in der Supervision zu besprechen.

10.2 Analyse kritischer Punkte

Es tut gut, sich klar zu machen, dass Probleme durchaus an der Tagesordnung sein dürfen, wenn man neues Terrain betritt und dass trotz alledem die positiven Aspekte nicht verloren gehen müssen, die sich im Rahmen der In-vivo-Arbeit bereits eingestellt haben.

Und doch: Was machen wir nun mit den handfesten Problemen, die auftauchen können und von denen oben die Rede war? Gibt es Empfehlungen für die Problemlösung? Die alltägliche In-vivo-Praxis sieht bei unterschiedlichen Betroffenen auch unterschiedlich aus: Die beteiligten Personen sind verschiedenartig, ihre Veränderungsziele unterscheiden sich zum Teil beträchtlich voneinander, die Berater bzw. Therapeuten reagieren entsprechend ihrer eigenen Ausbildung und Persönlichkeit ebenfalls sehr unterschiedlich, und auch die In-vivo-Interventionen, die zum Einsatz kommen, umfassen bei jedem Betroffenen meist sehr unterschiedliche Arbeitsschritte und Vorgehensweisen. Dieser Sachverhalt zeigt, dass es keine allgemeinen Lösungen für Probleme geben kann! Vielmehr ist es unumgänglich, dass Betroffene und Helfer eine Analyse der aktuell vorliegenden Probleme vornehmen und dabei die Besonderheiten des Einzelfalles berücksichtigen müssen. Das bedeutet: Die bisherige Zusammenarbeit sollte in Hinblick auf mögliche Stolpersteine betrachtet werden. Dabei lassen sich unter anderem folgende Punkte klären:

- Formale Durchführungsbedingungen der In-vivo-Arbeit: Zeitpunkt, Häufigkeit der Treffen, Dauer, Struktur/Ablauf, Orte;
- Stundeninhalte, Themen, Art der Lernziele, Auswahl der Übungssituationen;
- Leistungsanforderungen, Anspruchsniveau (Über-/Unterforderung?);
- Motivation des Betroffenen; Bedürfnisse und Interessen;
- Unterschiede hinsichtlich der Erwartungen von Betroffenem und Helfer;
- Schwierigkeiten im Kontakt, „Beziehungsstörungen", liegen gebliebene Konflikte;
- (bei Gruppen:) Art der Interaktion und Kommunikation, Vertrauen und Zusammenhalt, Gruppenzusammensetzung.

Auf dem folgenden Arbeitsbogen wird ein Fragebogen vorgestellt, mit dessen Hilfe der Versuch gemacht werden kann, diese kritischen Punkte zu klären. Er stellt eine Ergänzung zu dem im Materialteil bereits vorgestellten Arbeitsbogen 30 (Problem-Check) dar und kann gemeinsam mit den dort aufgeführten Überlegungen eingesetzt werden. Der Fragebogen orientiert sich an einer Vorlage, die Dryden u. Feltham (1994, S. 170 f.) zur Erfassung von Schwierigkeiten im Zusammenhang mit „Hausaufgaben" entwickelt haben. Diese Vorlage habe ich für unsere Zwecke ergänzt und überarbeitet und auf die Belange der In-vivo-Arbeit ausgerichtet. Dryden und Feltham betonen – und das gilt in gleicher Weise für den Bereich der In-vivo-Arbeit – dass angesichts der vielfältigen Anforderungen, die die therapeutische Eigenarbeit beinhaltet, es überhaupt nicht ungewöhnlich sei, wenn Schwierigkeiten auftreten. Da allerdings eine rasche Besserung der Symptomatik „... im Wesentlichen von der Eigeninitiative und Eigenverantwortung des Klienten abhängt, die dieser zu übernehmen bereit ist" (a.a.O., S. 170), müssten wir uns die Gründe für diese Schwierigkeiten genauer vergegenwärtigen.

Fragebogen zur In-vivo-Arbeit

Analyse von Unzufriedenheiten

Vor Ihnen liegt ein Fragebogen, mit dem Sie eigene Probleme und Schwierigkeiten, die immer wieder bei der In-vivo-Arbeit auftreten, genauer erfassen können. Schätzen Sie ein, ob Sie mit den unten aufgeführten Äußerungen übereinstimmen (R = richtig) oder nicht übereinstimmen (F = falsch). Wenn es Ihnen schwer fällt, den Fragebogen alleine zu beantworten, lassen Sie sich ruhig dabei von jemandem helfen.

R F Offensichtlich hilft bei mir gar nichts; warum es also erst versuchen?

R F Ich bin der Meinung, dass die In-vivo-Arbeit nichts bringen wird. Ich sehe keinen richtigen Sinn darin.

R F Es gibt Dinge am Helfer/Therapeuten, die mir nicht gefallen.

R F Es erscheint mir alles zu schwierig.

R F Ich will die Übungen für mein Selbsttraining, auf die wir uns einigen, ja machen, aber ich vergesse sie immer wieder.

R F Wenn ich etwas mache, das der Helfer/Therapeut vorschlägt, dann wird das nie so gut, als wenn ich mir selbst etwas einfallen lasse.

R F Ich glaube einfach nicht, dass das, was ich tue, mir wirklich hilft.

R F Ich habe den Eindruck, dass der Helfer/Therapeut mich herumkommandieren oder kontrollieren will.

R F Es geht mir in letzter Zeit zu schlecht, ich bin zu nervös, traurig, belastet, ärgerlich, um während der In-vivo-Stunden richtig mitmachen zu können (Zutreffendes bitte unterstreichen).

R F Ich fürchte mich vor der Kritik meines Helfers/Therapeuten. Ich glaube, dass nichts, was ich mache, gut genug ist.

R F Es erinnert mich alles sehr an meine Schulzeit.

R F Ich habe den Eindruck, dass hauptsächlich der Helfer/Therapeut von allem profitiert.

R F Angesichts der Fortschritte, die ich gemacht habe, bringt mir die In-vivo-Arbeit nichts mehr.

R F Ich kann mich mit diesem Veränderungsansatz nicht anfreunden.

R F Die Aufgabenstellungen sind mir zu schematisch. Alles läuft immer im gleichen Stil ab.

R F Der Helfer/Therapeut versteht mich nicht wirklich.

R F Bei den In-vivo-Treffs ist mir einfach immer alles zu viel.

Bei Gruppenarbeit:

R F Die Leute in der Gruppe gefallen mir nicht.

R F Ich komme mit meinen persönlichen Problemen oder meiner persönlichen Sichtweise zu kurz.

R F Ich brauche keine Gruppe. (Oder zumindest eine ganz andere.)

Abgewandelt und erweitert nach einem Fragebogen von Dryden u. Feltham 1994, S. 170f, zum Thema „Hausaufgaben".

Wendlandt: Veränderungstraining im Alltag. Arbeitsbogen 31. Thieme 2003

10.3 „Kunstfehler" – Was Helfer wissen sollten

Nach den langen Jahren der Beschäftigung mit der In-vivo-Arbeit ist mir deutlich geworden, dass ein Teil der Probleme und Schwierigkeiten, die sich bei der behandlungsraumexternen Bearbeitung alltäglicher Lebenssituationen einstellen, nicht selten das Ergebnis eines falsches Methodeneinsatzes ist: In-vivo-Arbeit scheint sich im deutschen Sprachraum vor allem als „Generalisierungsmethode" etabliert zu haben – ein zentrales Missverständnis, das zur konzeptionellen Einengung dieser Methode geführt hat und bei ihrem Einsatz zwei „therapeutische Kunstfehler" hervorbringt: Der eine zeigt sich im zeitlich zu späten Einsatz der Methode, der andere in einer einseitigen Anwendungsorientierung der Methode. Was heißt dies im Einzelnen?

Zu später Einsatz der In-vivo-Methode

Professionelle Helfer beginnen mit der In-vivo-Arbeit oft erst dann, wenn die Beratung bzw. Therapie bereits ein gutes Stück vorangeschritten ist bzw. kurz vor ihrem Abschluss steht: In-vivo-Sitzungen werden nicht von vornerein in das Behandlungskonzept eingebaut, stellen kein gleichberechtigtes Arbeitssetting dar. Erst nach einer ganzen Reihe von Sitzungen im Behandlungsraum finden die Sitzungen außerhalb statt.

Einseitige Anwendungsorientierung

In-vivo-Sitzungen haben das ausdrückliche Ziel, die Klientinnen und Klienten mögen die im Behandlungsraum gelernten Fähigkeiten nun in „kritischen" Alltagssituationen einsetzen. Damit sind diejenigen Situationen gemeint, die die Betroffenen bisher nur zögerlich aufgesucht haben oder die mit besonders belastenden und negativen Erfahrungen verbunden sind. Wenn die Betroffenen nicht von sich aus zur Anwendung der im Behandlungsraum gelernten Verhaltensweisen gelangen, werden diese gezielt „outdoor" trainiert. Die Helfer sind als Begleiter dabei, um die Betroffenen zu ermutigen und ihnen Hilfestellungen bei der Umsetzung ihrer Lernziele zu geben.

Wird In-vivo-Arbeit in der eben beschriebenen Weise praktiziert, begünstigt diese Art des Vorgehens die Entstehung folgender Probleme (vgl. Wendlandt, 2002 a, S. 91 f.):

Leistungsdruck

Klienten spüren, dass ein „ganz bestimmtes Verhalten" gezeigt werden soll, eben das, was in der Behandlung als „Lernziel" erarbeitet wurde und als „richtig" gilt. Dieser Leistungsdruck auf Klientenseite hat seine Entsprechung bei den Therapeuten: Für sie wird sich in den ausgewählten Alltagssituationen beweisen, ob sie „gut genug gearbeitet", den Klienten bzw. die Klientin „gründlich genug vorbereitet" haben.

Erwartungsangst

Die Betroffenen wissen, dass die Helfer sie an schwierige Situationen heranführen werden. Sie erwarten, dass es Situationen mit spezifischen Anforderungen sein werden. Genau das haben Helfer ja tatsächlich vor. Belastungssituationen sind nun aber für unsere Klienten Situationen, die mit Misserfolgen und z.T. auch Schamgefühlen und Ängsten verbunden sind. Der bevorstehenden In-vivo-Sitzung kann nicht mehr freudig entgegengesehen werden, weil sich Erwartungsangst breit macht.

Vermeidungs- und Fluchttendenzen

Das Erregungsniveau bei den Betroffenen steigt, Ängste nehmen zu und eingeschliffene Schutzmechanismen wie Flucht- und Vermeidungstendenzen werden aktiviert. Plötzlich und vehement können sich Unruhe, Unlust und Ärger einstellen, manchmal kommt es zu unfruchtbaren Theoriediskussionen zwischen Klient und Therapeut über den Sinn bzw. Unsinn der In-vivo-Arbeit.

Motivationsprobleme

Mit zunehmenden Unsicherheiten und Anspannungen können Widerstände bei den Betroffenen – oft ohne dass sie sich selbst dessen bewusst sind – auftreten, zum Beispiel „vergessen" Klienten Sitzungstermine, melden sich krank, kommen zu spät zu den verabredeten Treffpunkten oder es kommt zu „unerwarteten Rückfällen", die eine „Aufarbeitung im Behandlungszimmer" notwendig machen.

Therapeuten, die mit diesen Widerständen nicht angemessen umgehen, riskieren bei ihren Klienten Einbrüche bei der Therapiemotivation – die Mitarbeitsbereitschaft kann, nicht nur für die In-vivo-Arbeit, drastisch sinken.

Probleme, wie die eben geschilderten, treten grundsätzlich immer wieder einmal in Behandlungen auf. Wir müssen mit ihnen rechnen. Es ist aber unsinnig, diese Probleme durch die besondere Art und Weise, wie wir eine Standardmethode verwenden, gezielt herzustellen. Eine andere konzeptionelle Sichtweise von „In-vivo-Arbeit" und ein anderer Umgang mit ihrem Einsatz schließt automatisch einen Teil der beschriebenen Probleme aus. „In-vivo-Arbeit" ist dann als Methode zu begreifen, die gleichberechtigt neben der „Behandlungsraumarbeit" steht und von Anfang an für eine Beratung, Therapie oder psychosoziale Arbeit genutzt wird. Die Ausführungen in den Kapiteln „Konzeptionelle Überlegungen zur Arbeit außerhalb des Behandlungsraumes" (S. 7ff) und „Aufgabenschwerpunkte" (S. 9ff) des ersten Teils dieses Buches verdeutlichen diesen Sachverhalt.

11 Zu guter Letzt

Aufstehen, Loslaufen, in die Ferne blicken

In-vivo-Arbeit hat viele Gesichter – das haben die vorausgegangenen Kapitel dieses Buches deutlich gemacht. In-vivo-Arbeit nutzt Lebensräume der Betroffenen. Lernen und Veränderung – das ist die Grundidee – können in Bewegung kommen, wenn neue Erfahrungen zugelassen und immer wieder gesucht werden. Das heißt, Aufstehen und den Behandlungsraum verlassen, bekannte und weniger bekannte, angenehme und weniger angenehme Alltagswelten aufsuchen, mitlaufen, sich einmischen, gestalten – jeweils so, wie es den momentanen Handlungsmöglichkeiten entspricht. Es bedeutet, sich in die Nähe von „Gefahrenzonen" zu begeben, die Scheu zuzulassen, die Hemmungen zu akzeptieren. Zuerst ist der Helfer anwesend, spricht, hört zu, verstärkt, gibt Hinweise, ist Modell, regt an, vertieft und betritt mit dem Betroffenen all diese verschiedenen Räume, in denen Menschen in der Öffentlichkeit anzutreffen sind, miteinander kommunizieren, sich auf sehr verschiedene Weise verhalten – Menschen, deren Blicken man sich aussetzen kann oder die sich ansprechen lassen. Später dann betritt der Betroffene alleine diese Lebensräume, auf eine neue Art und Weise, mit und ohne weiche Knie, nun vielleicht nicht mehr schweigend. Vielleicht handelt es sich dabei um eine altbekannte Situation, das alltägliche Abendessen in der Familie, bei dem jetzt zum ersten Mal seit Jahren ein selbstsicheres Auftreten erprobt wird, vielleicht ist es der Raum vor der Tafel im Klassenzimmer, der mit körperlicher Lockerheit ausgefüllt wird, oder der Umkleideraum im Sportverein oder auch das Besprechungszimmer für die morgendlichen Arbeitssitzungen. Nun werden gezielt neue Handlungsmöglichkeiten ausprobiert – es gelingt zunehmend häufiger, nach den eigenen Bedürfnissen und Wünschen zu handeln.

Wo sich äußere Räume auftun, entfalten sich innere Räume des Erlebens

Wenn sich der eigene Lebensraum „weitet", wachsen die Fähigkeiten des eigenen Handelns: raumgreifend sein, sich Raum nehmen, Spaziergänge unternehmen, Besuche auf fremdem Terrain abstatten, Stippvisiten und Expeditionen starten. Dabei öffnen sich Türen zu inneren Räumen, dunkle Gemächer werden hell, Fantasien entfalten sich, neue Ideen vom eigenen Handeln, Mut wächst, etwas doch bewältigen zu können, was bisher nicht denkbar schien. Zukunftsentwürfe entstehen als innere Reisen: Ich gestehe mir zu, diese Grenze überschreiten zu dürfen. Ich erlaube meinem Fuß, dorthin zu treten. Bilder tauchen auf, die nie geträumt, die nie gemalt wurden. Das bin ich auch! Das gehört zu mir! Eine neue Identität kann entstehen. Das Bewusstsein weitet sich. Und wenn sich Gedanken konkretisieren, Möglichkeiten vorgedacht sind, werden Entscheidungen im Vorstellungsraum getroffen, die nun wieder neues Handeln in der Realität ermöglichen. Das Bewusstsein, das innere Räume durchschritten hat, vermag neue Realitäten in den Handlungsräumen des Alltags zu schaffen. So sind innere und äußere Räume miteinander verknüpft. Die In-vivo-Arbeit fördert dieses Wechselspiel zwischen innerer und äußerer Welt.

Beziehungsverbesserung durch In-vivo-Arbeit

Ich habe die Erfahrung gemacht, dass sich mit der In-vivo-Arbeit oft eine Verbesserung der Beziehung „Helfer – Betroffener" eingestellt hat. Anfangs war ich davon überrascht, später habe ich diesen Effekt gezielt nutzen gelernt. Wirklich bedeutsame Empfindungen kommen ungeschminkt zu Tage, Ambivalenzen werden sichtbar, Widerstände lösen sich auf. Ich nehme Anteil an den persönlichsten Erlebensweisen des Betroffenen, teile mit ihm die Gefühle, die ihn zutiefst bewegen, den Schmerz, die Wut, die Peinlichkeiten, die Verzweiflung, ich spüre die Lebenslust, den Handlungswillen, die Sehnsüchte und wilden Fantasien und bin dabei, wenn der Ideenreichtum sprudelt und ungeahnte Kräfte zur Lösung schwieriger Situationen wirksam werden. Ein vertieftes Verstehen wird möglich, Anteilnehmen, Teilhaben, an der Seite sein – das lässt Vertrauen und Offenheit wachsen (vgl. Kap. 1.5; S. 17f). In-vivo-Sitzungen sind hier in der Lage, den Therapieprozess auch dadurch voranzubringen, dass sie die Beziehung zwischen dem Helfer und dem Betroffenen stabilisieren und verbessern. Dies wird in einem ähnlichen Zusammenhang bei verhaltenstherapeutischen Expositionsübungen beschrieben (s. Kasten).

> **Beispiel**
>
> „Beeindruckt war ich von der Erfahrung, welche positive, beziehungsfördernde Wirkung eine eher „technisch" anmutende Intervention wie eine Expositionsübung für die Patientin-Therapeutin-Beziehung haben kann. Dies ist möglicherweise darin begründet, dass sich die Patientin in einem sehr sensiblen und kritischen Bereich ihres Erlebens verstanden und unterstützt fühlt, indem die Therapeutin mit ihr gemeinsam die schwierigsten Situationen ihres subjektiven Erlebens aushält" (Reeßling, 2002, S. 873).

Wie wir wissen, hängt die Wirksamkeit therapeutischer Verfahren und pädagogischer Interventionen von der Qualität der Beziehung zwischen dem Betroffenen und seinem Helfer ab (vgl. Grawe et al. 1994). Deswegen ist es so wichtig, immer wieder die Beziehung achtsam im Auge zu behalten und die hier notwendigen Klärungsprozesse umgehend einzuleiten (vgl. Kap. 10).

Behandlungsbedarf bei Bezugspersonen

In-vivo-Arbeit ist eine Methode, die Lernprozesse in individuell bedeutsamen Alltagsräumen systematisch in Gang setzt. Sie zielt allerdings nicht nur auf Betroffene – Veränderungsbedarf liegt vielfach auch bei den Personen vor, die das Lebensumfeld des Betroffenen ausmachen. Will man beispielsweise Probleme, Krisen und Symptome bei Kindern erfolgreich abbauen, kommt man nicht umhin, Einfluss auf die Eltern, Geschwister oder Mitschüler zu nehmen. Manchmal liegen im Verhalten der Bezugspersonen die Ursachen als auch die aufrechterhaltenden Bedingungen des kindlichen Problemverhaltens, sodass der „Behandlungsbedarf" ganz eindeutig nicht beim Kind selbst, sondern bei der Umwelt der Betroffenen liegt. Ronen (2000, S. 58) fordert hier: „Wenn das Kind ein abweichendes Verhalten zeigt, das von den Interaktionen mit Gleichaltrigen oder der Familie abhängt, wird empfohlen, eine Behandlung in der natürlichen Umgebung durchzuführen. Dies gilt auch, wenn die Probleme des Kindes mit dem Kommunikationsstil, der Rollenverteilung oder den Verhaltensmustern (der Umwelt) in Zusammenhang stehen" (Klammerergänzung durch den Autor). Es leuchtet ein, dass sich familiäre verbale Belohnungs- oder Bestrafungssysteme nur verändern lassen, wenn man das familiäre System aufsucht und dort interveniert. Auch in der Freundesgruppe oder in der Klasse lassen sich Interaktionsregeln und Rollenzuweisungen nur sichtbar machen und verändern, wenn bei den Mitschülern vor Ort angesetzt werden kann.

Therapeuten, die die In-vivo-Arbeit in ihr Behandlungskonzept integrieren, ziehen daraus großen Gewinn für ihre Klientenarbeit, egal um welche Störungsbilder es sich dabei handelt. So schreibt mir nach einer meiner Fortbildungen Maren K., Logopädin: „Nachträglich bemerke ich bei mir persönlich, dass ich mir eine effektive Arbeit ohne In-vivo-Einsätze nicht mehr vorstellen kann ... und Hausbesuche, die ich ohne Fortbildung sicher nicht gemacht hätte, haben die Beziehung zu Eltern und Klienten positiv beeinflusst. Man muss so was eben doch einfach selbst ausprobiert haben."

Neue Fragen

Als ich mit dem Schreiben dieses Buches anfing, wollte ich Antworten geben auf all die vielen Fragen zur In-vivo-Arbeit, die ich in den letzten Jahren im Rahmen von Einzel- und Gruppentherapien, in Seminaren, Fortbildungen sowie Vortragsveranstaltungen gesammelt habe. Über 350 Fragen auf Zettelchen oder Arbeitsbögen waren zusammengekommen. Eine Frage pro Tag – fast ein ganzes Jahr lang. Ob ich sie wohl alle beantwortet habe? Die Fragen waren mir eine große Hilfe: Anreiz und Orientierung für die inhaltliche Gestaltung des Buchkonzeptes und eindringliche Mahner bei der Überarbeitung des Manuskripts und meinem Bemühen um Anschaulichkeit und Praxisbezug. Und doch: Alles, was ich geschrieben habe, basiert auf meinen subjektiven Sichtweisen, die ich auf Grund meiner eigenen Praxiserfahrungen und der Auswertung der Erfahrungen meiner Klienten und Supervisanden gewonnen habe, ergänzt durch Hinweise aus der wissenschaftlichen Fachliteratur. Es wäre vermessen zu behaupten, dass ich die „richtigen" Antworten gefunden habe. Zwar bin ich überzeugt, dass meine Antworten einen hilfreichen Beitrag für die Bewältigung einer ganzen Reihe praktischer Aufgabenstellungen leisten können, die Helfer und Betroffene im Feld der In-vivo-Arbeit vorfinden. Aber es bedarf weiterer und anderer Antworten von Kolleginnen und Kollegen, von Betroffenen und Selbsthilfegruppen, um eine lebendige, fachbezogene Diskussion zur In-vivo-Methode voranzubringen. Und es stehen empirische Forschungsarbeiten aus, die den Wissensstand zur In-vivo-Arbeit gezielt zu fundieren vermögen. Hier ist noch viel zu tun: Wie wir oben gesehen haben (s. Kap. 1) hat die fachwissenschaftliche Auseinandersetzung zur In-vivo-Arbeit noch gar nicht richtig begonnen – in keiner Fachdisziplin.

Bei meiner eigenen Arbeit am Manuskript haben sich im Laufe der Zeit immer wieder neue Fragen ergeben. Kaum war ein Punkt abgeklärt, ergaben sich neue Fragen an anderer Stelle. So stehen noch eine ganze Reihe an Antworten aus, die auf eine spätere Klärung warten.

Hinweise

Einige offene Fragen: Was bewirkt die Nähe, was der leichtere Einblick in Eigenarten und Unzulänglichkeiten? Verkürzt der erfolgreiche Einsatz von In-vivo-Maßnahmen die Gesamtdauer einer Behandlung? Kommt der Helfer durch die In-vivo-Arbeit – ggf. ohne es zu merken – zu einer Veränderung seines therapeutischen Stils, der sich auch auf die Interaktionen im Behandlungsraum auswirkt? Wie lässt sich der Gefahr entgegenwirken, dass die Entscheidungen für den Einsatz von In-vivo-Stunden durch subjektive Bedürfnisse des Therapeuten mitbedingt sind? Welche Situationen müssen notwendigerweise in vivo statt im Beratungszimmer bearbeitet werden? Welche Situationen sind „exemplarische Situationen", mit deren Bewältigung sich eine Reihe ähnlicher Situationen „miterledigen" lässt? Gibt es für einzelne Störungsbilder einen Katalog typischer In-vivo-Standardsituationen, die gut zugänglich sind und sich mit geringem zeitlichen Aufwand bearbeiten lassen? Welche spezifischen Wirkmechanismen sind für die Erfolge der In-vivo-Arbeit verantwortlich zu machen?

Welche geschlechtsspezifischen Besonderheiten sind beim Einsatz der In-vivo-Methode zu berücksichtigen? Welche spezifischen Unterschiede bei der In-vivo-Anleitung ergeben sich zwischen Kindern und Erwachsenen?

Aus dem Vollen schöpfen

Ilka hat mir geschrieben, drei Monate nach unserer In-vivo-Arbeit:

„In-vivo-Arbeit heißt, aus der Reihe tanzen, sich ausprobieren können, alte Muster und Denkweisen abschütteln."

Ilka ist aus der Reihe getanzt. Sie hat sich unangepasst verhalten. Sie hat sich getraut, für einen Straßenmusikanten Geld bei den umstehenden Passanten einzusammeln. Wir haben in der Gruppe gearbeitet, etwa vier Stunden lang, in einer Fußgängerzone. Sie hat eine wirklich komische Rede gehalten, stehend auf einer Sitzbank, nicht scheu und verhalten, sondern laut und absurd. Und spaziert ist sie dabei, auf den Balken der Bank, bewegt, leicht wippend.

„Ich traue mir in einigen Bereichen viel mehr zu und bin um einiges mutiger geworden! Autofahren in der Stadt war für mich immer angstbesetzt. Nach unserer Arbeit ist das Stadtautofahren kein Problem mehr."

Wir haben die Fußgängerzone bei unserer In-vivo-Arbeit nie verlassen. Wir haben lediglich diesen einen Vormittag dort gearbeitet. Wir sind nicht Auto gefahren. Aber Ilka konnte über ihre Grenzen gehen, ohne dass ein Unfall geschah, sie konnte spüren, dass sie genügend Kraft in sich selbst trägt, um mit unvorhergesehenen Improvisationsaufgaben fertig zu werden.

„In-vivo-Arbeit", schreibt sie, *„gibt mir neue Kraft! In-vivo-Arbeit ist ein bedeutsamer und wesentlicher Bestandteil der Therapie, weil diese Arbeit frei macht."*

Ilka war berührt, berührt von der Intensität und Lebendigkeit des eigenen Erlebens, von der wundersamen Wirkung, die Welt neu entdecken zu können, sie lustvoll zu gestalten und sich dabei wie ein Kind unbefangen und hoffnungsfroh zu bewegen, getragen von der Unterstützung der Mitmenschen.
„Ich kann offen sein, um neue Wege gehen zu können!"

Ganz einfach. Ganz einfach gesagt. Ganz einfach getan.

Teil V Anhang

Literatur

Sachverzeichnis

Literatur

Antons K. Praxis der Gruppendynamik. Göttingen: Hogrefe; 1973, (8. Aufl. 2000).
Bandura A et al. Die relative Wirksamkeit von Desensibilisierung und Modell-Lernverfahren bei Verhaltens-, Affekt- und Einstellungsänderungen. In: Florin I, Tunner W, Hrsg. Therapie der Angst. München: Urban & Schwarzenberg; 1975: 100–147.
Bandura A. Social foundation of thought and actions: A social cognitive theory. Englewood Cliffs: Prentice Hall; 1986.
Bandura A. Self efficacy. The exercise of control. New York: Freemann; 1994.
Bartling G, Fiegenbaum W, Krause R. Reizüberflutung. Theorie und Praxis. Stuttgart: Kohlhammer; 1980.
Bassett L. Angstfrei leben. Das erfolgreiche Selbsthilfeprogramm gegen Stress und Panik. Weinheim: Beltz; 2000.
Bastine R, Kommer D. Konfrontation als Strategie psychotherapeutischen Handelns. In: Eckensberger LH, Hrsg. Bericht über den 31. Kongress der DGfPs in Mannheim 1978. Bd 2. Göttingen: Hogrefe; 1979: 412–416.
Batz M, Schroth H. Theater zwischen Tür und Angel. Handbuch für Freies Theater. Reinbek: Rowohlt; 1993.
Beck A, Emery G. Anxiety disorders and phobias: A cognitive perspective. New York: Basic Books; 1985.
Becker E, Margraf J. Generalisierte Angststörungen. Ein Therapieprogramm. Weinheim: Beltz PVU; 2002.
Berendt J. Das Jazzbuch. Von Rag bis Rock. Frankfurt: Wolfgang Krüger Verlag; 1976.
Bernstein D, Borkovec T. Entspannungs-Training. Handbuch der progressiven Muskelentspannung. 5. Aufl. München: Pfeiffer; 1990.
Boal A. Theater der Unterdrückten. Frankfurt: Suhrkamp; 1989.
Böttcher I, Hrsg. Kreatives Schreiben. Berlin: Cornelsen; 1999.
Borgart E-J, Kemmler L. Hausaufgaben in der Psychotherapie. Psychologische Rundschau 1989; 40: 10–17.
Brauneck M. Schneilin G, Hrsg. Theaterlexikon. Reinbek: Rowohlt; 2001.
Buss A. Self-consciousness and social anxiety. San Francisco: Freeman; 1980.
Cohn R. Von der Psychoanalyse zur Themenzentrierten Interaktion. 14. Aufl. Stuttgart: Klett; 2000.
Davison G, Neale J Klinische Psychologie. Weinheim: Beltz PVU; 1996.
Dixon R. Im Moment. Theaterkunst Improtheater. Planegg: Impuls-Theater-Vlg; 2000.
Dornieden R. Wege zum Körperbewusstsein. Körper- und Entspannungstherapien. München: Richard Pflaum Verlag; 2001.
Dryden W, Feltham C. Psychologische Kurzberatung und Kurztherapie. Einführung in die praktischen Techniken. München: Reinhardt; 1994.
Edelmann W. Lernpsychologie. Weinheim: Beltz PVU; 2000.
Egan G. Helfen durch Gespräch. Ein Trainingsbuch für helfende Berufe. 3. Aufl. Weinheim: Beltz; 1996.
Ellis A. Humanistic psychotherapy: The rational-emotive approach. New-York: Julian Press; 1973.
Fawcus M. Primäre und sekundäre Verhütung des Stotterns: Sprache, Stimme, Gehör 1980; 5: 158–162.
Fehm L, Fehm-Wolfsdorf G. Hausaufgaben in der Psychotherapie. Hausaufgaben als therapeutische Intervention: Ausnahme oder Alltag. Psychotherapeut 2001; 6: 386–390.
Feldhege FJ, Krauthan G. Verhaltenstrainingsprogramm zum Aufbau sozialer Kompetenz. Berlin: Springer; 1979.
Fiedler P. Verhaltenstherapie in und mit Gruppen. Weinheim: Beltz, PVU; 1996.
Fiegenbaum W. Konfrontationsverfahren. In: Bastine R, Fiedler P, Grawe K, Schmidtchen S, Sommer G, Hrsg. Grundbegriffe der Psychotherapie. Weinheim: edition psychologie; 1982: 222–224.
Fiegenbaum W, Tuschen B. Reizkonfrontation. In: Margraf J, Hrsg. Lehrbuch der Verhaltenstherapie. Band 1. Grundlagen, Diagnostik, Verfahren, Rahmenbedingungen. 2. Aufl. Berlin: Springer; 2000: 413–425.
Friebel V, Friedrich S. Entspannung für Kinder. Stress abbauen – Konzentration fördern. Reinbek: Rowohlt; 2002.
Friedemann L. Einstiege in neue Klangbereiche durch Gruppenimprovisation. Wien: Universal Edition; 1973.
Geißler-Piltz B. On stage! Klinische Sozialarbeit/Master of social work. Alice – Magazin der Alice-Salomon-Fachhochschule Berlin 2002; 5: 4–7.
Gordon T. Familienkonferenz. München: Heyne; 1998.
Grawe K. Indikation in der Psychotherapie. In: Bastine R et al., Hrsg. Grundbegriffe der Psychotherapie. Weinheim: Edition Psychologie; 1982: 171–178.
Grawe K, Fiedler P. Psychotherapie in Gruppen. In: Bastine R et al., Hrsg. Grundbegriffe der Psychotherapie. Weinheim: Edition Psychologie; 1982: 149–153.
Grawe K, Donati R, Bernauer F. Psychotherapie im Wandel. Göttingen: Hogrefe; 1994.
Grunwald K, Thiersch H. Lebensweltorientierung. In: Otto H-U, Thiersch H, Hrsg. Handbuch Sozialarbeit, Sozialpädagogik. 2. Aufl. Neuwied: Luchterhand; 2001: 1136–1148.
Gührs M, Nowak C. Das konstruktive Gespräch. Meezen: Verlag Christa Limmer; 1991.
Hambly K. Am liebsten ginge ich nicht mehr aus dem Haus. Agoraphobie und Panikattacken überwinden. Weinheim: Beltz-Taschenbuch; 2000.
Hand I. Expositionsbehandlung. In: Linden M, Hautzinger M, Hrsg. Verhaltenstherapie. 3. Aufl. Berlin: Springer; 1996: 139–149.

Hautzinger M, Hrsg. Kognitive Verhaltenstherapie bei psychischen Erkrankungen. Berlin: Quintessenz; 1994.

Hays K. Working it out. Using exercise in psychotherapy. Washington, DC: American Psychological Association; 1999.

Hegi F. Improvisation und Musiktherapie. Möglichkeiten und Wirkungen von freier Musik. 5. Aufl. Paderborn: Junfermann; 1997.

Heidemann B. Erfahrungen mit einer Stotterangst reduzierenden Methode nach Sheehan. Einzel- und Gruppentherapie bei Kindern und Jugendlichen. In: Deutsche Gesellschaft für Sprachheilpädagogik (Hg.): Stottern – Poltern. Hamburg: Wartenberg und Söhne; 1975: 57–66.

Heidemann-Tagmann B, Kellner J, Kopf-Mehnert Ch. Erste Erfahrungen mit einer Stotterangsttherapie nach Sheehan bei jugendlichen Stotternden. Folia phoniatrica 27, 1975: 133–153.

Heimberg R, Dodge C, Becker R. Social phobia. In: Michelson L, Ascher M (Eds.). Anxiety and stress disorders: Cognitive-behavioral assessment and treatment. New York: Guilford; 1987: 280–309.

Hilgard E, Bower G. Theorien des Lernens. Stuttgart: Klett; 1970.

Hinsch R, Pfingsten U. Gruppentraining Sozialer Kompetenzen (GSK). Weinheim: PVU; 1998.

Jacobson E. Progressive Relaxation. Chicago: University of Chicago Press; 1938.

Jacobson E. Entspannung als Therapie. Progressive Relaxation in Theorie und Praxis. München: Pfeiffer; 1990.

Johnsgard K. The exercise prescription for depression and anxiety. New York: Plenum; 1989.

Johnstone K. Theaterspiele. Berlin: Alexander Verlag; 1998.

Johnstone K. Improvisation und Theater. Berlin: Alexander Verlag; 2000.

Jugert G, Rehder A, Notz P, Petermann F. Soziale Kompetenz für Jugendliche. Grundlagen, Training und Fortbildung. Weinheim: Juventa; 2001.

Juster H, Brown E, Heimberg R. Sozialphobie. In: Margraf J, Hrsg. Lehrbuch der Verhaltenstherapie. Band 2. Störungen, Glossar. 2. Aufl. Berlin: Springer; 2000: 43–59.

Kanfer F. Selbstmanagement-Methoden. In: Kafner F, Goldstein A (Hg.). Möglichkeiten der Verhaltensänderung. München: Urban u. Schwarzenberg; 1977: 350–406.

Kanfer FH, Reinecker H, Schmelzer D. Selbstmanagementtherapie. Ein Lehrbuch für die klinische Praxis. 2. Aufl. Berlin: Springer; 1996.

Kemmler L, Borgart E-J, Gärke R. Der Einsatz von Hausaufgaben in der Psychotherapie. Report Psychologie 1992; 46: 9–18.

Kleist H von (1805/1806) Über die allmähliche Verfertigung der Gedanken beim Reden. In: Sembdner H (Hrsg.). Der Zweikampf. Die heilige Cäcilie. Sämtliche Anekdoten. Über das Marionettentheater und andere Prosa. Stuttgart: Reclam; 1998: 93–99.

Koch G, Steisand M, Hrsg. Wörterbuch der Theaterpädagogik. Berlin-Milow: Schibri-Verlag; 2003.

Krech D, Crutchfield R et al. Grundlagen der Psychologie. Weinheim: Beltz VPU; 1992.

Levis DJ, Hare N. A Review of the theoretical rationale and empirical support for the extinction approach of implosive (flooding) therapy. In: Hersen M, Eisler RM, Miller PM, eds. Progress in behavior modification. Vol 4. New York: Academic Press; 1977: 299–376.

Linden M, Hautzinger M, Hrsg. Verhaltenstherapie. Techniken, Einzelverfahren und Behandlungsanleitungen. 3. Aufl. Berlin: Springer; 1996.

Lindenmeyer J. Rückfallprävention. In: Margraf J, Hrsg. Lehrbuch der Verhaltenstherapie. Band 1. Grundlagen, Diagnostik, Verfahren, Rahmenbedingungen. 2. Aufl. Berlin: Springer; 2000: 565–584.

Maerker A. Entspannungsverfahren. In: Margraf J, Hrsg. Lehrbuch der Verhaltenstherapie. Band 1. Grundlagen, Diagnostik, Verfahren, Rahmenbedingungen. 2. Aufl. Berlin: Springer; 2001: 397–404.

Margraf J, Hrsg. Lehrbuch der Verhaltenstherapie. Band 1 u. 2. 2. Aufl. Berlin: Springer; 2000.

Markway B, Markway G. Frei von Angst und Schüchternheit. Soziale Ängste besiegen – ein Selbsthilfeprogramm. Weinheim: Beltz; 2003.

Mathews A, Gelder M, Johnston D. Agoraphobie. Eine Anleitung zur Durchführung einer Exposition in vivo unter Einsatz eines Selbsthilfemanuals. Basel: Karger; 1994.

Murphy S. The achievement zone. New York: Putnam's; 1996.

Niebuhr S. Von Redeängstlichkeit, Sprechangst und verwandten Phänomenen. Logos Interdisziplinär 2001; 9: 203–205.

Novaco R. Stressimpfung. In: Linden M, Hautzinger M, Hrsg. Verhaltenstherapie. 3. Aufl. Berlin: Springer; 1996: 299–302.

Otto P. Immer mit der Ruhe. Entspannung für Körper und Seele. Reinbek: Rowohlt; 2000.

Ohm D. Progressive Relaxation für Kids. Die praktische Anleitung: So üben Sie die Tiefmuskelentspannung. 2. Aufl. Stuttgart: Trias; 2000.

Pauls H. Klinische Sozialarbeit – eine dringend notwendige Spezialisierung. Forum DVSK 2001; 1: 9–17.

Payne R. Entspannungstechniken. Ein praktischer Leitfaden für Therapeuten. München: Urban & Fischer; 1998.

Pennebaker J, ed. Emotion, Disclosure und Health. Washington: APA; 1995.

Petermann U. Training mit sozial unsicheren Kindern. Einzeltraining, Kindergruppen, Elternberatung. München: Urban & Schwarzenberg; 1983.

Petermann U. Entspannungstechniken für Kinder und Jugendliche. Ein Praxisbuch. 2. Aufl. Weinheim: Beltz; 2000.

Pfingsten U. Kognitive Verhaltenstherapie bei sozialen Ängsten, Unsicherheiten und Defiziten. In: Hautzinger M, Hrsg. Kognitive Verhaltenstherapie bei psychischen Erkrankungen. Berlin: Quintessenz; 1994: 117–136.

Pfingsten U, Hinsch R, Hrsg. Gruppentraining sozialer Kompetenzen (GSK). Weinheim: Psychologie Verlags Union; 1991.

Pfingsten U. Training sozialer Kompetenz. In: Margraf J, Hrsg. Lehrbuch der Verhaltenstherapie. Band 1. 2. Aufl. Berlin: Springer; 2000: 473–481.

Piechotka A. Stationen auf dem Weg zum flüssigen Sprechen – ein Erfahrungsbericht. In: Bundesarbeitsgemeinschaft Hilfe für Behinderte, Hrsg. Kommunikation zwischen Partnern. Stottern. Bd. 205, Mönchengladbach: K-Druck Kerbusch; 2001: 56–65.

Pritz A. Heterogene versus homogene Gruppenzusammensetzung. In: Tschuschke V, Hrsg. Praxis der Gruppenpsychotherapie. Stuttgart: Thieme; 2001: 206-208.

Reeßling I. Ambulante Behandlung einer Patientin mit schwerer Zwangsstörung. Verhaltenstherapie und psychosoziale Praxis 2002; 34: 859–874.

Rehork T. Kreatives Schreiben. Hilfen zum Schreibanfang für Studenten. In: Werder L von, Hrsg. Innovative Hochschuldidaktik. Bd. 5. Berlin: Alice Salomon Fachhochschule; 1997.

Reinecker H. Lehrbuch der Verhaltenstherapie. Tübingen: dgvt-Verlag; 1999.

Reinecker H. Selbstmanagement. In: Margraf J, Hrsg. Lehrbuch der Verhaltenstherapie. Band 1. 2. Aufl. Berlin: Springer; 2000: 525–540.

Rico G. Garantiert Schreiben lernen. Reinbek: Rowohlt; 1984.

Riemann H, Eggebrecht H. Musiklexikon. Sachteil. Mainz: Schott's Söhne; 1967.

Riper C van. The treatment of stuttering. Englewood Cliffs: Prentice Hall; 1973. (deutsch: Die Behandlung des Stotterns. Köln: Demosthenes Verlag; 1986.

Ritter B. Treatment of acrophobia with contact desensitization. Behavior Research and Therapy 1969; 7: 41–45.

Rogers C. Therapeut und Klient. Grundlagen der Gesprächspsychotherapie. München: Kindler; 1977.

Ronen T. Kognitive Verhaltenstherapie. Wege der Selbstkontrolle bei Störungen der sozialen und emotionalen Entwicklung. Bern: Hans Huber; 2000.

Salter A. Conditioned reflex therapy. New York: Capricorn; 1949.

Sachs M. The mind of the runner: Cognitive strategies used during running. In: Sachs M, Buffone G, eds. Running as therapy: An integrated approach. Lincoln, University of Nebraska Press; 1984: 288–303.

Schermer F. Grundlagen der Psychologie. Stuttgart: Kohlhammer; 1999.

Schoenholtz-Read J. Geschlechtszugehörigkeit und Gruppenpsychotherapie. In: Tschuschke V, Hrsg. Praxis der Gruppenpsychotherapie. Stuttgart: Thieme; 2001: 122–126.

Schneider S, Margraf J. Kognitive Verhaltenstherapie bei Angstanfällen und Agoraphobien. In: Hautzinger M, Hrsg. Kognitive Verhaltenstherapie bei psychischen Erkrankungen. Berlin: Quintessenz; 1994: 63–98.

Schwäbisch L, Siems M. Anleitung zum sozialen Lernen für Paare, Gruppen und Erzieher. Reinbek: Rowohlt; 1990.

Selling B. Schreiben wie der Schnabel wächst. Kreatives Schreiben für kleine und große Kinder. Aurum, Braunschweig; 1996.

Shelton JL, Ackerman JM. Verhaltens-Anweisungen. Hausaufgaben in Beratung und Psychotherapie. München: Pfeiffer; 1978.

Siegemund A. Improvisationstheater. Eine Methode in der Sozialen Arbeit zur Entfaltung der Persönlichkeit. Diplomarbeit an der Alice-Salomon-Fachhochschule für Sozialarbeit und Sozialpädagogik Berlin; 2001.

Spitznagel A, Schlutt S, Schmidt-Atzert L. Redeängstlichkeit: Entwicklung eines mehrdimensionalen Verfahrens. Diagnostica 2000; 46: 47–55.

Spolin V. Improvisationstechniken für Pädagogik, Therapie und Theater. Paderborn: Junfermann; 1997.

Strauß B. Behandlungseffekte in therapeutischen Gruppen. In: Tschuschke V, Hrsg. Praxis der Gruppenpsychotherapie. Stuttgart: Thieme; 2001: 180–187.

Tausch R. 100 Jahre Carl Rogers: Person – Werk – und Aufgaben der Zukunft. Gesprächspsychotherapie und Personenzentrierte Beratung 2002; 33: 211–220.

Tharp R, Wetzel R. Verhaltensstörungen im gegebenen Sozialfeld. München: Urban und Schwarzenberg; 1975.

Thiersch H. Lebensweltorientiert Soziale Arbeit. Weinheim: Beltz; 1986.

Thomann C, Schulz von Thun F. Klärungshilfe. Handbuch für Therapeuten, Gesprächshelfer und Moderatoren in schwierigen Gesprächen. 11. Aufl. Reinbek: Rowohlt; 2001.

Tschuschke V. Einleitung. In: Tschuschke V, Hrsg. Praxis der Gruppenpsychotherapie. Stuttgart: Thieme; 2001 a: VII–IX.

Tschuschke V. Gruppenpsychotherapie – Vergleich mit der Einzelpsychotherapie. In: Tschuschke V, Hrsg. Praxis der Gruppenpsychotherapie. Stuttgart: Thieme; 2001b: 8–11.

Tuschen B, Fiegenbaum W. Systemimmanente kognitive Therapie. In: Margraf J, Hrsg. Lehrbuch der Verhaltenstherapie. Band 1. Grundlagen, Diagnostik, Verfahren, Rahmenbedingungen. 2. Aufl. Berlin: Springer; 2000: 499–507.

Ullrich de Mynck R, Ullich R. Das Assertiveness Trainings-Programm ATP: Einübung in Selbstvertrauen und sozialer Kompetenz. 3 Bände. München: Pfeiffer; 1976.

Vaitl D, Petermann F, Hrsg. Handbuch der Entspannungsverfahren. Bd. 1: Grundlagen und Methoden. Weinheim: Psychologie Verlags Union; 1993.

Walton D, Black D. The application of learning theory to the treatment of stammering. J Psychosom Res 1958; 3: 170–179.

Walton D, Mather M. The relevance of generalisation techniques to the treatment of stammering and phobic symptoms. Behav Res Ther 1963; 1: 121–125.

Weinberger S. Klientenzentrierte Gesprächsführung. Eine Lehr- und Praxisanleitung für helfende Berufe. 8. Aufl. Weinheim: Beltz; 1998.

Weisbach C. Professionelle Gesprächsführung. Ein praxisnahes Lese- und Übungsbuch. 4. Aufl. München: dtv; 1999.

Wendlandt W, Hoefert H-W. Selbstsicherheitstraining. Salzburg: Otto Müller; 1976.

Wendlandt W. Verhaltenstherapie des Stotterns. Denkansätze, Zielsetzungen, Behandlungsmethoden. Weinheim: Beltz; 1980.

Wendlandt W. Zum Beispiel Stottern. Stolperdrähte, Sackgassen und Lichtblicke im Therapiealltag. München: Pfeiffer; 1984a.

Wendlandt W. Zur In-vivo-Arbeit in der Therapie des Stotterns. Durchführung von Behandlungsmaßnahmen in alltäglichen Belastungssituationen des Stotternden. Sprache, Stimme, Gehör 1984b; 8: 44–50.

Wendlandt W. Nicht vermeiden – Stottern zeigen! Teil 1 und 2. Die Sprachheilarbeit 1987; 32: 145–153 und 193–205.

Wendlandt W. Entspannung im Alltag. Ein Trainingsbuch. Weinheim: Beltz; 1992.

Wendlandt W. Sprachstörungen im Kindesalter. Materialien zur Früherkennung und Beratung. 4. Aufl. Stuttgart: Thieme; 2000.

Wendlandt W. Therapeutische Hausaufgaben. Materialien für die Eigenarbeit und das Selbsttraining. Eine Anleitung für Therapeuten, Betroffene, Eltern und Erzieher. Stuttgart: Thieme; 2002a.

Wendlandt W. Probleme und Missverständnisse beim Einsatz der In-vivo-Methode. Ein Beitrag zur Diskussion. Forum Logopädie 2002b; 16: 12–16.

Wendlandt W. Zum Aufbau eines eigenverantwortlichen Selbsttrainings. Methodische Prinzipien für den Einsatz therapeutischer Hausaufgaben. Die Sprachheilarbeit 2002c; 47: 103–111.

Wendlandt W. Entspannung im Alltag. Ein Trainingsbuch. 3. Aufl. Weinheim: Beltz; 2002 d.

Werder L von. Lehrbuch des kreativen Schreibens. Berlin: Ifk-Verlag; 1990.

Wohlfahrt R, Schneider D. Psychoedukatives Training zur Verbesserung der Selbsthilfefähigkeiten von Menschen mit Epilepsie. Tübingen: dgvt-Verlag; 1999.

Yalom I. The theory and practice of group psychotherapy, 2nd ed. New York: Basic Books; 1975 (3. Aufl. deutsch Theorie und Praxis der Gruppenpsychotherapie. Ein Lehrbuch. München: Pfeiffer; 1989).

Sachverzeichnis

A

Abenteuergeist 130
Abwehrhaltungen 31
Agoraphobie 21
Agoraphobiker 21
Aktivierung der rechten Hirnhälfte 17
Akzeptanz 9, 43
Alkoholismus 16
Angst, soziale 23, 96
Angstbewältigungstraining 23
Ängste 2, 37
Angstprovokation 24
Angstreize 89
Angststörung 22
Annäherungsverhalten 53
Anpassungsfähigkeit 64
Anpassungsforderungen 70
Anteilnehmen, emotionales 37
Anwendungstraining 96, 97
Aphasie 26
Arbeitsbeziehung, positive 9
Arbeitshaltung, positive 36
Arrangement 70
Artikulation 47, 50
Attributionsforschung 139
Aufgabenschwerpunkt 162
Auftretenswahrscheinlichkeit 53
Ausdrucksform des Musikschaffens 70
Ausdrucksverhalten
 – körpersprachliches 83
 – sprachliches 46
Auswertung 141

B

Bagatellisieren 44
Basiskompetenz 43, 61
Befangenheit, kommunikative 97
Behandlung, ganzheitliche 15
Behandlungsbedarf 164
Behindertenhilfe 27
Behinderung, geistige 20
Belastungsfaktoren 118
Belohnungscharakter 54
Besonderheiten, geschlechts-
 spezifische 165
Besorgnis, soziale 131
Beteiligung, verbale 98
Betreutes Wohnen 27
Bewältigungsfähigkeit 16
Bewältigungskonzept, fehlendes 19
Bewältigungsmuster 20
Bewältigungsstrategie 39, 62
 – kognitive 24
Bewältigungsversuch 90
Beziehung 164
Beziehungsfähigkeit 62
Beziehungsgestaltung 22
Beziehungsverbesserung 163
Bezugsperson 164
Bilanz 150, 152, 158
Bilanzsitzungen 96
Blickkontakt 47, 50
Blinde Flecken 51

C

Commedia dell'Arte 69

D

Deformation, professionelle 13
Denken
 – ganzheitliches 17
 – integratives 17
 – intuitives 17
Desensibilisierung 23, 46
 – in vivo 25, 61
 – Kontakt-Desensibilisierung 46
Diagnostik 8, 15, 96, 111
 – diagnostische Funktion 10
 – diagnostische Sicht 20
 – Erkenntnisse 8
Dialog 99

E

Eigenaktivität 20
Eigenarbeit (s. auch Hausaufgaben) 14, 100
Eigeninitiative 2
Eigenverantwortung 139
Eingreifen 48
Einstellung 9, 10
 – positive 31
Einzelfallhelfer 27
Entscheidung 122
Entspannung 12, 24
Entspannungsübungen 22
Entspannungsverfahren 80, 86, 100
Entwicklungsstillstand 27
Erfahrung 124
Erfolg 139, 140
Erfolgsgewissheit 144
Erkenntnisse 37
Erlebnisaktivierung 15
Erwartungsangst 131, 161
Erziehungsbeistandschaft 27
Erziehungshilfe, ambulante 27
Expansion 27
Experimentierfreude 132
Exposition 23
Expositionsübung 164
Expressivität 86

F

Fähigkeiten, kommunikative 88, 92
Familienhilfe 27
Feedback (Rückmeldung) 52, 147
Fehlertoleranz, geringe 19
Fehlinterpretationen, Korrektur 11
Flexibilität 2, 8, 45, 48, 56, 64
Flexibilitätstraining 22
Flooding 23
Flucht- und Vermeidungs-
 reaktionen 12, 96
Flucht- und Vermeidungs-
 verhalten 7, 10, 11
Fluchttendenzen 161
Fortbildung 61
 – berufliche 77
Fragebogen 152, 159, 160
Fremdinstruktion 100, 102

G

Gefühle 9, 44
 – Verbalisierung 44
Generalisierung 8, 13, 161
Generalisierungsprogramm 61, 88, 100–103
Generalisierungstechnik 25
Gestik 47, 50
Gesundheitsförderung 101
Gewöhnung 13
 – kleinschrittige 89
Gruppe 36, 96
Gruppenarbeit 36
Gruppengröße 38
Gruppenmaßnahme 36
Gruppenzusammenstellung 38

H

Handlungsaktivierung 15
Handlungsrepertoire 128
Hausaufgaben (s. auch Eigenarbeit) 24, 67, 89, 90, 96
– schulische 31, 32
– therapeutische 20, 29, 32
Hausbesuche 27
Helferrolle 44
Herausforderung 130
Herzattacken 22
Hierarchienbildung 49

I

Ich-bin-da-Signale 98
Imagination 143
Improvisation 2, 22, 48, 63–71, 75, 132
– Spielaufträge 72
Improvisationsarbeit 64
Improvisationstheater 71
In-vivo-Arbeit 7, 107
– Aufgabenschwerpunkte 9
– Auswertung 135, 136, 145
– Bedeutung 136
– Konzeption 7
– Nutzen 136
– Probleme 152, 153, 157
– Schwierigkeitsgrad 118
– spontanes Erproben 113
– Vorgehen in der Gruppe 36–40, 97
– Zielsetzungen 9
In-vivo-Desensibilisierung 25
In-vivo-Journal 147, 148, 158
In-vivo-Rollenspiele 90
Indikation 3, 18
– adaptive 22
Individualisierung 39, 97
Interaktionsregeln 164

J

Journal 100, 147–149

K

Katastrophenphantasie 44
Klang 47
Kohäsion 36
Kommunikationsstörung 86
Kommunizieren, dialogisches 99
Kompetenz
– expressive 56
– professionelle 61
– soziale 37, 47, 62
Kompetenztraining, soziales 62
Konfrontation 23, 24, 25
– Konfrontationstraining 11
– mit der Realität 11
Konfrontationsverfahren 23

Konkretisierung 115
Konsequenz, positive 53
Kontaktaufnahme 57, 92, 131
Kontaktdesensibilisierung 23
Kontextabhängigkeit 13
Kontextwechsel 8
Kontinuität 46
Kontraindikation 21
Kontrollfähigkeit 121
Konzeption 162
Kooperation 40
Kooperationsregeln 40
Körperbehinderung 20
Körperentspannung 61
Körperhaltung 131
Körperreaktionen, unkontrollierbare 9
Körperwahrnehmung 61, 80, 82
Kreatives Schreiben 147
Kreativität 64, 71, 72, 75, 101, 147
Kulturarbeit, sozialpädagogische 71
Kunstfehler 161

L

Lampenfieber 3, 75, 96
Lebensbewältigung, alltägliche 13
Lebensumfeld 2
Lebenswelt 2
Lebensweltorientierung 27
Lehranalyse 71
Leistungsdruck 161
Lernen 124
– am Erfolg 53
– am Modell 53
Lernkontext 12
Lernprozess 50
Lerntheorien 53
Lernvoraussetzungen 124
Lernziele 93, 95, 161
– abstrakte 115
– konkrete 115
Logopädie 23
Logopädin 1

M

Massenkonformismus 71
Maßstab 137
Mimik 47, 50
Minderwertigkeitsgefühl 86
Misserfolge 124
Misserfolgserwartung 31
– erhöhte 19
Misserfolgssituationen 14
Mitarbeitsbereitschaft 9, 14, 20, 22, 32, 152, 157, 162
Mitteilungen, nichtsprachliche 98
Modell 7, 39, 40, 48, 50, 51, 83, 99, 135
Modell-Lernen 48, 51
– durch Beobachtung und Imitation 48–51

Modellverhalten 35
Modellvorgabe 23, 26, 37, 74, 97
Motivation 10, 14, 152, 161
– mangelnde 20
Motivationsklärung 96
Motivationslage 10, 32
Motivationsschwächen 130
Mottos 33, 34, 67
Multiproblemfamilien 71
Musik 69
Muskelentspannung, progressive 25, 80, 82, 88, 100–103

N

Nachbetreuung 96
Nervosität 2
Nicht-Vermeidungs-Training 87
No-trial-learning 50
Normen, soziale 99

O

Offenheit 36, 43
Orientierung 45

P

Pädagogik 124
Panikattacke 22, 23, 24
Patientin-Therapeutin-Beziehung 164
Phobie 23, 90
Ping-Pong 99
Planung 115, 117
Planungsgespräch 121
Planungssitzungen 96
Plus-Erfahrungen 139, 149
Prävention 101
Praxisübung 23
Probecharakter 13
Probehandeln 94, 121
Problem-Check 153
Professionalisierungsdebatte 27
Protokollbogen 149
Protokollierung 147
Pseudostottern 86
Psychotherapie
– klientenzentrierte 44
– sporttherapeutische 17
Publikum 96
Publikumsangst 96

R

Rangreihen 120
Reaktionsverhinderung 25
Realitätsnähe 13
Realitätsprüfung 10, 111
Redeängstlichkeit 96
Reden vor Publikum 88
Ressourcen 2, 64, 147

Sachverzeichnis

Risikoübungen 56, 57
Rollenidentität 132
Rollenspiel 22, 35, 90, 94
Rollenspielarbeit 124
Rollentausch 74
Rollenvorgaben 72, 73
Rollenzuweisungen 164
Rückfälle 56, 145, 161
Rückfallgefährdung 17
Rückfallprävention 16
Rückfallprophylaxe 16, 56, 145
Rückmeldung 36, 37, 51, 93
Rückzugstendenz 21

S

Sättigung 54
Schamgefühl 86
Selbstabwertung 44, 141
Selbstaussagen, negative 143
Selbstbeobachtung 51, 103
Selbstbewertung
– negative 19
– positive 55
Selbsteinschätzung 139
Selbsterfahrung 3
– berufsbezogene 61, 77–79
Selbsterfahrungssitzungen 71, 72
Selbstermutigungen 60
Selbstgespräche 141
– negative 142, 143
– positive 142, 143
Selbsthilfegruppe 1, 3, 7, 100, 135
Selbsthilfepotenzial 37
Selbstinstruktionen 60, 62, 89, 100, 102
– gedankliche 141
Selbstkontrolle 24
Selbstkontrollverfahren 62
Selbstpräsentation 3
Selbstreflektion 59
Selbstsicherheit 2, 47, 61, 62, 83
– im Auftreten 55, 56
Selbstsicherheitstraining 62
Selbststeuerung 12, 14, 16, 56, 61, 62, 100, 103
– kognitive Verfahren 62
Selbststeuerungsfähigkeiten 157
Selbststeuerungskompetenzen 15
Selbststeuerungsmöglichkeiten 62
Selbststeuerungstechnik 86
Selbsttraining 96, 97, 101
– Regeln 30
Selbsttrainingssituationen 99
Selbstveränderung 113, 148
Selbstverbalisierung 22, 31, 141
Selbstverpflichtung 31
Selbstvertrauen 2, 57, 61
Selbstvorwürfe 44
Selbstwahrnehmung 10, 32, 93, 100, 113, 147
Selbstwirksamkeit 144

Selbstwirksamkeitserwartung 19, 90
Sensibilisierungsübungen 100, 101
Sequenzierung 49
Setting 8
Sichtweise, ganzheitliche 10
Situationstraining 11, 93, 111
Sitzungsabläufe 76
Sitzungsgestaltung 76
Sitzungsplanung 76
Sozialarbeit, klinische 27
Sozialpädagogen 1
Sozialpädagogik 27
Sozialphobie 97
Sozialverhalten 131
Spannungsreduktion 80, 82
– präventive 100
Spaziergang durch den Körper 100, 101
Spielaufträge 72
Spielimpuls 132
Spontaneität 132
Sportpsychologie 17
Sprachheilpädagogik 23
Sprachstörungen 26
Sprechangst 3, 62, 88, 96–99
Sprechen
– handlungsbegleitendes 46
– in Gruppen 88
– selbstsicheres 47
– selbstunsicheres 47
Sprechgeschwindigkeit 47
Stagnationen 152, 157
Stegreifspiel 69, 70
Stimme 47, 50
Stimmstörungen 16, 26
Stopp-Innehalten-Runterschalten 98, 100, 101
Stottern 16, 25, 26, 86
Straßentheater 65, 70
Stressimpfung 23
Stresssituationen 100, 103
Supervision 61, 158
System, familiäres 164
Systematik 124

T

Tagebuch 147, 148, 149
Telefonangst 88, 89
Theater 69
Theatergeschichte 69
Theaterpädagogik 67
Theaterspiel als Therapie 72
Theatersport 70
Training sozialer Kompetenzen 38, 61
Trainingsablauf 93, 102, 130
Trainingspläne 88–90
Trainingssituation 120, 122, 126
Trainingstagebuch 147
Transfereffekt 13
Transfermethode 8
Transparenz 45

U

Über-Lernen 128
Überforderung 50
Überzeugung 9
– irrationale 19
Übung 124
Übungsbereiche 120
Umstrukturierung, kognitive 19, 61
Unsicherheiten 2
Unterbrechen 48
Unterstützung 46

V

Variation, systematische 49
Veränderungsbedarf 164
Veränderungskontrolle 16
Veränderungskräfte 20
Veränderungsmethoden 15
Veränderungsmotivation 20
Veränderungsplanung 15
Veränderungsziele 15
Verantwortung 56
Verhalten
– kommunikatives 131
– nonverbales 83, 92
– normenkonformes 56
– sozialkompetentes 35
– verbales 92
Verhalten-in-Situations-Einheiten 118
Verhaltensexperimente 11, 20
Verhaltensforschung 13
Verhaltenskorrektur, selbstgesteuerte 51
Verhaltensmodelle 24
Verhaltensrückmeldung 26
Verhaltensspielräume 16
Verhaltenstherapie 21, 23, 24
– kognitive 19, 24
Verhaltenstraining 12, 93, 111
Verhaltensweise
– nichtsprachliche 92
– sprachliche 92
Verlässlichkeit 46
Vermeidungshaltungen 9, 14, 21
Vermeidungsreaktionen 96
Vermeidungssituation 112
Vermeidungstendenzen 31, 161
Vermeidungsverhalten 7, 10, 11, 24, 25, 54
Verspannungszustände 100
Verstärken 37, 53
Verstärkung 52, 89, 97
– Fremdverstärkung 54, 55
– intermittierende 54
– Selbstverstärkung 54, 55
Vertrauen 36, 43
Vorbereitung 109, 121
– mentale 60
Vorgehen, bewegungsorientiertes 17

W

Wahrnehmung 101
Wahrnehmungsfähigkeit 62
Wahrnehmungskanäle 101
Wechselgespräch 99
Weiterbildung 61
Wertschätzung 9, 43, 52
Widerstand 9, 30, 152, 161–163
Wiederholung 97, 128, 129
Wirkmechanismen 165
Wirkung, psychotherapeutische 18
Wirkungsfaktoren 17
Wortschatz 128

Z

Zensur 66, 99
Zielsetzungen 99
Zielverhalten 7, 13, 18, 60, 97, 112, 115, 118, 120–122, 141
Zuhören 43